普通高等学校"十三五"规划教材

新编劳动法教程

邓齐滨　林春英　主　编
徐　瑛　姜　琳　副主编

中国铁道出版社
CHINA RAILWAY PUBLISHING HOUSE

内 容 简 介

本书系统地介绍了劳动法学的结构体系，较准确、全面地概括了劳动法学的基本内容。主要内容包括：劳动法概述、劳动法律关系、劳动合同、用人单位内部劳动规则、工作时间和休息休假、工资、劳动保护、劳动就业与职业培训、劳动争议处理和劳动监督。

本书适合作为普通高等学校法学专业以及人力资源管理、工商管理等专业的教材，也可作为从事相关行业人员的培训用书和参考用书。

图书在版编目（CIP）数据

新编劳动法教程 / 邓齐滨，林春英主编 .—北京：中国铁道出版社，2017.10
普通高等学校"十三五"规划教材
ISBN 978-7-113-23593-2

Ⅰ.①新… Ⅱ.①邓… ②林… Ⅲ.①劳动法 - 中国 -高等学校 - 教材 Ⅳ.① D922.5

中国版本图书馆 CIP 数据核字（2017）第 226762 号

书　　名：**新编劳动法教程**

作　　者：邓齐滨　林春英　主编

策　　划：潘星泉　　　　　　　　　　读者热线：(010) 63550836

责任编辑：潘星泉　彭立辉

封面设计：刘　颖

责任校对：张玉华

责任印制：郭向伟

出版发行：中国铁道出版社（100054，北京市西城区右安门西街 8 号）

网　　址：http://www.tdpress.com/51eds/

印　　刷：河北省三河市燕山印刷有限公司

版　　次：2017 年 10 月第 1 版　　　　2017 年 10 月第 1 次印刷

开　　本：787 mm×1 092 mm　1/16　印张：15　字数：359 千

书　　号：ISBN 978-7-113-23593-2

定　　价：42.00 元

前　言

　　劳动法是调整劳动关系和与劳动关系密切联系的其他社会关系的法律规范的总称。劳动法对于保障公民的劳动权利和社会保障权利等宪法性权利、维护社会主义市场经济秩序、促进社会和谐稳定、实现社会公平具有不可替代的作用。劳动法的核心内容就是规定劳动关系中劳动者与用人单位双方的权利与义务，尤其是劳动者在劳动过程中的权利的维护。"劳动法学"是普通高等学校法学专业高年级的专业选修课程，着重于阐述劳动法的基本理论和基本知识，使学生理解劳动法的基本理念，了解、掌握和运用劳动法律规范。本书从我国社会主义理论出发，阐述了我国的劳动政策和法律，对我国的劳动法进行了系统的研究；同时，吸收一些外国劳动法律制度的经验。

　　本书系统地介绍了劳动法学的结构体系，较准确、全面地概括了劳动法学的基本内容，并突出以下特点：

　　（1）反映劳动法最基本、最必需和最重要的知识。

　　（2）结构科学，内容新颖，尽可能反映劳动法学科领域的理论创新和立法动态。

　　（3）基本原理、基本知识和基本运用技巧相结合。

　　本书由哈尔滨金融学院邓齐滨和哈尔滨市朝鲜民族艺术馆林春英任主编，黑龙江职业学院徐瑛和哈尔滨金融学院姜琳任副主编。具体编写分工如下：邓齐滨编写第1～3章，林春英编写第4～6章，徐瑛编写第7章和第8章，姜琳编写第9章和第10章。全书由邓齐滨统稿和定稿。

　　本书在编写过程中参考和借鉴了大量的相关书籍和学术论文，在此向其作者表示感谢。

　　由于劳动法本身是一门不断发展并有待于进一步发展的课程，加之编者水平有限，书中疏漏与不妥之处在所难免，恳请专家、读者不吝赐教。

编　者

2017年6月

目 录

第1章 劳动法概述

【开篇案例】

2016年12月6日，江西省××县人民法院一审审理一起劳资纠纷案件，无理克扣员工工资的被告某电子公司被判5日内向原告陈某支付其应得工资。

2016年年初，陈某到某电子公司工作，双方未签订书面劳动合同。陈某工作两个月后，以单位违反进厂时双方的口头约定、实发工资与约定工资不符等为由离开该单位。在陈某与某电子公司结算工资时，该公司以员工违约、自动离职给单位造成损失为由拒绝支付陈某后一个月的工资。

陈某遂向劳动争议仲裁委员会申请仲裁，仲裁结果为某电子公司在裁决书生效之日起支付陈某离厂前一个月的工资。某电子公司对该仲裁裁决书不服，以陈某违反进公司时的口头约定、私自离开公司、不应支付后一个月的工资为由，向法院提起诉讼。

一审法院审理认为，双方虽未订立书面劳动合同，但双方已经形成了事实劳动关系，且双方均无异议，该劳动关系应受法律保护。某电子公司以工人私自离厂为由拒绝支付工人工资的主张，违反了我国法律法规的规定。

1.1 劳动法的概念及特征

1.1.1 劳动法的概念

劳动法是调整劳动关系以及与劳动关系密切联系的社会关系的法律规范。例如，有关劳动合同、劳动争议、劳动报酬、劳动保护、劳动纪律等方面的法规。

《中华人民共和国劳动法》（以下简称《劳动法》）1994年7月5日由第八届全国人民代表大会常务委员会第八次会议通过，1995年1月1日起施行。《劳动法》作为维护人权、体现人本关怀的一项基本法律，在西方甚至被称为第二宪法。其内容主要包括：劳动者的主要权利和义务；劳动就业方针政策及录用职工的规定；劳动合同的订立、变更与解除程序的规定；集体合同的签订与执行办法；工作时间与休息时间制度；劳动报酬制度；劳动卫生和安全技术规程等。

以上内容，在有些国家是以各种单行法规的形式出现，在有些国家是以劳动法典的形式颁布。劳动法是整个法律体系中一部重要的、独立的法律规范。

1.1.2 劳动法的基本特征

1. 公法与私法的兼容

公法与私法之划分，源于罗马法，其界限在法理上多有分歧。不过，各种见解中都含有一个基本共识，即公法涉及宏观利益（国家利益和社会公共利益），其调整原则是公法不得由当事人协议变更，即公法关系完全依法设定；私法涉及私人（公民个人和法人）利益，即微观利益，其调整原则是"协议就是法律"，即私法关系允许协议设定。西方法学中民法是私法的典型，行政法是公法的典型，劳动法、经济法则被视为兼有公法和私法性质或曰私法公法化。关于公法与私法之划分问题，我国法学界有截然相反的两种观点。本书认为，公法与私法的划分和融合，反映市场经济的一般要求和法律发展的一般规律，具有一定的科学性。

在西方国家，当劳动关系最初由民法调整时，作为雇佣合同关系而存在的劳动关系只是纯粹的私法关系；当劳动关系从民法中独立出来由劳动法调整以后，继续允许雇主与劳动者以合同形式确立劳动关系和明确相互权利义务，但同时又对劳动关系做出许多必须由雇主严格遵循而不容其自主选择或与劳动者协议变通的规定，如最低就业年龄、最长工时、最低工资、劳动安全卫生条件等劳动基准。雇主在劳动关系运行过程中遵守劳动基准，不仅是对劳动者的义务而且也是对国家的义务。雇主若不遵守劳动基准，就由有关行政机关强制执行。于是，劳动关系不再只是私法关系，而是一种具有公法关系性质的私法关系。因而，劳动法被称为私法公法化的部门法。

在我国之前计划经济体制中，实行的是统分统配的就业制度、统规统调的工资制度和统包统揽的劳动保险制度，劳动关系实际上是劳动行政关系的延伸和附属物，属于纯粹的公法关系，因而，这种条件下的劳动法实际上是劳动行政法，属于完全意义的公法。实行经济体制市场化改革以后，企业被赋予用工自主权，劳动者被赋予择业自主权；劳动合同的普遍推行，使劳动关系的运行和内容越来越取决于双方当事人的合意；劳动行政职能由对劳动关系的决定和支配，逐渐转变为对劳动关系的指导、监督和保障。这样，劳动关系不再是纯粹的公法关系，而兼有私法关系属性。

2. 劳动者保护法与劳动管理法的统一

就劳动法宗旨而论，一种认为，劳动法是劳动者保护法；另一种则认为，劳动法是劳动管理法。本书认为，这两种观点都有失偏颇，而将两者统一起来才是全面的认识。

1）在保护劳动者方面

劳动法首先是劳动者保护法。毋庸置疑，劳动法要保护劳动关系的双方当事人，但是，在总体上它向保护劳动者倾斜。这主要表现在：

（1）劳动法关于劳动关系双方当事人之间权利义务的规定中，偏重于规定劳动者的权利和用人单位的义务。可以说，劳动法对劳动者是权利本位，对用人单位则是义务本位。

（2）劳动法对劳动者利益，以强行性规范规定只准提高而不准降低的最低标准，使其得到最基本的保护；对用人单位利益，则无这种保护性规定。

（3）劳动法对用人单位单方解除劳动关系实行严格限制，即不仅规定必备的许可性条件，而且规定具体的禁止性条件和限制性条件；对劳动者单方解除劳动关系，有的国家不规定条件，有的国家则只规定许可性条件而不规定禁止性条件和限制性条件。

（4）在劳动监察制度中，监察对象一般只限于或者主要是用人单位遵守劳动法的行为；至于劳动者遵守劳动法的行为，许多国家并不规定为劳动监察的对象。

2）保护劳动者的原因

劳动法之所以向保护劳动者倾斜，这是因为：

（1）在市场经济中劳动关系双方当事人之间，劳动者一般处于事实上的相对弱者地位，在劳动力供过于求的情况下更是如此。

（2）在具有人身性和隶属性的劳动关系中，用人单位所支配和使用的劳动力，是劳动者生命力的主要内容，承载着劳动者的生存权，劳动力的消耗过程实质上就是劳动者生命的实现过程，在此过程中，对劳动力的任何损害，都直接危及劳动者生存。所以，在法律上，需要特别强调对劳动者的保护。当今世界各国的劳动法，都将保护劳动者奉为主旨。我国劳动者是国家的主人，强调这一主旨，更具有重要意义。

劳动法同时也是劳动管理法。强调这一点意在表明，劳动法还负有将劳动管理纳入法制轨道，为提高劳动力资源配置效率提供法律保障的任务。在市场经济中，劳动力资源配置效率的提高尽管依赖于市场机制，但与劳动管理密切相关；至于劳动力资源配置效率与社会公平的关系，更离不开劳动管理的协调功能；另外，劳动关系的和谐稳定状态，也只有在劳动管理的作用下才有可能形成和保持。因而，在现代市场经济国家的劳动法中，劳动管理规范被作为必备的重要内容。例如，美国有专门的《美国劳动管理关系法》。在计划经济中，劳动力资源全由计划配置，即由国家通过制定实现全体劳动者与生产资料的结合。因而，在有的国家的劳动法中，劳动管理规范占有很大比重，以致许多人认为劳动法即劳动管理法。我国劳动制度正在实行市场化改革，但对于国家来说，这种改革只是要完善其劳动管理职能，而不是要取消其劳动管理；特别是我国还属于发展中国家，面临着劳动力大规模转移、劳动生产率不高等问题，充分发挥国家的劳动管理职能比在发达国家显得更为重要。所以，经济体制改革以来，在我国制定的劳动法规中，劳动管理规范仍占相当比重。

3）在劳动管理方面

综上所述，劳动法就其宗旨而言具有双重性，既是劳动者保护法又是劳动管理法。其中，作为劳动者保护法，主要体现公平；作为劳动管理法，主要追求效率。因而，对劳动法宗旨的认识应明确以下两点：

（1）在劳动法的双重宗旨中，保护劳动者较之劳动管理处于更重要的地位，可以说是劳动法的主旨。劳动法应兼顾公平与效率，但更偏重于公平。

（2）劳动法的双重宗旨具有统一性。劳动法对劳动者的保护，能调动劳动者的积极性并保证劳动力再生产和自由流动，而这正是劳动管理所追求的效率目标中应有的内容；劳动法对劳动管理的规范，有利于提高劳动力资源的配置效率和建立并保持劳动关系运行的良好秩序，而这正是劳动者利益得以实现的必要条件。

3．劳动关系协调法和劳动标准法的结合

劳动法虽然向保护劳动者倾斜，但同时也兼顾对用人单位的保护。之所以能够如此，是因为劳动法以协调方法和标准化方法作为基本的调整方法。在此意义上可以认为，劳动法既是劳动关系协调法，又是劳动标准法。

劳动关系也是一种利益关系，劳动者与用人单位之间利益矛盾的存在具有客观必然性，

为使这种矛盾限制在不影响劳动关系正常运行的程度内，劳动法的任务就是要对劳动关系进行协调。这种协调主要表现在：

（1）劳动法把劳动关系规定为合同关系，要求劳动者和用人单位既可单个签订劳动合同，又可集体签订集体合同，使双方在平等、自愿和协商一致的基础上实现利益协调。

（2）劳动法确立职工管理制度，赋予在劳动关系中处于从属地位的劳动者参与企业管理的权利，使劳动关系双方当事人之间彼此合作，建立企业内部的劳动关系双方利益协调机制。

（3）劳动法确立劳动争议处理制度，并规定旨在保证劳动争议得到公正和及时处理的"三方原则"和调解、仲裁程序。这是一种在劳动关系双方当事人之间发生利益矛盾后，能够防止矛盾激化和顺利解决矛盾的特殊协调方式。

劳动法对劳动关系的协调，是以劳动标准为基础的，即在劳动法中规定和确认一系列劳动标准，要求在劳动标准的基础上对劳动关系进行协调。劳动标准依其功能不同可分为劳动者保护标准和劳动管理标准。劳动者保护标准是关于劳动条件的最低标准，即劳动法保护劳动者的基本标准，通常称为"劳动基准"，如最低工资标准、工时标准、劳动安全卫生标准等。用人单位向劳动者提供的劳动条件只能等于或优于劳动基准，劳动合同和集体合同只能在不低于劳动基准的基础上就劳动条件做出约定。劳动管理标准是作为一种劳动科学管理尺度的标准，如劳动定员标准、劳动定额标准、职业技能等级标准、残废等级标准、劳动岗位规范、基本工资标准、职工伤亡事故等级标准等。其中，有的仅是一种示范性尺度，可以根据本行业、本单位的实际情况变通执行；有的则是一种严格性尺度，执行中既不能高于也不能低于标准的要求。

所以，在劳动法体系中，劳动标准法与劳动关系协调法处于同等重要的地位，并且相辅相成，共同构成劳动法的基本内容。

4．实体法和程序法的配套

在法律体系中，实体法与程序法之间是一种相互依存的关系。一般表现为一定的实体法部门必须有一定的程序法部门与之相对应。劳动法则不然，它并非单纯的实体法或程序法部门。之所以如此，这是因为劳动法的调整对象是一个由劳动领域中多种社会关系所构成的、以劳动关系为主的系统。其中，为实现劳动关系而发生的各种社会关系中有许多属于程序性关系，它们分别与劳动关系的特定内容或运行环节相对应，是劳动关系正常运行在程序上的必要条件或保障。例如，劳动关系的建立，必须经由招工程序和劳动合同订立程序；劳动关系运行因发生争议而受阻，只有经过劳动争议调解或仲裁程序才能恢复运行或终止；劳动关系中以劳动基准为依据的内容，往往要通过劳动监察程序才可实现。所以，各国劳动法都由实体法和程序法所组成。在众多劳动法规中，除了少量为单纯的程序法规外，往往实体法规范和程序法规兼而有之，只不过二者在所在法规中各自所占比重有所不同而已。

1.1.3 与劳动法相关的概念

1．劳动和劳动力

劳动关系是一个以劳动力和劳动为内涵要素的概念，要认识劳动关系，必须先了解什么是劳动力和什么是劳动。

1）劳动

劳动是一个使用范围十分广泛的概念，其含义往往因使用范围不同而有所差异。马克思的《资本论》中，在分析劳动过程时，对劳动的一般含义作过精辟的揭示，即劳动是劳动力的使用（消费），是制造使用价值的有目的的活动、是人以自身的活动来引起、调整和控制人和自然之间的物质变换的过程。据此可认为，一般意义的劳动，是指人们在物质生产和精神生产过程中，通过使用（消费）劳动力，运用劳动资料作用于劳动对象，创造使用价值以满足人们需要的有目的的活动。最简明的表述，即劳动力的使用是人类社会存在和发展的最基本条件。

在实践中，劳动的类型复杂多样。依劳动力使用方式不同，可分为自我使用劳动力的劳动和供他人使用劳动力的劳动。前者指劳动力所有者运用自己的劳动力生产使用价值，如劳动者自给自足生产、自我生活服务和向社会提供劳动成果而非劳动力的个体商品生产；后者指劳动力所有者将其劳动力提供给他人使用的劳动，即使用他人劳动力所进行的劳动，又可分为劳动力有偿供他人使用和无偿供他人使用两种情形。劳动法中的劳动，属于劳动力所有者将其劳动力有偿地提供他人使用的劳动。

劳动法中的劳动概念，除了有其一般含义外，还有其特定内涵。其中主要包括：

（1）从主体看，它是以职工（或雇工，下同）身份所从事的劳动。凡不在职工之列的人所从事的劳动，或者虽在职工之列却以职工以外身份所从事的劳动，例如，现役军人的军工劳动，判刑人员和战俘的劳役劳动，家庭成员的家务劳动，个体劳动者和合伙人的劳动，都不属于劳动法所指的劳动。

（2）从目的看，它是作为一种谋生手段的职业劳动，即为获取报酬作为其生活主要来源，而相对固定在一定劳动岗位上所从事的劳动。"义务劳动"和其他无偿劳动以及虽有一定物质补偿但目的不在于以此谋生的劳动，都不属于劳动法所指的劳动。

（3）从性质看，它是履行劳动法律义务的劳动，也就是说，它是为了向用人单位履行以劳动法规、集体合同和劳动合同为依据的法律义务的劳动，而履行出版约稿、加工承揽、技术咨询等义务的劳务活动，履行扶养、抚养、赡养义务的劳动，都不属于劳动法所指的劳动。

（4）从形式看，它是用人单位的集体劳动。这是指各个职工由用人单位组织起来并在用人单位指挥或指派下，以用人单位的名义共同从事劳动。在这里，职工的劳动受用人单位内部规则的约束，受用人单位意志的支配。就此意义而言，这种劳动对于职工来说，是一种从属性劳动。

综上所述，劳动法意义上的劳动，专指职工为谋生而从事的，履行劳动法规、集体合同和劳动合同所规定义务的集体劳动。

2）劳动力

劳动力可定义为人所具有的并在生产使用价值时运用的体力和脑力的总和。理解劳动法中的劳动力，明确其下述特征尤为重要：

（1）其存在具有人身性。劳动力天然地以劳动者人身为载体，无论以何种形态存在，也无论存在于何种时空，都与劳动者人身不可分离。

（2）其形成具有长期性。劳动力需要很长时间才可形成，即经过人体生理发育过程才可形成一定体力，经过家庭教育、学校教育、职业教育、生产实践等阶段才可形成一定脑力。

（3）其储存具有短期性。劳动力产生后以潜在的、无形的状态寓于人体内，如果在一定时间内不被使用，体力就会自然地消耗，脑力就会失去使用价值，而不能像物品一样长期储存待用。体力的储存时间更大大短于脑力的储存时间。

（4）其再生产具有不可间断性。劳动力再生产与劳动力存续和劳动者生命是同一过程，不论劳动力是否被使用都必须持续进行。劳动力再生产一旦中断就难以为继，也就意味着致残或死亡。

（5）其投入使用具有不可分割性。一个劳动者的劳动力就其内容而言往往是由多个部分构成的整体，但各个部分劳动力之间不能分开存在。各个劳动者在一定时空范围内尽管得以使用的一般只是部分劳动力，但仍然需要全身心投入，即是说，只要有任何一部分劳动力被使用，其余未被使用的劳动力部分必然伴随被使用的劳动力投入同一时空。

（6）其支出具有可重复性和不可回收性。劳动力在再生产有保障的前提下，可以持续地重复支出，而不像物品那样一次性支付即完毕；但劳动力一旦支出，就无法回收，而不像物品、货币那样支出后还可收回。

2. 劳动关系

劳动过程的实现，必须以劳动力和生产资料两个要素相结合为前提。也可以说，劳动过程即劳动力与生产资料两种要素的动态结合过程。在劳动力和生产资料分别归属于不同主体的社会条件下，只有这两种主体之间形成劳动力与生产资料相结合的社会关系，劳动过程才能够实现。作为劳动法调整对象的劳动关系，就是指劳动力所有者（劳动者）与劳动力使用者（用人单位）之间，为实现劳动过程而发生的一方有偿提供劳动力由另一方用于同其生产资料相结合的社会关系。

1）劳动关系的一般特征

在现代市场经济中，劳动关系的一般特征主要表现在：

（1）它的当事人一方固定为劳动力所有者和支出者，称为劳动者；另一方固定为生产资料占有者和劳动力使用者，称为用人单位（或雇主）。其中，劳动者在劳动过程中及其前后都是劳动力所有者，并且在劳动过程中还是劳动力支出者；用人单位以占有生产资料作为其成为劳动力使用者的必要条件。

（2）它的内容以劳动力所有权与使用权相分离为核心。在劳动关系中，劳动力所有权以依法能够自由支配劳动力并且获得劳动力再生产保障为基本标志；劳动力使用权则只限于依法将劳动力用于同生产资料相结合。一方面，劳动者将其劳动力使用权让渡给用人单位，由用人单位对劳动力进行分配和安排，以同其生产资料相结合；另一方面，劳动者仍然享有劳动力所有权，用人单位在使用劳动力的过程中应当为劳动者提供保障劳动力再生产所需要的时间、物质、技术、学习等方面的条件，不得损害劳动力本身及其再生产机制，也不得侵犯劳动者转让劳动力使用权的自由和在劳动力被合法使用之外支配劳动力的自由。

（3）它是人身关系属性和财产关系属性相结合的社会关系。由于劳动力的存在和支出与劳动者人身不可须臾分离，劳动者向用人单位提供劳动力，实际上就是劳动者将其人身在一定限度内交给用人单位，因而劳动关系就其本意来说是一种人身关系。由于劳动者是以让渡劳动力使用权来换取生活资料，因此用人单位要向劳动者支付工资等物质待遇，这是一种按商品等价物交换原则的等量劳动交换。就此意义而言，劳动关系同时又是一种财产关系。

（4）它是平等性质与隶属性质兼有的社会关系。劳动者与用人单位之间通过相互选择和平等协商，以合同形式确立劳动关系，并可以通过协议来延续、变更、暂停、终止劳动关系。这表明劳动关系是一种平等关系，即平等主体间的合同关系。然而，劳动关系一经缔结，劳动者就成为用人单位的职工，用人单位就成为劳动力的支配者和劳动者的管理者。这使得劳动关系又具有隶属性质，即成为一种隶属主体间的以指挥和服从为特征的管理关系。

2）劳动关系的类型

劳动关系可分别依不同标准进行多种分类，在不同国家或同一国家的不同时期，劳动关系的分类方法及其法律意义都不尽相同。在劳动法中特别重要的分类有：

（1）以生产资料所有制为标准进行分类。在许多国家划分私营劳动关系和国营（或国有）劳动关系，对国营（或国有）劳动关系有的列于劳动法适用范围之外，有的则适用劳动法中的特别法。在我国，一直划分为全民所有制劳动关系、集体所有制劳动关系、私营企业劳动关系、个体经济组织劳动关系、股份制企业劳动关系、外商投资企业劳动关系等。在我国《劳动法》颁布前，劳动立法的重要特点之一是按不同所有制分别立法。《劳动法》颁布后，仍在一定场合对某种所有制性质的劳动关系适用劳动法的特别法。

（2）以劳动者特定身份为标准进行分类。例如，工人劳动关系与职员劳动关系（可进一步分为一般职员劳动关系和高级职员劳动关系）、一般职工劳动关系与女工劳动关系、未成年工劳动关系、临时工劳动关系、学徒劳动关系、商业推销员劳动关系、外籍雇工劳动关系等。在各国劳动法中，都对女工、未成年工、学徒的劳动关系做了特别规定；有的国家在劳动法中对工人、职员或高级职员的劳动关系，分别做出规定；有的国家对商业推销员、临时工、外籍雇工等特殊主体的劳动关系，适用劳动法的特别法。

（3）以劳动关系所在产业为标准进行分类。例如，划分为工业劳动关系、商业劳动关系、农业劳动关系、海运劳动关系等。有的国家对特定产业（如农业、海运业等）的劳动关系，用劳动法的特别法进行调整。

（4）以劳动岗位地点为标准进行分类。即分为家外劳动关系和家内劳动关系，前者的劳动岗位设在用人单位的营业场所或者用人单位指定的劳动者住家以外的其他场所；后者的劳动岗位由用人单位安排在本人住家内，劳动者"足不出户"地为用人单位劳动。对家内劳动关系，有的国家列于劳动法调整范围之外，有的国家则适用劳动法的特别法。

3）我国现阶段的劳动关系

（1）不同所有制性质劳动关系的运行规则还有一定差别。计划经济条件下以一种劳动关系即全民所有制劳动关系为主体。实行经济体制改革以来，集体所有制劳动关系和非公有制劳动关系取得长足发展。目前，全民所有制劳动关系与其他所有制劳动关系之间，在确立方式、内容、存在范围等方面，还有一定的差别。

（2）劳动合同关系和非劳动合同关系仍然并存。在计划经济条件下，几乎只存在非劳动合同关系（即固定用工形式劳动关系）。随着经济体制改革的展开，在公有制单位中，产生了大量的劳动合同关系；在其他用人单位中，普遍存在着劳动合同关系。《劳动法》颁布以来，在公有制用人单位、企业中全面推行劳动合同制度的任务已基本完成，但在事业组织、国家机关和社会团体中还存在一定的非劳动合同关系。

（3）劳动力市场配置机制和行政配置机制同时对劳动关系发生作用。在计划经济条件下，劳动关系都是在劳动力行政配置机制的作用下运行的。改革以来，劳动力市场配置机制逐步形成，它不仅对劳动合同关系的运行起支配作用，而且还在一定程度上影响着非劳动合同关系的运行。但是，劳动力行政配置机制仍支配着非劳动合同关系的运行，并对劳动合同关系有一定的制约作用。因而，在劳动关系的运行过程中，存在着两种劳动力配置机制的摩擦。

按照社会主义市场经济的要求，不同所有制性质劳动关系将逐步按统一规则运行；劳动合同关系将逐步成为劳动关系的普遍形式；劳动力市场配置机制将逐步取代劳动力行政配置机制，并对劳动关系运行起支配使用。

4）劳动法调整劳动关系的范围

在历史上劳动法调整劳动关系的范围有一个由小到大的发展过程。最初，劳动法仅调整纺织工厂中童工、女工的劳动关系，以后逐渐推广到工业、商业、海运、农业等各个行业中各种职工的劳动关系。但是，具体到某个国家在某个发展阶段的劳动法来说，调整劳动关系的范围是有所限定的。

从现代各国的劳动法来看，调整劳动关系的范围有3种情况：

（1）将各种劳动关系都纳入劳动法调整范围，如朝鲜。

（2）劳动法调整一定范围内的劳动关系，而将法定某种或某几种劳动关系列于劳动法调整范围之外，例如，日本、加拿大、巴林、匈牙利、波兰等国的劳动法只调整城镇的劳动关系而不调整乡村的劳动关系，政府雇员、家庭佣人的劳动关系在许多国家劳动法的调整范围中也未包括。

（3）原则上将各种劳动关系都纳入劳动法调整范围，但同时又将特定某种或某几种劳动关系置于各项具体劳动法律制度的调整范围之外，例如，苏联的劳动法对集体农庄庄员和其他合作社社员的劳动关系的调整，就是如此。

从我国《劳动法》颁布以前所制定的许多劳动法规来看，企业、事业组织与职工之间，国家机关、社会团体与其工人之间，个体经济组织与其雇用的帮手和学徒之间的劳动关系，都已纳入劳动法调整范围；国家机关、社会团体与其职员之间的劳动关系仅在一定程度上受到劳动法调整；职员任用、调配、奖惩等内容不归劳动法调整，而有关职员的工资、劳动保险、劳动福利的法规，则往往与有关劳动法规重合或交叉；农村集体经济组织与农民之间的劳动关系基本上不在劳动法调整范围之内。

我国《劳动法》第二条规定："在中华人民共和国境内的企业、个体经济组织（以下统称用人单位）和与之形成劳动关系的劳动者，适用本法。""国家机关、事业组织、社会团体和与之建立劳动合同关系的劳动者，依照本法执行。"这表明：

（1）企业、个体经济组织（即个体工商户）的劳动关系都归劳动法调整。其中的"企业"范围，包括各种法律形态、各种所有制形式、各种行业的企业。

（2）在国家机关、事业组织、社会团体的劳动关系中，仅限于劳动合同关系归劳动法调整。就其劳动者范围而言，包括国家机关、事业组织、社会团体的工勤人员，企业化事业组织的非工勤人员以及其他通过劳动合同（含聘用合同）与国家机关、事业组织、社会团体确立劳动关系的劳动者。可以预料，随着劳动合同（聘用合同）制度在国家机关、事业单位、社会团体中适用范围的扩大，会有更多的劳动者适用于劳动法。

（3）国家机关、事业组织、社会团体的非劳动合同关系，即公务员和依法参照执行公务员制度的劳动者的劳动关系以及农村农业劳动者、现役军人等的劳动关系，不归劳动法调整，而分别归相应的公务员法、农业法、军事法调整。

1.2 劳动法的基本原则与作用

1.2.1 劳动法基本原则的概念

任何法律部门都有自己的基本原则，只不过存在形式不尽相同。有的法律部门，基本原则的内容被集中规定在本法律部门的基本法中，如民法、婚姻法等；有的法律部门，基本原则的内容在法律中没有集中的规定，需要通过理论抽象过程，在众多法律规范所体现的基本精神中确定，因而往往作为理论形态而存在，如刑法、行政法、经济法等。我国劳动法的基本原则，目前尚无集中的立法规定，科学地确定其内容，是劳动法学研究的重要任务之一。

劳动法的基本原则是指集中体现劳动法的本质和基本精神，主导整个劳动法体系，为劳动法调整劳动领域的社会关系所应遵循的基本准则。也可以说是劳动法的核心和灵魂。它具有下述主要特征：

（1）全面的涵盖性。关于劳动法基本原则的涵盖面，一般应从劳动法所调整的社会关系和劳动法的具体制度这两方面理解。一方面，劳动法基本原则应当是能够涵盖劳动法所调整的各种劳动关系以及与其密切联系的其他各种社会关系的原则，只适用于某种劳动关系或其他社会关系的原则不应作为劳动法基本原则。另一方面，劳动法基本原则应当是能够涵盖各项劳动法律制度的原则，只为某项劳动法律制度所遵循的原则也不应作为劳动法基本原则。需要强调的是，这两方面都必不可少。如果认为劳动法基本原则的涵盖面只限于各种劳动关系，而把劳动法基本原则完全等同于调整各种劳动关系的通则，就会混淆劳动法的基本原则与各项劳动法律制度原则之间的界限，即不正确地将虽然适用于各种劳动关系但只涵盖某项劳动法律制度的原则列为劳动法基本原则的内容。

（2）相当强的稳定性。劳动法基本原则的内容一经确定，一般不因劳动法具体内容的个别或局部变动而更改。即使改革时期，只要劳动关系未发生根本变化，劳动法基本原则也不会发生变化。按照法制的基本要求，劳动法规不应朝令夕改、变化不定，劳动法基本原则更应保持稳定，这样才能使不同时期的劳动法规之间具有连续性。因而，不应当把仅在某个时期适用的原则，列为劳动法基本原则。

1.2.2 确立劳动法基本原则的依据

1. 法律依据

宪法是国家的根本大法，确立劳动法基本原则要以宪法为最高法律依据。

在我国宪法中，应作为确立劳动法基本原则之依据的，包括：关于国家政治制度和经济制度的规定，如坚持四项基本原则，实行社会主义市场经济等；关于劳动方面的规定，如公民有劳动的权利和义务，实行男女同工同酬等。

需要指出的是，劳动法基本原则以宪法为依据，并不意味着宪法中有关劳动方面的各个条文都可以直接作劳动法基本原则。因为在宪法的内容中，虽然蕴含着劳动法的基本原则，甚至有的条文可直接作为劳动法的一项基本原则，但是，有些条文仅仅含有劳动法的某项基本原则的部分精神，或者只体现某项劳动法律制度原则，或者只规定劳动者的一项权利或义务。如果将宪法中有关劳动方面的各个条文都抄录为劳动法的基本原则，显然不科学，所以劳动法基本原则应当依据宪法的有关条文所体现的基本精神，通过理论概括而确立。

2．政策依据

劳动政策有基本劳动政策和具体劳动政策之分。基本劳动政策往往是关于劳动方面的根本性或总体性问题的规定，属于在长时期内具有指导意义的方针和纲领，但较之宪法又具有相对的灵活性，能够及时反映一定时期内现实情况和国家宏观意图的变化。因此，确立劳动法基本原则，在以宪法为依据的同时，还应以基本劳动政策作为补充性依据。

3．现实依据

劳动法基本原则的现实依据，即从基本国情中引申出来的对劳动法的基本要求。由于劳动法基本原则指导劳动法律调整的目的在于正确和有效地作用于现实的劳动领域，因而，劳动法基本原则必须来源和根植于现实，正确反映劳动领域的基本现状和发展要求。为此，应当对我国社会主义初级阶段的劳动关系的性质、特征和发展趋向，现存的劳动问题和与此密切联系的经济、政治、社会问题，劳动制度改革的现状、目标模式和步骤等，有正确的认识和分析，并在此基础上经过抽象和概括，形成我国社会主义初级阶段劳动领域的指导思想，从而赋予劳动法基本原则以时代特色。

1.2.3 劳动法基本原则的内容

我国劳动法基本原则应包括哪些内容？理论上一直有不同的说法。在劳动法学界有长期和广泛影响的一种表述，是将宪法中有关劳动方面的某些条文直接移植为劳动法的各项基本原则。其中包括：公民有劳动的权利和义务；劳动者有受职业培训教育的权利和义务；改进劳动组织，不断提高劳动生产率；各尽所能、按劳分配，在发展生产的基础上，提高劳动报酬和福利待遇；劳动者有享受休息和劳动保护的权利；劳动者有获得物质帮助的权利；劳动者有集会、结社的自由和参加民主管理的权利；劳动者有遵守劳动纪律的义务；在劳动方面，男女平等、民族平等；在调整劳动关系时，服从国民经济计划指导；在调整劳动关系以及与其密切联系的其他社会关系中，要兼顾国家、集体、个人三者利益。

上述所列各项"基本原则"中，存在以下几个值得考虑的问题：

（1）有的原则是民法、经济法、劳动法等在调整经济关系时都应遵循的原则，如"服从国民经济计划的指导""兼顾国家、集体、个人三者利益"。

（2）有的原则仅是劳动者的某项权利或义务，这属于法律关系内容的范畴，而不属于基本原则的范畴，即使可视为原则也只宜用作某项劳动法律制度的原则。

（3）有些原则在内容上互相包含，都作为同一层次并列独立的原则，因此就会形成重复，例如，"改进劳动组织，不断提高劳动生产率"的内容，已包含在"各尽所能"的内容之中。

（4）有些原则的表述，只是对宪法条文的简单复述或摘引，理论概括性不强，文字也不够精练。基于这些问题，我们认为，法理上所表述的劳动法的各项基本原则，应当是劳动法所独有的原则，既有法律、政策和现实依据，又有理论概括性，既有各自特定的内涵，又有较大的容量和较广的涵盖面。因此，劳动法基本原则的内容，可表述为以下各项：

1. 劳动既是公民权利又是公民义务原则

宪法规定，我国公民有劳动的权利和义务。这准确表述了劳动的法律性质和国家对劳动的基本态度，为劳动法调整劳动关系以及与其密切联系的其他社会关系，确立了出发点。它表明，有劳动能力的公民从事劳动，既是行使国家赋予的权利，又是履行对国家和社会所承担的义务。

劳动是公民的权利，即我国每个有劳动能力的公民都有从事劳动的平等权利。这对公民、用人单位和国家都有特定的法律意义。对公民来说，意味着享有包括就业权和择业权在内的劳动权。即公民不论性别、民族和财产状况等因素有何不同，都有权实现就业，通过劳动获取生活主要来源；都有权依法选择适合自己特点的职业和用人单位，参与这种选择过程中的竞争；都有权利用国家和社会所提供的各种就业服务和保障条件，以提高就业能力和增加就业机会。对用人单位来说，意味着必须尽可能提供更多的就业岗位，平等地录用符合录用条件的职工，履行提供失业保险、就业服务、职业培训等方面的应尽职责；并且不得以歧视和其他任何方式阻碍公民劳动权的实现。对国家来说，意味着应当为公民实现劳动权提供保障。但是，这并不能同"统包统配""铁饭碗"画等号，而只是说，应当从宏观上确保全体公民有均等的就业机会，通过促进经济社会发展来创造就业条件，并保护公民劳动权不受侵犯。

劳动是公民的义务，这是从劳动尚未普遍成为人们生活第一需要的现实和社会主义制度固有的反剥削性质所引申出的要求。对公民来说，意味着一方面作为国家和公有生产资料的主人，应当具有参加劳动的高度自觉性和光荣感。另一方面，必须以劳动作为谋生手段，在积极争取国家和社会提供的就业机会的同时，努力通过自谋职业、自愿组织就业等方式为自己创造就业机会，并在劳动岗位上踏实履行各项义务。对用人单位来说，意味着有权组织和安排职工参加劳动，并要求职工遵守劳动纪律和完成劳动任务。对国家来说，意味着应当提倡和组织劳动竞赛，奖励劳动模范和先进工作者；促使公民以劳动作为其获取生活主要来源的基本手段；禁止或制裁非法的行为。

2. 保护劳动者合法权益原则

保护劳动者历来是各国劳动法所奉行的主旨。在我国宪法中，对公民作为劳动者所应享有的基本权利做了许多原则性规定，内容相当广泛，包括劳动权、劳动报酬权、劳动保护权、休息权、职业培训权、物质帮助权、企业民主管理权等。劳动法应当具体落实宪法的这些规定，使劳动者的合法权益受到全面、平等、优先和最基本的保护。

所谓全面保护，即劳动者的合法权益，无论是财产权益还是人身权益，无论是法定权益还是约定权益，无论其内容涉及经济、政治、文化等哪个方面，无论它存在于劳动关系缔结以前、缔结以后或终止以后，都要置于劳动法的保护范围之内。

所谓平等保护，即全体劳动者的合法权益都平等地受到劳动法的保护。其含义和要求包括两个层次：

（1）各种劳动者平等保护。对于民族、种族、性别、职业、职务、劳动关系的所有制性质或用工形式等不同的各种劳动者来说，在劳动法上的法律地位一律平等，劳动法所直接规定或要求达到的劳动基准都一律适用，禁止对任何劳动者在劳动方面的歧视。

（2）对特殊劳动者群体的特殊保护。在劳动者中，还存在着某些由于特定原因而具有某种特殊利益的群体，例如，妇女劳动者、未成年劳动者、残疾劳动者、少数民族劳动者、军队退役劳动者等。特殊劳动者群体除了受到劳动法给予的一般保护外，其特殊利益还受到劳动法的特殊保护。这种特殊保护是对一般保护的必要补充，旨在使特殊劳动者群体的特殊利益与一般劳动者的共有利益一样受到平等保护，因而并不违背平等保护的精神。应当明确的是，关于特殊劳动者群体及其特殊利益的界定、关于特殊保护的措施和限度的确定，都必须直接以法律为依据。所谓优先保护，即在特定条件下，当对劳动者利益的保护与对用人单位利益的保护发生冲突时，劳动法应优先保护劳动者利益。例如，在劳动过程中，当安全与生产发生冲突时，应当坚持安全重于生产的原则，即使生产受影响，也必须采取措施以确保安全。

【知识拓展】

在企业出现冗员或经济不景气的情况下，为保障充分就业，控制失业率，就应当对企业裁员行为实行严格限制，甚至在某一特定时期有必要要求企业对冗员以内部消化为主。所谓基本保护，即对劳动者基本利益的保护。在劳动者的利益结构中，维持劳动力再生产所必要的人身安全健康、基本生活需要等利益属于基本利益，是劳动者的切身利益，因此，保护劳动者首先就是要保护劳动者的基本利益。为此，在劳动立法中，国家对劳动者的基本利益规定最低标准，要求用人单位向劳动者支付的利益不得低于这种标准，从而使劳动者的基本利益获得绝对性保护。

3. 劳动力资源合理配置原则

劳动关系作为劳动力与生产资料相结合的社会关系，亦即劳动力资源配置的社会形式。就此意义而言，劳动法也是劳动力资源配置法，当然要以实现劳动力资源配置合理化为己任。在社会主义市场经济中，判断劳动力资源配置是否合理以及合理化程度如何，应当奉行兼顾效率和公平双重价值取向。即是说，社会主义市场经济在本质上需要同时追求劳动力资源的高效率配置和公平配置。于是，宪法所规定的劳动者各尽所能，即各个劳动者的劳动能力都得到充分的使用和发挥，理应成为劳动力资源配置的总目标。这是因为，劳动者各尽所能，既直接表现劳动力资源被高效率使用，又意味着劳动平等的实现。所以，劳动法应当以此为目标，对劳动力资源的宏观配置和微观配置进行规范。

劳动力资源的宏观配置，即社会劳动力在全社会范围内各个用人单位之间的配置。在计划经济条件下，国家以行政分配的方式对劳动力资源进行宏观配置，实践表明，这未能实现劳动力资源宏观配置的合理化。在社会主义市场经济条件下，为了使劳动者各尽所能在宏观上成为现实，必须通过劳动力市场对劳动力资源进行宏观配置。劳动法对此所负的任务，就是要促成和发展劳动力市场，确立和完善以市场配置机制为主，以行政配置机制为辅的劳动力资源配置体制，维护劳动力市场的运行秩序。其中尤为重要的是：赋予和保护劳动力供求双方确立劳动关系的自主权，使双方都成为市场主体；强化并安排国家促进和保障就业、调控劳动力流动的职责，构造以劳动行政部门为主、政府各部门协调配合的劳动力市场管理体制；形成一套具有劳动力自由流动、劳动者竞争就业、劳动力供求双方相互选择、用合同确立劳动关系等为特征的劳动力市场运行规则；建立一套具有开发劳动力资源、开拓就业途径、引导和调节劳动力流向、职业介绍、失业保障等功能的就业服务体系。从而，为实现劳动力的供求平衡、有序流动和高效使用创造宏观条件。

劳动力资源的微观配置，即在用人单位内部对劳动者的劳动岗位、劳动时间和劳动任务的安排，也就是用人单位组织其劳动者在劳动过程中的分工和协作，使各个劳动者的劳动在时间和空间上组合成一个有机整体。为了确保在微观上实现劳动者各尽所能，在劳动法中，应当摆正劳动者利益和劳动效率的位置，并使二者形成相互依存、彼此促进的关系。即是说，一方面，劳动法通过保护劳动者利益，来调动劳动者的积极性，增强劳动者的素质，改善劳动者的劳动条件，从而提高劳动效率；另一方面，劳动法通过提高劳动效率，并使劳动效率与劳动者利益挂钩，从而为增进劳动者利益创造有利条件。为此，劳动法应当引导和强制劳动力资源微观配置符合下述要求：保证各个劳动者在劳动关系存续期间实现参加劳动的权利，科学地组织劳动过程，按照专业对口、人尽其才的准则安排劳动者的劳动岗位，避免劳动力闲置和浪费；在休息时间、劳动安全卫生、工资、福利、职业培训等方面，保证劳动力再生产顺利进行，不断改善劳动力供给结构和提高劳动力供给水平；充分调动劳动者的积极性、主动性和创造性，强化劳动者完成劳动任务、遵守劳动纪律、提高劳动力素质的义务和责任。

4．劳动法的作用

在社会主义市场经济条件下，劳动法有巨大的作用，这既是由劳动法的性能决定，又是由社会成员对劳动法律制度的需要所决定的。劳动法的作用可以从劳动者的合法权益的保护、劳动法与生产力、劳动法与市场经济等几方面来说明。

1）保护劳动者的合法权益

劳动者合法权益是指劳动关系中受法律保护的劳动者的权利。保护劳动者的合法权益是劳动法的首要作用。我国目前正处在建立社会主义市场经济，建立现代化的市场经济体制过程中，客观上需要有劳动法来保护劳动者的合法权益。在现代化的市场经济中，一方是现代化的企业，拥有强大的经济实力，在劳动关系中处于优势地位；另一方是劳动者，以分散的个体出现，而且作为生产要素之一的劳动力通常供大于求，又由于劳动与劳动报酬对于劳动者的生存和发展的意义，导致劳动关系双方事实上的非均衡性，使劳动者在市场活动中容易受到伤害。劳动者永远是弱者，法律的功能应当是维护公平，体现社会正义，因此劳动法应当把保护劳动者的合法权益作为首要的作用。在制定和完善劳动法时，应该明确劳动关系主体的权利，规定各种旨在保护劳动者权益的劳动标准，才能够有力地保护劳动者的合法权益。

2）促进生产力发展

我国是一个发展中国家，发展生产力是根本任务。生产力作为人类征服和改造自然的客观物质力量，是由生产者、劳动资料、劳动对象以及参与社会生产和在生产的其他一切物质技术要素构成的一个复杂系统。劳动法所调整的劳动关系是作为生产力要素的劳动力和劳动资料、劳动对象的结合关系。劳动法所规定的劳动规则是生产力运行规则的重要组成部分，因此劳动法对生产力的作用具有直接性。劳动法对生产力的作用还表现为劳动法对生产力的间接作用。劳动法通过维护和发展劳动关系促进生产力的发展。从法的价值，即客体满足主体需要的关系中，本书认为，法的价值应当否定对生产力的阻碍作用，法的价值应当体现为生产力的促进、确认、引导、保障作用。因为从对法与生产方式关系的研究，必然得出这样一个结论：法的本质和任务归根结底在于保护、解放和发展生产力。劳动法的价值取向也应当定位于此。劳动法的作用应促进生产力的发展。

3）维护市场经济秩序

市场经济是以市场对资源的配置起基础性作用的经济体制。社会主义劳动力市场是社会主义市场的重要组成部分，在市场经济中，劳动力是一种不同于一般商品市场的特殊市场，因而在用民法、经济法来规范劳动力市场，以保持劳动力市场与整个市场体系相统一的同时，还必须针对劳动力商品和劳动力市场的特殊性，用劳动法进行规范，以保护劳动者在劳动力市场上的合法权益，并维护劳动力市场的运行秩序。因此，劳动法的作用定位于此，即劳动法应选择如何引导、保障、服务、促进市场经济发展的价值取向。

4）人权保障

人权是指那些直接关系到人得以维护生存、从事社会活动所不可缺少的最基本权利。人权保障的程度是衡量社会文明的重要标志。劳动法在产生和发展的过程中，与人权保障有着密切的联系，人权理论和人权保障运动的冲击是劳动法产生的重要原因之一。人权内容包括劳动权，劳动权是人权的重要组成部分。人权内容中最根本的是生存权利，而人要生存就得首先解决吃、穿、住等根本问题，要解决这些问题，就要具备劳动权利。我国劳动法规定了劳动者有就业、获得劳动报酬、休息、安全健康、取得社会保险等权利，这些权利的规定使人权的内容（特别是生存权利）得以具体化和现实化。因此，可以说劳动权是人权的基础，没有劳动权或者即使有了劳动权但得不到保障，人权的保障就难以实现。保障劳动权对保障人权具有重要的意义。因此，在制定和完善劳动法时，应把劳动法的作用定位于保障人权。

5）促进社会安定

社会安定是社会政治、经济、文化发展的前提。马克思认为，衣、食、住、行是人们最基本的物质生活需要，这也是人的最低层次的需求。而每个人要满足最低层次的需求，就必须参加社会劳动，在劳动的过程中，就要发生各种各样的劳动关系。因此，劳动关系的稳定对社会安定就显得至关重要。劳动法作为调整劳动关系以及与劳动关系有密切联系的其他关系的法律规范总和，对协调劳动关系，保障社会安定具有重要的作用。

1.3 劳动法的渊源、地位和体系

1.3.1 劳动法的渊源

劳动法渊源又称劳动法形式，是指劳动法律规范的具体表现形式。它表明劳动法律规范以什么形式存在于法律体系中，告诉人们从何处找到劳动法律规范。在不承认不成文法的国家，劳动法形式仅限于各种成文法；在承认不成文法的国家和地区，劳动法形式除成文法外，还有判例法和习惯法。

从许多国家现有劳动法的成文法形式来看，包括规范性文件和准规范性文件两大类。

规范性文件通常称为"法规"或"法律法规"，其要件一般包括：制定主体是依法有权制定规范性文件的国家机关；制定过程符合法定立法程序；内容构成具有规范化结构形式，即具备法律规范的各项构成要素并表现为条文形式；空间效力表现为在一定范围内具有普遍适用性；时间效力表现为在一定期间内具有反复适用性。准规范性文件的特征在于：不完全具备规范性文件的要件，即缺少规范性文件的某项或某几项要件；在实践中具有相当于规范性文件的效力，即被当作规范性文件在社会生活中具体适用。

1. 规范性文件

现代各国规范性文件的种类一般是由宪法和其他宪法性法律确认的。作为劳动法形式的规范性文件，主要有以下几种：

1）宪法

在宪法史上，率先规定劳动问题的宪法是苏俄1918年制定的第一部宪法；资本主义国家最早在宪法中规定劳动问题的是德国1919年制定的《魏玛宪法》。现在不论社会主义国家还是资本主义国家，几乎都在宪法中就调整劳动关系问题做了重要规定。我国从1949年起临时宪法作用的《中国人民政治协商会议共同纲领》，到1954年的宪法，再到1982年的宪法，都包括有关于劳动问题的规定。其中，1982年宪法的规定尤为详尽，在关于国家经济制度和政治制度，特别是关于公民基本权利和义务的规定中，与劳动法有直接联系的条文达26条之多。这些规定，既是劳动立法的最高法律依据，又是劳动法律规范的一种表现形式。

2）法律

在我国法律是指全国人大及其常委会制定的规范性文件。作为劳动法形式的法律，一般有3种：

（1）劳动法典。它综合规定劳动法的基本问题，是统帅整个劳动法体系的基本法。已有70多个国家和地区制定了劳动法典。大致有两种模式：一种是具体式劳动法典，其内容详尽，包括劳动关系各个方面的具体法律规范，有的长达一二十万余字；二是概括式劳动法典，其内容较为概括和原则，只就劳动关系各个方面的基本原则作纲要式规定。

（2）单项劳动法律。它是就劳动法的某部分内容或某项制度做出规定的法律。在有的国家，如美国、日本、加拿大等，并未制定一部统帅整个劳动法体系的劳动法典，而是制定劳动标准法、劳动关系法、劳动安全卫生法、劳工管理关系法等法律作为劳动法体系的骨干。在已有劳动法典的国家，大多也制定此种法律，如匈牙利社会保险法、印度劳动合同法等。我国目前已有《工会法》《矿山安全法》《职业病防治法》和《安全生产法》，此外，《劳动就业促进法》《劳动合同法》《集体合同法》《职业培训法》《社会保险法》等单项法律的制定，已列入劳动立法规划。

（3）相关法律。即其他法律中的劳动法律规范，如我国《全民所有制工业企业法》《公司法》《乡镇企业法》《妇女权益保障法》《残疾人保障法》《未成年人保护法》《职业教育法》等法律中，都有关于劳动问题的规定。

3）行政法规

在我国行政法规即国务院制定的规范性文件。作为劳动法形式的行政法规，一般有两种：

（1）劳动行政法规。它是专门就劳动法的某部分内容做出规定的行政法规，如《女职工劳动保护规定》《国有企业职工待业保险规定》。

（2）相关行政法规。即其他行政法规中的劳动法律规范，如《标准化法实施条例》中有关于劳动安全卫生标准属于强制性标准的规定。

4）部门规章

在我国部门规章即国务院所属部门制定的规范性文件。其中，由劳动行政部门单独制定或会同有关部门制定的专项劳动规章，是劳动法各种形式中为数最多的一种。此外，其他部门规章中也有一些关于劳动方面的规定。

5）地方性法规和经济特区法规

在我国地方性法规是省、自治区、直辖市人大及其常委会制定的规范性文件；经济特区法规是经全国人大常委会特别授予立法权的经济特区人大及其常委会在授权范围内制定的规范性文件。

6）地方规章

在我国地方规章是指省、自治区、直辖市人民政府，省会、自治区首府所在地的市和经国务院批准的较大的市的人民政府制定的规范性文件。其中，有许多是关于劳动方面的专项文件，或者含有劳动方面的规定。

7）国际法律文件

国际法律文件是由国际组织统一制定或由两个以上国家协议制定的规范性文件，经成员国或缔约国批准或签署后即具有法律约束力。作为劳动法形式的国际法律文件包括：

（1）国际劳工公约。它是由国际劳工组织制定的为劳动立法规定国际标准的公约。凡经我国政府批准的国际劳工公约，除其中被我国声明保留的条款外，其内容我国有义务实施。

（2）其他国际公约或条约，如联合国通过的某些公约和宣言中也有涉及劳动问题的条款；欧洲部分国家也有包括劳动问题在内的协议；有些国家之间还就社会保障、外籍工人等问题签订了双边或多边协议。

2．准规范性文件

作为劳动法形式的准规范性文件，在不同国家不尽一致，通常有下述几种：

1）劳动政策

劳动政策同劳动法规的联系十分密切，劳动法规的内容往往来源于劳动政策，劳动政策在一定意义上是对劳动法规内容的一种重要补充，尤其在劳动立法不完备的阶段，劳动政策对劳动关系的调整显得更为重要。因而，劳动政策也被视为劳动法的一种形式。在我国实践中，通常将劳动政策和法规一同汇编成册，例如，原劳动部政策法规司和吉林省劳动厅1990年合编的《劳动政策法规全书》。

2）劳动标准

劳动标准在这里仅指标准制定机关依据劳动法规和标准化法规制定的关于劳动方面的标准，劳动法规中直接规定的标准未包括在内。它将劳动法规的要求定型化、具体化、数量化，具有同法律规范一样的普遍适用性和反复适用性，因而被视为劳动法的一种形式。劳动标准按其法律效力不同可分为强制性标准和推荐性标准。前者是必须执行的标准，后者是供选择执行的标准。劳动基准属于强制性标准；劳动管理标准则有的属于强制性标准，有的属于推荐性标准。

3）抽象劳动行政行为

抽象劳动行政行为是指行政机关为实施劳动法规而制定的具有普遍约束力的决定、命令，而不包括行政机关制定的劳动法规。它作为劳动法规的延伸而起规范作用，因而在我国有的劳动法著作中也将其列为劳动法的一种形式。其中，有的是一次性适用的抽象劳动行政行为，2016年事业单位工资调整国务院下发《关于调整机关工作人员基本工资标准的实施方案》《关于增加机关事业单位离退休人员离退休费的实施方案》《关于调整事业单位工作人员基本工资标准的实施方案》等方案；有的是可反复适用的抽象劳动行政行为，人力资源社会保障部出台的《事业单位工作人员处分暂行规定》等。

4）工会规章

工会组织虽不是国家机关，但它作为一种社会政治团体，在法定范围内制定的各项规章，不仅对工会组织内部的活动，而且对于工会组织与国家机关、用人单位等交往中的活动，都起到规范作用，有的法规还明确要求国家机关和用人单位遵循其中的有关规定。因此，在我国劳动法学界，一般都认为，中华全国总工会制定的规章，如《工会参与劳动争议处理试行办法》（1995年）、《中国工会章程》（2013年）等，也是劳动法的一种形式。

5）规范性劳动法规解释

规范性劳动法规解释是指对劳动法规有法定解释权的国家机关就劳动法规在执行中的问题所做出的具有普遍约束力的解释。实践中较多见的，是劳动部单独或会同有关部门所做的解释。

6）集体合同

在许多国家，工会的全国性、地方性、行业性和职业性组织可以分别同相对应的用人单位团体通过谈判依法签订集体合同，这种集体合同分别对全国、地方、行业或职业范围内的劳动关系具有法律效力，因而被视为是劳动法的一种形式。在我国，目前尚不存在这种全国性、地方性、行业性和职业性集体合同，而只有企业工会与企业行政签订的集体合同。由于企业集体合同只在本企业内有效，故不被视为劳动法的形式。

1.3.2　劳动法的地位

关于劳动法的地位，通常有两种理解：一是指劳动法在法律体系中的地位，即劳动法在法律体系中是否属于一个独立法律部门以及它与其他法律部门有何关系的问题；二是劳动法在社会中，尤其在经济建设中的地位，实际上是指劳动法的重要性而言。劳动法的这两种地位是相互联系的，劳动法在社会中的地位是决定劳动法在法律体系中所处地位的重要因素，而劳动法在法律体系中的地位则是劳动法在社会中所处地位的法律表现和法律保障。本书主要阐明劳动法在法律体系中的地位。

1．关于劳动法地位的争论

长期以来，法学界关于劳动法的地位并不存在争论。自经济法学在我国兴起以后，在关于经济法的调整对象和地位的不同学说中，大多附带着论及劳动法的地位，从而形成理论分歧。大致可分为下述观点：

1）劳动法是宪法统帅下与行政法、民法并列的一个独立法律部门

这是否定经济法是一个独立法律部门或者认为经济法即经济行政法的学者所持的一种观点。该观点认为，纵向经济关系（包括劳动行政关系）归行政法调整，横向经济关系归民法调整，企业内部经济关系归劳动法调整，因而，劳动法作为一个独立法律而与行政法和民法相并列。这种观点至少有下述两点值得商榷：

（1）把企业内部经济关系全部归结为劳动关系，从而否认了企业内部经济关系有资产关系、经营管理关系和劳动关系之区分。实际上，劳动法对企业内部经济关系的调整，只限于其中的劳动关系。

（2）把劳动法的调整对象仅限于企业内部经济关系，从而割裂了劳动领域中劳动关系与为实现劳动关系而发生的其他社会关系所构成的统一体，否认了对这个统一体的统一法律调整。这不仅有悖于劳动领域的客观规律，而且也不符合中外劳动法的历史和现实状况。

2）劳动法是经济法体系的一个组成部分

这是认为经济法是一个独立法律部门的部分学者所持的观点。其主要理由是：劳动法同经济法一样是国家干预的法律手段，都兼有公法和私法的性质；劳动法的调整对象包括在经济法的调整对象之内，其中，劳动关系属于企业内部经济关系，劳动行政关系是一种纵向经济关系，都应由经济法统一调整。所以，劳动法应作为经济法体系的一个组成部分。这种观点在注重劳动法与经济法的共同或相似之处的同时，忽视了劳动法与经济法的诸多区别。部分经济法学者和劳动法学界都反对这种观点，其主要理由是：

（1）劳动法所规范的国家干预，是以劳动关系为对象，以保护劳动者为主旨，以标准化和行政监督为主要手段的干预；而经济法所规范的国家干预，是以经济运行为对象，以协调宏观经济与微观经济的关系为主旨，以经济调节为主要手段的干预。

（2）劳动力是一种以人身为载体的生产要素，以此为对象的宏观劳动管理除了遵循宏观经济管理一般规则以外，还应遵循由劳动力的特殊性所决定的特殊规则，因而劳动行政关系是一种特殊的纵向经济关系。

（3）劳动关系是一种以劳动力的使用和再生产为核心内容的经济关系，而企业内部其他经济关系则以资产损益分配和生产经营管理为内容。所以，不应当将劳动法与经济法混为一谈。

3）劳动法是宪法统帅下与民法、经济法和行政法并列的一个独立法律部门

这是法学界大多数学者所持的观点。其主要理由如下：

（1）劳动法具有特定的调整对象。划分法律部门应以调整对象为主要标准，各个法律部门都应有其特定的调整对象。在这里，所谓特定的调整对象，不应理解为一个法律部门只调整单一的某种社会关系，也不应理解为一个法律部门所调整的社会关系只能是本法律部门所专有或特有的调整对象；而应理解为，各个法律部门的调整对象，都应在总体上具有不同于其他法律部门的特征。劳动法的调整对象，较之民法、经济法和行政法，其特殊性是很明显的。它只限于劳动领域的社会关系，且以劳动关系为主。虽然民法、经济法、行政法会分别对其中部分社会关系在一定程度上予以调整，但唯有劳动法是对劳动领域的主要社会关系进行统一调整的法律部门。

（2）劳动法具有其他法律部门不可取代的功能和重要性。法律体系的发展史表明，任

何一个法律部门得以从法律总体或既有法律部门中分离出来而形成一个独立体系，都是由于它在历史进程中具备了自己独有的功能和重要性，并且这种功能和重要性达到了其他法律部门不可取代的程度。劳动法最初之所以从民法体系中独立出来，正是因为民法已不足以有效调整劳动关系，唯有将劳动关系以及与其密切联系的其他社会关系由劳动法按照有别于民法原则的调整原则进行统一调整，才能适应社会经济发展的需要。较之其他法律部门，劳动法所独有的功能和重要性，主要表现在：劳动力是社会财富的源泉，劳动是人类生存和发展的最基本条件，劳动关系是其他经济关系赖以运行的基础，劳动法通过对劳动关系以及与其密切联系的其他社会关系的调整，直接为劳动者的各项合法权益提供法律保障，为劳动过程的实现确立组织规则和管理规则，为劳动力的再生产设定目标和措施，从而直接促进社会生产力的发展、社会财富的创造以及社会的稳定和进步。

（3）劳动法具有作为独立法律部门的传统。一个法律部门在法律体系中处于何种位置，往往同一个国家的法律传统相关联。自19世纪以来，尤其是20世纪上半叶法国、苏联编纂劳动法典以来，劳动法陆续在世界各国的法律体系中取得了独立法律部门的地位。即使在经济法成为一个独立法律部门以后，无论大陆法系国家还是英美法系国家，均未动摇劳动法作为一个独立法律部门而存在的传统地位。我国虽然直到1994年才制定《劳动法》，但自中华人民共和国成立以来，在立法实践中一直把劳动法作为一个独立的法律部门。至于在法学界，劳动法是一个独立法律部门的观点，一直为众多学者所接受。

4）劳动法是社会法的一个重要组成部分

我国法学界对社会法有广义和狭义两种理解。广义社会法即与公法、私法并列且兼有公法属性和私法属性的第三法域，包括经济法、劳动法、社会保障法等法律部门。狭义社会法仅指第三法域中与经济法并列的法律部门，它作为社会政策的法律表现，主要追求社会公益、社会公平、社会安全等社会发展目标，包括劳动法、社会保障法、特殊弱势群体（老年人、妇女、未成年人）保护法、社会公益捐赠法、计划生育法、教育法、农业法、住宅法等组成部分。其中，劳动法在民法社会化过程中脱离民法而取得独立地位，是第三法域中最早出现的具有社会法属性的法律部门。它把用人单位作为社会人而不是经济人，要求其承担社会责任，并将社会责任具体化为用人单位的法定义务。在此意义上可以说，劳动法是社会政策法、社会人法和社会责任法。

2．劳动法与相邻法律部门的关系

劳动法作为一个独立法律部门，同民法、经济法和行政法既有联系也有区别。其联系主要表现在：

（1）它们在调整对象上有一定的交叉，即在劳动法所调整的社会关系中，有的还在一定程度上受到民法、经济法或行政法的调整。例如，民法中某些反映合同一般特征的规定，可在一定条件下用来规范劳动合同；劳动关系作为一种企业内部经济关系，也是企业法调整对象的一部分；劳动行政关系具有经济管理关系和行政关系的属性，要遵循经济法和行政法所规定的经济管理关系和行政关系的一般规则。在调整对象重叠的劳动法规范与民法规范、经济法规范和行政法规范之间，是特别法与一般法的关系，即法律适用上特别法优于一般法、一般法补充特别法。

（2）它们应遵循某些共同的原则。例如，公平与效率的协调，国家、企业、职工三者利益的协调，都应为民法、经济法和劳动法所体现；平等自愿、诚实信用，都应成为调整民事关系和劳动关系的基本准则。

（3）它们在调整方法上可以有条件地通用。劳动法可以在一定条件下吸收民法、经济法和行政法的某些调整方法，如赔偿损失、罚款、行政处分等可用作追究违反劳动法规、劳动合同、劳动纪律的法律责任的手段；又如，对劳动关系的调整同时兼用任意性规范和强行性规范，既允许意思自治又限制意思自治。

其区别主要表现在：

（1）调整对象不同。民法调整平等主体之间的财产关系和人身关系，在这里，财产关系与人身关系一般是分别存在的；经济法调整为实现国家对经济的干预而发生的经济关系，包括宏观调控关系、市场规制关系，以及竞争关系等微观经济关系；行政法调整行政关系；劳动法则调整劳动关系以及与其密切联系的其他社会关系，其中的劳动关系，因兼有财产性和人身性而区别于民法所调整的财产关系和人身关系，因以劳动力的使用和再生产为核心而区别于企业法所调整的企业内部经济关系，至于同行政关系的区别更是一目了然。

（2）基本原则不同。即各个法律部门都有各自特有的基本原则。例如，契约自由等民法原则，宏观经济与微观经济协调、经济与社会协调、经济与自然协调等经济法原则，依法行政、行政统一等行政法原则，劳动既是公民权利又是公民义务等劳动法原则。

1.3.3 劳动法的体系

劳动法体系是指一国的全部劳动法律规范按照一定标准分类组合所形成的，具有一定纵向结构和横向结构的有机整体。其纵向结构是由不同效力等级的各种劳动法形式，按照效力等级的高低顺序所组成的"宝塔式"的结构，即宪法、劳动法典、单项劳动法律及以下各层次劳动法规的组合。其横向结构是由全部劳动法律规范按照一定标准所划分的若干项劳动法律制度所构成。其纵向结构实际上是劳动法形式的问题，因而，关于劳动法体系的研究，通常只研究其横向结构。

劳动法体系中的各项劳动法律制度，都由同一类劳动法律规范所组成。由于据以对劳动法律规范进行分类的标准不同，就形成了劳动法体系结构的不同模式。

1. 劳动法体系的所有制结构模式

在我国生产资料的多种所有制形式并存，劳动者对劳动力的所有权却一直未被国家所明确承认，于是，劳动关系按所有制不同进行分类成了劳动关系的基本分类方式，劳动立法也长期按所有制不同分别立法，从而形成劳动法体系的所有制结构模式。即以劳动法律规范所调整的劳动关系的所有制性质为标准对劳动法律规范进行分类而形成的劳动法体系结构。迄今我国劳动立法实践仍受这种模式影响。按此模式，我国劳动法体系由下述几部分所构成：全民所有制劳动法律制度；集体所有制劳动法律制度；股份制企业劳动法律制度；私营企业和个体经营单位劳动法律制度；外商投资企业劳动法律制度。经济体制改革以前，我国劳动法体系实际上只由上述前两部分所构成。随着计划经济转向市场经济，这种模式的缺陷日益显露。它不利于形成和发展统一的劳动力市场，不利于平等保护劳动者合法权益，不利于劳动法制的统一。

在社会主义市场经济条件下，尽管劳动关系仍然存在着按所有制分类的问题，但劳动法体系结构不宜采用所有制结构模式。这是因为：劳动者无论参与何种所有制的劳动关系，作为劳动力所有者的地位都是平等的；企业无论其所有制或其法律形态如何，作为市场主体，其用工权都应当是平等的，否则就与市场经济的平等竞争原则相悖；劳动关系无论属于哪种所有制性质，都在劳动力市场中缔结，因此就必须遵循共同的市场规则。可见，对不同所有制的劳动关系实行统一的劳动法律制度，是市场经济的一般要求。因此，应当建立将1993年中国共产党第十四届中央委员会第三次全体会议通过的《中共中央关于建立社会主义市场经济体制若干问题的决定》，作为党中央正式文件第一次正式确认了"劳动力市场"的概念，从而间接确认了劳动者对劳动力的所有权。

2．劳动法体系的职能结构模式

劳动法调整劳动关系的任务由职能不尽相同的各种劳动法律规范承担。换言之，各种劳动法律规范都分别以其特定职能，共同实现劳动法调整劳动关系的任务。因而，有必要以劳动法律规范的职能为分类标准，建立能够表明劳动法职能分工的劳动法体系。基于上述认识，可将我国劳动法体系的结构，设计为如图1-1所示的总体框架。

在上述框架中，劳动关系协调法又称劳动关系法，主要由以实现劳动关系运行协调化为基本职能的各项劳动法律制度所构成；劳动基准法又称劳动条件基准法，主要由以实现劳动关系中劳动者权益（或称劳动条件）基准化（即制定和实施劳动基准）为基本职能的各项劳动法律制度所构成；劳动

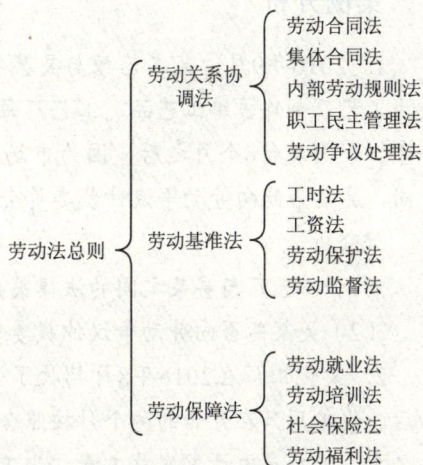

图1-1　总体框架

保障法主要由以保障劳动者实现劳动权和劳动关系正常运行的社会条件，或者说实现劳动保障社会化为基本职能的各项劳动法律制度所构成。所以，这种框架可称为劳动法体系的职能结构模式。

还需指出，将各项劳动法律制度划分为上述三大类，只是一种相对意义上的分类。其中有的劳动法律制度，除了具有据以划归某一类的基本职能外，还兼有可据以划归其他类的职能。即是说，某项劳动法律制度虽然依其基本职能被划归某一类，但并不排斥其中含有体现其他职能的部分内容。所以，不同类的劳动法律制度之间，在内容和职能上有一定的交叉。

3．劳动法体系的劳动过程结构模式

劳动法对劳动关系的调整，亦即对劳动过程的规范，以及劳动者进入劳动过程、经历劳动过程（亦即用人单位组织劳动过程）和退出劳动过程的各个环节，各种劳动法律规范都分别以其中的特定环节作为规范的对象。因而，有必要按照劳动过程的实现顺序，也就是从劳动者进入劳动过程到退出劳动过程的自然顺序，来建立能够表明不同劳动法律制度对劳动过程进行规范的阶段性分工和逻辑性关联的劳动法体系。所以，在劳动法体系中，各项劳动法体系的排列次序应当与劳动过程的实现顺序大体一致。基于这种认识，劳动法体系的结构可设计为：劳动就业法；劳动合同法；集体合同法；用人单位内部劳动规则法；工时法；劳动

保护法；工资法；职工民主管理法；职业培训法；社会保险和福利法；劳动争议处理法；劳动监督法。

思考题

1. 简述如何理解广义上的劳动法概念。
2. 简述为什么说劳动法是独立的法律部门。
3. 试论我国劳动法的渊源。
4. 试论劳动法基本原则的主要内容。
5. 试论劳动者的基本劳动义务。

案例分析

1. 2016年9月，某工艺厂与吴某签订合同，约定由工艺厂提供原材料和花样图案，吴某为工艺厂制作藤编工艺品，工艺厂每月按照吴某交付的工艺品数量给付报酬，合同期限为一年。合同履行6个月之后，因为市场上的藤编工艺品滞销，工艺厂单方面解除了与吴某的合同，吴某为此向劳动争议仲裁委员会申诉。

试分析：

（1）工艺厂与吴某之间的法律关系是什么关系？这种关系是否受劳动法的调整？

（2）吴某能否向劳动争议仲裁委员会申诉？工艺厂应当承担怎样的后果？

2. 某化工厂在2016年8月招收了一批工人并与之签订了三年的劳动合同。合同履行开始后，化工厂只在开始的两个月按照合同约定给工人发了工资，之后一直拖欠工人工资达半年之久。工人多次请求发放工资，化工厂均以效益不好为由予以搪塞，同时却经常要求工人加班，使得每位工人的平均日工作时间达到了13小时。如果有工人不愿加班，就以所拖欠工资不予发放相威胁。因为从事的是化工产品的加工生产，化工厂又未向工人提供必要的卫生保护措施，致使许多工人患上了职业病。工人上医院就诊时发现，化工厂并未按照合同上的承诺，为其缴纳社会保险费。为此，工人们组织起来，推选代表准备向劳动争议仲裁委员会提起申诉，被化工厂得知后，派人对职工代表进行威胁和殴打。

试分析：化工厂的上述行为侵害了劳动者的哪些权利？请一一列举。

第2章　劳动法律关系

【开篇案例】

张某于2015年7月经朋友介绍到ZY公司食堂工作，2015年8月12日，张艳年满五十周岁。2017年3月25日，张某在下班途中发生交通事故受伤身亡。随后，张某之夫、之子提起诉讼，要求ZY公司承担工伤赔偿责任。因发生事故之时，张某已超过法定五十周岁的退休年龄，而且没有先行进行工伤认定，法院最终驳回了原告的请求。

这个问题涉及劳动关系的法定终止。关于劳动关系法定终止的情形，主要包括：劳动者开始依法享受基本养老保险待遇的，劳动合同终止；劳动者达到法定退休年龄的，劳动合同终止。此外，最高人民法院行政庭的相关批复明确，未享受退休养老待遇的劳动者退休后因工作原因发生的事故属于工伤。

其实，对于劳动者达到法定退休年龄后与用人单位之间的关系，劳动法的相关规定非常明确，即达到法定退休年龄的，劳动合同终止，超过退休年龄的劳动者继续在用人单位工作的，双方之间为劳务关系。之所以存在争议，就是因未享受退休养老待遇的这部分劳动者一旦发生因工受伤能否认定工伤，能否得到相应的救济这一问题引起的。就目前的审判实践而言，只要达到法定退休年龄，劳动关系即法定终止，但针对未享受养老待遇而发生工伤的劳动者，经劳动行政部门认定为工伤的，法院依然保护该部分劳动者的工伤保险待遇权益。因此，针对这部分人员进行用工，劳动者和用人单位都要慎重考虑可能存在的风险。

劳动关系以及与其密切联系的其他社会关系经劳动法的调整，就形成为法律上的权利义务关系。此即劳动法学中的法律关系，它包括两大类：一是劳动法调整劳动关系所形成的法律关系，一般称之为劳动法律关系。二是劳动法调整与劳动关系密切联系的其他社会关系所形成的法律关系，可称之为附随法律关系，其中主要是劳动行政法律关系和劳动服务法律关系。

2.1　劳动法律关系概述

2.1.1　劳动法律关系的概念

劳动法律关系是劳动者与用人单位之间，依据劳动法律规范所形成的实现劳动过程的权利和义务关系。或者说是劳动法调整劳动关系所形成的权利和义务关系。同其他法律关系一样，它属于意志关系的范畴。一方面，它是按照劳动法的具体要求形成的，体现着蕴含于劳动法中的国家意志；另一方面，它是双方当事人意志协调的产物，其运行过程由双方当事人的行为构成，体现着双方当事人的共同意志。在这里，国家意志处于首位，当事人意志不得违反国家意志，并且只能在符合国家意志或国家意志允许的范围内发挥作用。

劳动关系是劳动法律关系的现实基础，劳动法律关系是劳动关系的法律形式，但并非所有的劳动关系都表现为劳动法律关系。劳动法对劳动关系的调整，是以法律规范对客观存在的劳动关系做出抽象的典型的规定，即将其构成要素和运行规则固定下来，作为一定范围内劳动关系的法定模式；并且以国家强制力对符合法定模式的劳动关系的运行给予保障。所以，只有已纳入劳动法调整范围，并且符合法定模式的劳动关系，才得以表现为劳动法律关系。它既具有劳动关系的一般属性，也具有法律关系的属性。至于不在劳动法调整范围内的劳动关系，只可能成为其他法律部门的法律关系，或者不具有法律关系性质；而虽然在劳动法调整范围内但不符合法定模式的劳动关系，则只能作为事实劳动关系而存在。可见，劳动法律规范是劳动关系成为劳动法律关系的依据，按照劳动法律规范缔结劳动关系则是劳动关系成为劳动法律关系的前提。

【知识扩展】

劳动法律关系和事实劳动关系尽管都在劳动法调整范畴内，但二者具有不同的法律属性。主要表现在：① 劳动法律关系是符合法定模式的劳动关系；事实劳动关系则完全或部分不符合法定模式，尤其是缺乏劳动法律关系赖以确立的法律事实的有效要件，如未签订劳动合同或劳动合同无效等。② 劳动法律关系的内容即权利义务，是双方当事人所预期和设定的；事实劳动关系的双方当事人之间虽然存在一定的权利义务，但这一般不是双方当事人所预期的，更不是由双方当事人所设定的。③ 劳动法律关系由法律保障其存续；事实劳动关系如果不能依法转化为劳动法律关系，就应当强制其终止，但事实劳动关系中的劳动者利益仍然受劳动法保护。

2.1.2 劳动法律关系的构成要素

1. 劳动法律关系的主体

劳动法律关系的主体，即依照劳动法律规范参与劳动法律关系，并享有权利和承担义务的当事人，一方是劳动者，另一方是用人单位。劳动法律关系缔结之前，双方在劳动力市场上是平等型主体。即劳动力供求双方，一方因是劳动力所有者而成为劳动力供给方，另一方因是生产资料占有者而成为劳动力需求方，彼此间处于平等的法律地位，对于是否缔结劳动法律关系以及缔结什么样的劳动法律关系的问题，经双方自愿协商一致方能确定。劳动法律关系一旦缔结，劳动者就成为劳动力提供者，用人单位就成为劳动力使用者，劳动力同生产资料如何具体结合，则由用人单位在劳动法规、集体合同和劳动合同所允许的限度内单方自主决定。于是，在双方当事人之间，劳动者成为用人单位所属的职工，用人单位成为劳动者的管理者。这样，就由平等型主体转化为隶属型主体。

2．劳动法律关系的内容

劳动法律关系的内容，即劳动者与用人单位之间的相互权利和义务，由劳动法律规范、集体合同和劳动合同围绕着劳动力的所有权与使用权的分离，即劳动力的使用和再生产而具体规定。一方面，劳动者负有将其劳动力交付给用人单位使用的义务，其主要表现是，参加用人单位组织的劳动过程，遵守用人单位制定的劳动纪律，完成用人单位安排的劳动任务。另一方面，劳动者在让渡劳动力使用权的同时仍保留劳动力所有权，这就要求用人单位对劳动者承担保障劳动力再生产和履行劳动义务以外人身自由的义务，其主要表现是，向劳动者支付劳动报酬和其他物质待遇，保护劳动者在劳动过程中的安全和健康，不强迫劳动者劳动。

在劳动法律关系中，双方当事人都享有权利和负有义务，双方的权利和义务相互对应、彼此依存，即各方的权利都以对方义务为保证，各方的义务都是对方权利的体现。这不仅反映了双方当事人之间的相互制约，而且表现了双方当事人对客体的共同支配。因而，劳动法律关系的内容，是劳动法律关系构成中主体之间、主体与客体之间的纽带。

劳动法律关系内容，有下述主要特征：

（1）各项权利和义务都与劳动力的使用和再生产紧密联系，或者说，都是实现劳动力的使用和再生产所必要的权利和义务。

（2）各项权利和义务所实际体现的劳动者利益，可以高于法定标准但不得低于法定标准。

（3）劳动者的权利和义务必须由本人亲自实现，而不得由他人代理。这是由劳动力与劳动者人身的不可分性以及用人单位与劳动者的组织隶属性所决定的。

（4）劳动者的权利和义务的实现，受用人单位的劳动管理行为支配。这是同劳动者在劳动过程中所处的被管理者地位相联系的。

（5）劳动者的某些权利和义务存续于劳动法律关系终止之后，并且，有的权利还扩及劳动者供养的亲属。例如，退休人员还有权继续享有用人单位提供的某些保险和福利待遇，终止劳动法律关系后劳动者还对用人单位就自己以前所掌握的商业秘密负有保密义务，死亡职工的遗属在一定条件下有权获得用人单位的物质帮助。

3．劳动法律关系的客体

劳动法律关系的客体，即劳动者和用人单位的权利和义务所共同指向的对象。在劳动法律关系中，客体作为权利和义务的承载体，实际体现双方当事人的利益；同时，客体作为双方当事人所支配的共同对象，是双方当事人相互利益关系的连接点。所以，它是劳动法律关系赖以存续的客观基础。

关于劳动法律关系的客体，劳动法学界有不同见解。一种观点认为，劳动法律关系的客体只是劳动行为；另一种观点认为，劳动法律关系客体只是劳动力；还有一种观点认为，劳动法律关系客体不只是劳动行为或劳动力。本书持最后一种观点。在实践中，劳动法律关系的客体有复杂多样的具体表现形态，视其在劳动法律关系中的地位和作用不同，可分为基本客体（或称主客体）和辅助客体（或称从客体）两大类。

1）劳动法律关系的基本客体是劳动行为

劳动行为即劳动者为完成用人单位安排的任务而支出劳动力的活动。它在劳动法律关系存续期间连续存在于劳动过程之中，在劳动者和用人单位之间的利益关系中主要承载或体现用人单位的利益。

之所以将劳动行为而不将劳动力称为劳动法律关系客体，这是因为：劳动力有潜在形态和外在形态之分，潜在形态劳动力不像外在形态劳动力那样便于为法律所规范，能够被用人单位用来同其生产资料相结合，只能是外在形态劳动力。因此，劳动法律关系客体与其说是劳动力，倒不如说是外在形态劳动力更准确，而外在形态劳动力亦即劳动行为。从劳动法律关系的构成要素之间的关系来看，劳动行为的形式、质量和数量都具有重要的法律意义。就劳动行为的形式来说，在劳动法中，赋予用人单位为劳动者提供劳动条件的具体义务，往往要同劳动行为的具体表现形式相适应；要求劳动者遵循的劳动规则，也往往要符合劳动行为的具体表现形式。就劳动行为的质量来说，在劳动法中，对劳动者职业技能、劳动规则严密程度、劳动报酬分配标准等方面所提出的要求，都往往因劳动行为的质量等级不同而有所差别。就劳动行为的数量来说，在劳动法中，它不仅是确定劳动报酬数额的一个主要的法定依据，而且是表明劳动任务完成情况的一项重要的法定指标。

2）劳动法律关系的辅助客体主要是劳动条件

劳动条件即劳动者因支出劳动力而有权获得，用人单位因使用劳动力而有义务提供的为劳动力的使用和再生产所必需的各种条件。其中，既包括为劳动力使用所必需的生产资料条件以及为在劳动力使用过程中不损害劳动力再生产所必需的劳动安全卫生条件；又包括为劳动力再生产所必需的工资、福利、保险等劳动力消耗补偿条件以及休息条件和培训条件等。但在立法和实践中，"劳动条件"在有的场合被作为生产资料条件和劳动安全卫生条件的统称，在有的场合则仅指其中之一。在作为劳动法律关系客体的劳动条件中，有的表现为行为，有的表现为物，有的表现为技术，有的表现为行为、物、技术的结合，有的表现为一定状态。这类客体的主要特征是：

（1）从属和受制于劳动行为。即这类客体或者是实施劳动行为的必要条件，或者是实施劳动行为的必然结果，无一不从属于劳动行为而存在，并在种类、数量等方面受劳动行为的制约。

（2）主要承载或体现劳动者的利益。这类客体一般由用人单位提供而归劳动者获取或支配，是劳动力再生产赖以正常进行的基础和条件。离开这类客体，劳动者的合法权益就无从落实。

2.1.3　劳动法律关系的运行

劳动法律关系的运行是指劳动法律关系形成和存续的动态过程，表现为劳动法律关系的发生、续延、变更、暂停、终止等环节和在这些环节之间劳动者与用人单位相互权利和义务的实现。劳动法律关系运行的各个环节分别由一定的法律事实引起，并分别对劳动者和用人单位实现相互权利和义务起决定或制约作用。

1. 劳动法律关系运行环节

在劳动法律关系运行过程中，主要环节包括劳动法律关系的发生、续延、变更、暂停和终止。劳动法律关系的发生是指劳动者与用人单位依法确立劳动法律关系，从而产生相互权利和义务。亦即劳动者依法为用人单位所录用（雇用）而成为用人单位的职工。这是劳动法律关系运行的起点，为双方当事人在劳动过程中开始行使权利和履行义务的前提。劳动法律关系发生的方式有：

1）行政方式

行政方式即劳动者与用人单位按照有关行政机关的指令性具体行政行为的要求确立劳动法律关系。劳动者凭有关行政机关的指令性文件到指定的用人单位报到而成为其职工，用人单位亦凭此接受指定的劳动者为职工。双方都有义务服从有关行政机关的分配和安排，无正当理由都不得拒绝确立劳动法律关系。我国在实行计划经济体制时期，劳动法律关系多按这种方式发生；随着经济体制改革的进展，这种方式的适用范围受到限制，并且逐步缩小。

2）合同方式

合同方式即劳动者与用人单位通过订立劳动合同以确立劳动法律关系。按照这种方式，劳动者或用人单位对是否与对方确立劳动法律关系都有权自主选择，劳动法律关系是否建立和具体的权利义务，都必须由双方协商一致而定。在市场经济体制下，劳动法律关系普遍按这种方式发生。在我国，计划经济时期仅有临时工劳动法律关系按这种方式发生；实行经济体制改革以来，这种方式的适用范围逐步扩大，已成为劳动法律关系发生的基本方式。

劳动法律关系的续延是指劳动法律关系的有效期依法延长，即既存的劳动法律关系在原有效期限届满后仍然依法存续一定期限，在该期限内，双方当事人继续享有和承担与原有效期限届满前完全或基本相同的权利和义务。它不同于劳动法律关系再次发生，后者是原劳动法律关系终止后双方当事人重新确立劳动法律关系。它也不同于劳动法律关系变更，后者出现在劳动法律关系的有效期限届满前。在我国的实践中，劳动法律关系续延的主要情形有以下几种：

（1）职工在规定的医疗期、孕期、产假期或哺乳期内，若劳动合同期限已届满，则应顺延到医疗期、孕期、产假期或哺乳期届满时终止。

（2）劳动合同所确立的劳动法律关系，在劳动合同依法续订后继续有效。

（3）劳动者与用人单位在劳动合同期限届满前依法订立承包合同，如果承包期限超过劳动合同期限，劳动法律关系在劳动合同期限届满后就应当续延到承包期届满才终止。

（4）劳动者担任工会特定职务的，其劳动合同期限自动延长至任期届满，但任职期间有个人严重过失或达到退休年龄的除外。

劳动法律关系的变更，即劳动法律关系的既定内容和客体依法变更。也就是双方当事人已有的相互权利义务及其指向的对象，在劳动法律关系存续过程中发生一定变化，一般是劳动者在本单位的岗位、职务、工种、工资等级的变动。应当明确的是，当事人任何一方的变更，一般不属于劳动法律关系的变更，而是原当事人劳动法律关系的消灭和新当事人劳动法律关系的发生。实践中，劳动法律关系变更的情形，既可能是当事人双方协议或单方决定变更，也可能是由行政决定、仲裁裁决或法院判决变更。

劳动法律关系的暂停，即劳动法律关系在存续的过程中，双方当事人之间的主要权利义务依法在一定期限内暂停行使和履行，待暂停期限届满后恢复以前的正常状态。实践中，主要在停薪留职、借调职工、停产息工、职工放长假、厂内待岗、职工涉嫌违法犯罪被暂时羁押等情况下发生这种现象。它同劳动法律关系变更的区别在于，不是权利义务的部分变动，而是主要权利义务处于有期限的停止状态。它同劳动法律关系终止的区别在于，劳动法律关系并未消灭，其主要权利义务在暂停期限届满后可以恢复，并且在暂停期间一般还保持一定的权利义务。

劳动法律关系的终止，是指既存的劳动法律关系依法不复存在，即双方当事人之间权利义务依法消灭。它是劳动法律关系运行的终点。双方当事人之间权利义务消灭是劳动法律关系终止的必然法律后果，但并不意味着双方当事人之间权利义务在劳动法律关系终止时必须立即全部消灭。出于保护劳动者及其供养亲属或用人单位合法权益的需要，劳动法律关系中特定的某项权利义务在劳动法律关系终止后仍存续一定期间才消灭。实践中，劳动法律关系终止的情形有：因有效期限届满或目的实现而终止；因主体消灭或丧失一定资格而终止；因辞职、辞退或协议而终止；因行政决定、仲裁裁决或法院判决而终止。

2. 劳动法律事实

在各个法律部门，法律事实都是一个同法律关系相对应的概念。劳动法律事实，是指劳动法所确认的能够引起劳动法律关系发生、续延、变更、暂停或终止的客观情况。其要点有：

（1）劳动法律事实与劳动法律关系之间是一种因果关系。即劳动法律事实是劳动法律关系得以发生、续延、变更、暂停、终止的原因，而后者则是前者的劳动法律后果。凡是不能引起劳动法律后果的客观情况，都不是劳动法律事实。

（2）劳动法律事实与劳动法律关系之间的因果关系须以劳动法为根据。劳动法不仅就各种劳动法律事实能引起何种劳动法律后果做出规定，而且就各种劳动法律后果能由何种劳动法律事实所引起做出规定。

于是，任何一种客观情况能否引起劳动法律后果而成为劳动法律事实以及能引起何种劳动法律后果，都应当以劳动法律规范为根据。因而，一种客观情况只有相对于一定劳动法律后果而言才是劳动法律事实。根据劳动法的规定，有的客观情况因不能引起劳动法律后果而不能成为劳动法律事实，有的客观情况只能是引起某种劳动法律后果的劳动法律事实，有的客观情况则可以是引起几种劳动法律后果的劳动法律事实。

劳动法律事实包括行为和事件两大类。行为是受人的意志支配的法律事实，可分为合法行为和违法行为，还可分为合同行为、行政行为、调解行为、仲裁行为和司法行为等。事件是不以人的意志为转移的法律事实，包括自然灾害之类的自然现象，疾病、伤残、死亡之类的人身现象以及战争、动乱之类的社会现象。

劳动法律事实的主要特征有：

（1）劳动法律事实的构成具有复合性。即劳动法律事实一般由两种以上的客观情况所构成，或者是两种以上行为相结合，或者是某种事件与特定行为相结合。也就是说，仅某种行为或事件，一般不足以导致劳动法律关系的发生、续延、变更、暂停或终止。

（2）劳动法律事实中含有特定程序。即劳动法律事实中的某种或某几种行为，一般要按照特定程序实施，只有在履行特定程序之后，才能导致劳动法律关系发生、续延、变更、暂停或终止。

（3）劳动法律关系运行的各个环节对劳动法律事实的要求不尽相同。引起劳动法律关系发生的，必须是合法行为，并且其中必须有劳动者与用人单位的合意行为。在劳动法律关系按行政方式发生的情况下，这种合意行为表现为按照有关行政机关的分配和安排，劳动者到用人单位报到和用人单位接受劳动者；在劳动法律关系按合同方式发生的情况下，这种合意行为表现为劳动合同的订立。引起劳动法律关系续延和暂停的，既可以是行为也可以是事件和行为的结合，既可以是单方行为也可以是合意行为，但这里的行为一般都必须是合法行为。引起劳动法律关系变更和终止的，既可以是行为也可以是行为和事件的结合，并且，单方行为和双方行为、合法行为和违法行为均可。

2.2　劳动行政法律关系

2.2.1　劳动行政法律关系的概念

劳动行政法律关系，是劳动行政主体与劳动行政相对人之间，为实现劳动关系而依据劳动法律规范和有关行政法律规范所形成的权力（权利）和义务关系。或者说，它是劳动法和行政法调整劳动行政关系所形成的权利和义务关系。为了准确理解劳动行政法律关系的概念，有必要明确劳动行政法律关系与劳动行政关系、一般行政法律关系的关系。

1. 劳动行政法律关系与劳动行政关系

劳动行政法律关系是劳动行政关系的法律表现形式，但是，并非所有的劳动行政关系都能够表现为劳动行政法律关系。一般来说，劳动行政关系表现为劳动行政法律关系需要两个条件：

（1）劳动行政关系具有表现为权利义务关系的必要。在现代社会中，行政职能的实现方式出现多样化，与此相应，劳动领域存在着互有差别的多种劳动行政关系。在有的劳动行政关系中，劳动行政主体实施一定行政行为的同时或以后，要求劳动行政相对人必须做出相应的行为，即要求对方承担一定义务；而在有的劳动行政关系中则无此要求，如行政指导、行政建议、行政咨询等，并不要求对方承担必须接受和服从劳动行政主体意志的义务。可见，那些没有必要表现为权利义务关系的劳动行政关系，就无须转化为劳动行政法律关系。

（2）劳动行政关系受到法律规范的调整。当某种劳动行政关系被纳入相应法律的调整对象后，才能转化为劳动行政法律关系。在法律体系中，劳动行政关系的法律调整是由劳动法和行政法共同进行的，既由行政法的基本原则和基本制度调整，又由劳动法的基本原则和具体法律规范调整。在一定时期的劳动法和行政法中，通常只有一定范围的劳动行政关系在其共同的调整范围内。因而，那些尚未被劳动法和行政法纳入其调整范围内的劳动行政关系，就不属于劳动行政法律关系。

2. 劳动行政法律关系与一般行政法律关系

劳动行政法律关系是一种行政法律关系，具有行政法律关系的一般属性。

同时，它还具有为一般行政法律关系所不具有的特征。主要表现在：

（1）它以实现劳动关系为目的。各种劳动行政法律关系尽管其具体目的不完全一样，但都有一个共同目的，即促使和保障劳动者与用人单位缔结劳动关系并实现相互间权利和义务。

（2）它以保障公平兼顾效率为价值取向。在劳动力市场中，市场机制自发地倾向于效率而难于顾及公平，劳动行政法律关系正是要弥补市场机制这一缺陷，保障公平并不断协调公平与效率的关系。

（3）它以劳动法律规范为依据。劳动行政法律关系虽然适用行政法的基本原则和基本制度，但其构成和运行规则主要是由劳动法所规定的。

（4）它以宏观劳动管理为基本内容。可以说，劳动行政法律关系是表现为行政法律关系形式的宏观劳动管理关系，在其内容中，劳动管理的专业性和技术性较强。

2.2.2　劳动行政法律关系的构成要素

1．劳动行政法律关系的主体

劳动行政法律关系的主体，包括劳动行政主体和劳动行政相对人双方。劳动行政主体是劳动行政法律关系中处于管理者地位的一方当事人，它包括专司劳动行政职能的劳动行政机关和兼有劳动行政职能的其他行政机关（如人事行政机关、卫生行政机关、行业主管行政机关等）。此外，经授权具有一定劳动行政职能的机构（如职业介绍机构、社会保险经办机构、劳动安全卫生检测机构等），在代理实现一定劳动行政职能的范围内，也属于劳动行政主体。劳动行政相对人是劳动行政法律关系中处于被管理者地位的一方当事人，即劳动行政行为所指向的对方当事人，其中主要是劳动者和用人单位，此外，还包括工会和用人单位团体、劳动服务主体等。上述双方主体尽管在法律上不属于平等主体，但都同时是权利主体和义务主体。

2．劳动行政法律关系的内容

劳动行政法律关系的内容，即劳动行政主体与劳动行政相对人之间关于宏观劳动管理的权利和义务。它主要包括劳动力管理、劳动报酬管理、劳动安全卫生管理、社会保险管理等方面的内容。在这里，劳动行政主体具有代表国家依法进行宏观劳动管理的职权和职责，它依法实施的劳动管理行为对劳动行政相对人具有法律约束力；劳动行政相对人负有服从国家的宏观劳动管理的义务，必须按照劳动行政主体的要求进行活动，其中，劳动关系的内容和运行必须符合劳动行政主体依法制定的劳动标准和其他规范，必须接受劳动行政主体的监督。应明确，劳动行政法律关系的内容是同经济体制相适应的。随着我国计划经济向社会主义市场经济转型，劳动关系当事人双方的自主性不断增强，劳动行政法律关系的内容中，行政指令性的内容越来越少，对劳动关系进行行政干预的力度和范围将仅以保障劳动标准实施为限。

3．劳动行政法律关系的客体

劳动行政法律关系的客体，即劳动行政主体和劳动行政相对人的权力（权利）和义务所共同指向的对象。主要是劳动行政相对人按照劳动行政主体的管理要求实施的行为及其所支配的物和无形财产。其中较重要的有：劳动者与用人单位确立劳动关系的行为，即劳动合同行为，通常表现为订立、续订、变更、解除劳动合同的行为；用人单位使用劳动力的行为，即用人行为；用人单位或其团体与工会组织之间协商（谈判）达成集体协议的行为，即集体合同行为；劳动者支出劳动力的行为，即劳动行为；劳动服务主体为劳动者和用人单位实现劳动关系提供服务的行为，即劳动服务行为；用人单位提供的与劳动力相结合的物和无形财产以及为劳动力再生产所必要的物。

2.2.3 劳动法律关系与劳动行政法律关系

1. 劳动法律关系与劳动行政法律关系的联系

二者都是经劳动法调整而形成的法律关系，存在着密切的联系。主要表现在：

（1）劳动者和用人单位既分别是劳动法律关系的一方当事人，又都是劳动行政法律关系的劳动行政相对人，因而同时享有和承担这两种法律关系中的权利（权力）和义务。

（2）劳动法律关系与劳动行政法律关系应当在内容上保持协调。其中，以国家意志为主导的劳动行政法律关系的内容，应当注意反映体现劳动法律关系主体的自主意志；而着重体现劳动者和用人单位自主意志的劳动法律关系的内容，则应当不违反寓于劳动行政法律关系中的国家意志。只有这样，劳动者和用人单位在实现其中一种法律关系的权利和义务时，才不致影响另一种法律关系的权利和义务的实现。

（3）劳动行政法律关系附随劳动法律关系而存在，它的运行应当符合劳动法律关系的本质要求，对劳动法律关系的正常运行和发展起保护、协调和促进的作用。

2. 劳动法律关系与劳动行政法律关系的区别

二者在劳动法中被赋予不同的法律属性，一为合同法律关系，另一为行政法律关系。其区别主要表现在：

（1）劳动法律关系是微观领域的法律关系；劳动行政法律关系则是宏观领域的法律关系。

（2）劳动法律关系的双方当事人之间，存在着劳动者是用人单位职工的身份从属关系；劳动行政法律关系的双方当事人之间，劳动行政相对人则不属于劳动行政主体的成员，而是独立于劳动行政主体之外的主体。

（3）劳动法律关系兼有平等和隶属特征；劳动行政法律关系则是纯粹的隶属型关系。

（4）劳动法律关系的主体、内容和客体的确定，在一定程度上是双方当事人双向选择和协商一致的结果，劳动行政法律关系的主体、内容和客体则都是由劳动法规预先确定的，当事人一般无自由选择和协商的余地。

2.3 劳动服务法律关系

2.3.1 劳动服务法律关系的概念和分类

劳动服务法律关系，是劳动服务主体与劳动者和用人单位之间，在劳动服务过程中依据劳动法律规范和有关民事法律规范所形成的劳务法律关系。在民法中，劳务法律关系，即当事人之间以劳务为标的的法律关系，亦即当事人一方向另一方提供劳务的权利和义务关系。劳动服务法律关系具有民事劳务法律关系的一般属性，但较之一般民事劳务法律关系又有其特征。

劳动服务法律关系的特征主要表现在：

（1）它的双方当事人分别固定为特定的主体，其中，劳务提供方固定为依法取得特定劳动服务资格的社会组织，劳务接受方固定为劳动者和用人单位。

（2）它以实现劳动关系为目的，即它的存续是为了在劳动力市场上和劳动过程中给劳动关系正常运行创造条件。

（3）它的标的限定为劳动服务行为，这是一种特殊劳务，其服务对象、服务项目和服务规则为劳动法规政策和劳动行政部门所规定。

（4）它的内容一般具有非营利性和公益性，其中有的是无偿提供服务。

（5）它的运行大多由政府有关部门或机构所组织，并且受到国家较强力度的宏观控制。

劳动服务法律关系依其服务项目不同，可划分为就业服务法律关系、职业培训服务法律关系、劳动保护服务法律关系、社会保险服务法律关系、社会福利服务法律关系等。此外，还可分别按不同标准对劳动服务法律关系作多种分类，例如，有偿性劳动服务法律关系与无偿性劳动服务法律关系；管理性劳动服务法律关系与经营性劳动服务法律关系；技术（知识）性劳动服务法律关系与财产性劳动服务法律关系；等等。

2.3.2　劳动服务法律关系的构成要素

1．劳动服务法律关系的主体

在劳动服务法律关系中，劳动服务主体是为劳动者和用人单位提供劳动服务的一方当事人。其主体资格的取得，既要符合民法所规定的法人等民事主体的必备条件，又要具备劳动法所规定的与特定劳动服务项目相对应的专职人员、设施设备、规章制度、信息、技术等方面的特殊条件，并且还必须履行劳动法所规定的特殊程序。例如，报政府或其有关部门审批，经劳动和社会保障部门许可、确认或备案。就其创设而言，有的由地方劳动行政部门直接设立，有的由有关主管部门开办，有的由民间（企业、事业单位、社会团体、个人）投资建立。它在国家计划的指导下和劳动行政部门的管理下，从事特定项目的劳动服务。

在劳动服务法律关系中，劳动者和用人单位都是与劳动服务主体相对的劳动服务接受方当事人，只不过劳动者和用人单位所接受的服务有所不同而已。各个劳动者和用人单位作为劳动服务接受方当事人而存在的范围，主要取决其与劳动服务主体的服务对象范围和业务范围的关系。对某个劳动者或用人单位来说，只有当其依法处于某个劳动服务主体的服务对象范围之内，并且其需求的劳动服务项目也在该劳动服务主体的业务范围之内，才能成为该劳动服务主体的劳动服务接受方。劳动者和用人单位与劳动服务主体在劳动服务法律关系中处于平等的法律地位，一般都既享有一定权利又承担相应义务。

2．劳动服务法律关系的内容

劳动服务法律关系的内容，即劳动服务主体与劳动者和用人单位之间关于提供和接受劳动服务的权利和义务。它大多由劳动法律规范或劳动行政部门直接规定，劳动服务主体依法设立就负有提供特定劳动服务的义务，劳动者或用人单位无须约定就享有要求劳动服务主体提供劳动服务的权利。有些场合，劳动者或用人单位与劳动服务主体之间需要通过签订合同才能确立相互权利义务，但其中有许多权利义务的确定要受到国家干预，而不能由双方任意约定。

在劳动服务主体与劳动者之间，相互权利义务大多具有无偿性，劳动者接受劳动服务免于支付服务费用或者由用人单位支付服务费用；而在劳动服务主体与用人单位之间，相互权利义务大多是有偿的，用人单位负有支付服务费用的义务。由于劳动服务主体提供劳动服务的义务具有公益性，国家要求以实际履行为原则，并对其履行实行监督。

3. 劳动服务法律关系的客体

劳动服务法律关系的基本客体是劳动服务，大多表现为提供一定劳务或完成一定工作。劳动法规和劳动行政部门针对不同劳动服务项目的特殊性，分别就其标准和规则做出了具体规定，劳动服务主体所提供的劳动服务必须与之相符。各个劳动服务主体所能提供的劳动服务项目，都受其既定业务范围的限制。因而，如果劳动服务主体的业务不同，能作为劳动服务法律关系客体的劳动服务项目就不尽相同。有的劳动服务项目被国家规定为特定劳动服务主体的专有业务项目，它就只能成为该种劳动服务主体所参与的劳动服务法律关系的客体。

与劳动服务相对应的服务费，是劳动服务法律关系的重要客体。其项目和标准，一般由劳动行政部门和物价行政部门依法规定或核定。在允许当事人双方协议收费的场合，所商定的收费项目和标准，不得违反价格法规。由于劳动服务事业具有公益性并且受到国家和社会的扶持，国家对允许收费的劳动服务项目，要求一般按保本或微利的原则收取服务费，还规定在一定条件下应当减免收费。

【知识扩展】

劳动服务法律关系与劳动行政法律关系

这是两种都以实现劳动关系为目的而有不同属性的法律关系，在我国现阶段，它们有一定程度的交叉或混合。主要表现在，有的行政机构兼有劳动服务职能，有的劳动服务主体兼有劳动行政职能，以致有的劳动行政法律关系中含有劳动服务因素，有的劳动服务法律关系中含有劳动行政因素。按照我国社会主义市场经济的要求，应当实行政事分开的原则，即行政职能与事业职能分开。据此，在劳动制度改革中，应当将劳动行政职能与劳动服务职能分开，使二者分别归属于劳动行政部门和劳动服务主体。具体言之，劳动行政部门中的劳动服务管理机构不应再有劳动服务业务，劳动服务主体不应再兼有劳动服务管理业务，在此基础上，理顺劳动行政部门（劳动服务管理机构）—劳动服务主体—劳动者和用人单位的关系。只有这样，在立法和实践中才可以明确劳动服务法律关系与劳动行政法律关系的区别，优化劳动法律服务关系与劳动行政法律关系的联系，使劳动服务法律关系和劳动行政法律关系按照市场经济的要求正常运行。

2.4　劳动法主体

2.4.1　劳动者

1. 劳动者的概念和分类

劳动者，作为一个法律概念有广义和狭义之分，其广义指具有劳动权利能力和劳动行为能力（但并不一定已参与劳动关系）的公民；其狭义仅指职工。职工亦有广义和狭义之分，其广义指具有劳动权利能力和劳动行为能力并且已依法参与劳动关系（但并不一定为劳动法律关系）的公民，此即一般法律意义上的职工；其狭义仅指具有劳动权利能力和劳动行为能力，并且已依法参与劳动法律关系的公民，此即劳动法意义上的职工。

劳动法意义上的职工，在外国还有雇工、劳工、受雇人、雇员、员工等称谓。从许多国家的劳动法所规定的职工定义和范围来看，职工的概念一般包括四层含义：职工是被录用（雇佣）的人员；职工是在用人单位（雇主）管理下从事劳动的人员；职工是以工资为劳动收入的人员；法定某种或某几种人员不属于职工，例如，国家公务人员、军事人员、农业工人、家庭佣人、企业经理等，分别在有的国家被劳动法列于职工范围外。因此，职工可定义为：由用人单位所录用（雇佣）并在用人单位管理下从事劳动以获取工资收入的法定范围内的劳动者。

除了劳动法意义上的职工以外，我国的广义劳动者还包括非劳动法意义职工（国家公务员等）、城镇失业人员和待分配人员、农民、个体工商业者和退休人员等。他们尽管不是劳动法律关系主体，但其某些权利和义务仍由劳动法所规定，可以依法参与劳动法律关系，在一定范围内是劳动行政法律关系的劳动行政相对人，并且还同某些劳动服务主体有一定的法律关系，因而也是作为劳动法主体的劳动者。

职工可分别按不同标准进行分类。在我国劳动法中有重要意义的分类有下述几种：

（1）职员和工人。这是以职工的劳动类型为标准进行的分类。职员，有的国家称为使用人，我国通常称为干部，一般是指在用人单位中担任管理或技术业务工作的劳动者，亦即脑力劳动者，如行政或经济管理人员、工程技术人员、教学科研人员、医务卫生人员、文化艺术人员、体育人员等；工人，一般是指在用人单位中从事体力劳动和执行性劳动的劳动者。这种分类对职工的劳动分工和劳动待遇有一定的法律意义。但是，就各个职工来说，这种分类并非固定不变，当从事职员岗位的劳动时即为职员，当从事工人岗位的劳动时即为工人。我国劳动制度改革的内容之一，就是要改变那种将干部与工人的界限固定化、终身化的制度。

（2）全民所有制职工、集体所有制职工和其他所有制职工。这是以劳动关系的所有制性质为标准进行的分类。按我国现行立法的规定，不同所有制的职工在劳动力市场上的地位和劳动法律关系中的具体权利义务，还有一定差别。随着经济体制改革的深化，职工的所有制性质界限正在不断淡化。

（3）正式工和临时工。这是以职工的用工形式为标准进行的分类。正式工是安排在常设性岗位上劳动，使用期限在1年以上的职工。它有固定工和合同制工之划分，前者是以行政方式确立劳动关系、并且无限期使用的职工；后者是以劳动合同确立劳动关系、使用期限在1年以上的职工。凡具有非农业户籍的，则称为城镇合同制工。固定工只存在于全民所有制劳动关系和县区以上集体所有制劳动关系的范围内，在劳动制度改革的进程中，固定工将逐渐向合同制工转化。临时工，是以劳动合同确立劳动关系、安排在临时性或季节性岗位上劳动、使用期限不超过1年的职工。

2. 劳动者的资格

公民成为劳动者必须具备法定的前提条件，这在法学上统称为劳动者资格（或称主体资格）。它所包括的劳动权利能力和劳动行为能力共同决定着公民参与劳动法律关系的范围和享有并行使劳动权利、承担并履行劳动义务的范围。

1）劳动权利能力

劳动权利能力是指公民依法能够享有劳动权利和承担劳动义务的资格。它表明公民依法可以成为哪些劳动权利的享有者和哪些劳动义务的承担者。劳动权利能力和劳动权是两个不同的概念，劳动权是宪法赋予公民的获得有酬职业劳动的基本权利。劳动权与劳动权利能力的区别主要在于：

（1）根据不同。劳动权直接以宪法为根据；劳动权利能力则直接以有关劳动法规为根据。

（2）内容不同。劳动权即劳动机会保障权，其内容包括就业权和择业权；劳动权利能力的内容则与公民在劳动力市场上和劳动过程中的各项权利和义务相一致。

（3）意义不同。劳动权只是意味着公民有以劳动谋生，并要求国家和社会为其提供劳动机会的权利；劳动权利能力则是公民具体实现劳动权的必备法律资格的一个方面。劳动权利能力与劳动权利也有区别，主要在于：

① 根据不同。劳动权利能力只直接以有关劳动法规为根据；劳动权利的直接根据除了有关劳动法规外，还有劳动合同、集体合同和用人单位内部劳动规则。

② 属性不同。劳动权利能力是劳动者法律资格的一个方面；劳动权利则是劳动法律关系内容的一部分。

③ 意义不同。劳动权利能力只是界定公民能够参与哪些劳动法律关系和享有哪些权利、承担哪些义务的范围；劳动权利则主要是公民参与劳动法律关系之后实际享有的各项具体权利。

公民的劳动权利能力应当具有平等性。这既是现代市场经济的必然要求，也是现代国际社会通行的惯例。国际劳工组织1958年通过的第111号公约《消除就业和职业歧视公约》中规定，会员国应制定一项促进就业、职业机会均等和待遇均等的国家政策，以消除这方面的性别、种族等任何歧视，还应采取措施保证这一政策实施。1964年通过的第122号公约《就业政策公约》中又规定，会员国应实行积极政策，保证有工作供给寻找工作并有能力工作的人，使每个工人有资格享受最能发挥其技能与才能的机会，获得最适合的工作，不分其种族、肤色、性别、宗教、政见、民族血统或社会出身。因而，现代各国的劳动法都体现了劳动权利能力平等的精神，只不过在不同国家实现平等的程度不尽相同而已。在我国，公民的劳动权利能力在总体上具有平等性。这表现在，凡有劳动能力的公民，其劳动权利能力就不因种族、民族、信仰、性别、财产状况等因素的不同而受限制或剥夺。但是，在现阶段，我国还是一个发展中国家，存在着社会生产力水平有待进一步提高、城乡之间和地区之间经济不平衡、劳动力市场有待进一步完善、人口数量多而素质需要进一步提高等问题，使得公民的劳动权利能力还处在相对平等阶段，即公民的劳动权利能力由于某种因素不同而有一定差别。

【知识拓展】

根据我国现行法规和政策的规定，公民的劳动权利能力要受一定因素的制约。其中主要有：（1）户籍。它对劳动权利能力的制约表现在两个方面。其一，户籍性质的限制，按户籍性质不同，一般分为农业户籍（又称农村户籍）和非农业户籍（又称城镇户籍）。用人单位（除乡镇企业外）招工，主要面向非农业户籍劳动者，农业户籍劳动者在法规和政策允许的情况下，也可以成为招工对象。在市场化和城市化过程中，农业户籍劳动者进城就业的限制虽然在逐步减少，但仍然多于非农业户籍劳动者就业的限制。其二，户籍区域的限制，原则上要求用人单位优先招用有本地户籍的劳动者；某些地区对外来劳动力就业和外地调入职工，还存在限制性规定，但限制的程度正在逐步减小。（2）职数，即允许各个公民同时从事职业的数目。我国以往一直实行"一人一职"原则，即一个公民在同一期间只能成为一个用人单位的职工，亦即只允许参与一个劳动关系。实行经济体制改革以后，特定条件下的业余兼职已为有关法规和政策所允许，并且，在职人员从事第二职业的范围呈扩大趋势。但是，对第二职业予以适当限制仍是必要的，从事第二职业的应是一定范围内的职工。（3）制裁，因违法或违纪而受到的制裁中，有的含有限制劳动权利能力的内容或后果。例如，严重违反会计法规和财经纪律的会计人员，被撤职后不得再担任会计工作。

2）劳动行为能力

劳动行为能力是指公民依法能够以自己的行为行使劳动权利和履行劳动义务的资格。它表明公民依法可以成为哪些劳动权利的行使者和哪些劳动义务的履行者。劳动行为能力和劳动能力并非同一个概念。其主要区别在于：

（1）根据不同。劳动能力的有无和大小，直接以人体生理和心理因素为根据；劳动行为能力则直接以有关劳动法规为依据。

（2）属性不同。劳动能力作为人的生存能力的一部分，只具有自然属性；劳动行为能力作为劳动者法律资格的一方面，则具有法律属性。

（3）意义不同。劳动能力只是表明公民身体中所存在的体力和脑力的实然状态；劳动行为能力则是国家对公民一定劳动能力的法律认可，它表明法律对公民在体力和脑力上所要求的应然状态。

劳动法对劳动行为能力做出规定的客观依据，是公民的劳动能力水平以及国家利益和社会利益的要求。公民只有在其劳动能力达到符合国家利益和社会利益要求的水平，并且能由自己自由支配的条件下，才会被劳动法确认为有劳动行为能力。因此，劳动行为能力主要取决或受制于下述因素：

（1）年龄。在世界各国，都把年龄作为推定劳动行为能力有无和大小的一种法定依据。按年龄对劳动行为能力的法律意义不同，可分为3种：①劳动行为能力起始年龄，亦即最低就业年龄，未满此年龄的公民，被规定为无劳动行为能力人。国际劳工组织1973年通过的138号公约《最低就业年龄公约》规定，应逐步把准许就业的最低年龄提高到与幼年人体力智力充分发展相适应的水平，不应低于完成国家义务教育的年龄，并在任何情况下不应低于15周岁，发展中国家可初步定为14周岁；同时，准许特定的例外情况不受此限。目前，有的国家规定为16周岁，如俄罗斯、土耳其、罗马尼亚、保加利亚等；有的国家规定为15周岁，如日本、波兰、利比亚、伊拉克等；有的国家规定为14周岁，如菲律宾、尼日利亚、卢旺达、巴林、匈牙利等。在我国，最低就业年龄规定为16周岁，除文艺、体育和特种工艺单位经县级以上劳动行政部门批准可招用未满16周岁的公民为文艺工作者、运动员和艺徒以外，任何单位都不得与未满16周岁的公民发生劳动关系。②完全劳动行为能力起始年龄，即成年人起始年龄，已满此年龄的公民即成年人才可成为完全劳动行为能力人，未满此年龄而已满最低就业年龄的公民即未成年人则只能成为限制劳动行为能力人。《最低就业年龄公约》规定，对有可能危害未成年人健康、安全或道德的职业或工作，最低就业年龄不应低于18周岁。这实际上是把18周岁确定为完全劳动行为能力的起始年龄。现代大多数国家的规定都与此一致，只有少数几个国家（如匈牙利、巴林等）规定为16周岁。在我国，劳动法规中明确规定，不得招用已满16周岁未满18周岁的公民从事过重、有毒、有害的劳动或者危险作业。③退休年龄。在各国劳动法中，对劳动行为能力的终止年龄一般未做明确规定，而只是规定退休年龄。但退休年龄不能认为是推定劳动行为能力完全丧失的年龄。国际劳工组织1980年通过的第162号《老年工人建议书》中，建议各国政府采取行动使他们能继续在令人满意的条件下工作；还规定如有可能应采取措施保证退休自愿，对领取退休金年龄的规定应有灵活性。这表明，劳动行为能力不应推定为终止于退休年龄。按我国现行劳动法规的规定，达到退休年龄的公民，只应推定为限制劳动行为能力人，仍允许其从事不妨碍老年人身体健康的劳动。

（2）健康。在劳动法中，要求劳动者必须具备自己所从事的职业所必需的健康条件。这主要包括三方面的限制：①疾病的限制。各种岗位的职工，都不得患有本岗位所禁忌或不宜的特定疾病。②残疾的限制。完全丧失劳动能力的残疾人为无劳动行为能力；部分丧失劳动能力的残疾人只能从事为其残疾状况所允许的职业。③妇女生理条件的限制。国家禁止招用女职工从事危害妇女生理健康的某些特定职业；女职工在经期、孕期、哺乳期时，不得安排其从事某些特定的作业。

应明确的是，法律上把健康规定为劳动行为能力的一种限制性因素，主要是基于对劳动行为能力被限制者的保护；并且，这种限制是与被限制者的特殊保障措施并存的。在国际劳工公约和各国劳动立法中，都有对残疾人和妇女劳动行为能力的实现给予特殊保障的专门规定。

（3）智力。在劳动行为能力的构成中，智力的意义并不亚于体力，并且随人类劳动的复杂化程度不断提高而越来越重要。在劳动法中，要求劳动者必备的智力因素包括：①精神健全。这是对劳动行为能力的起码要求，因而，精神病患者被规定为无劳动行为能力的人。②文化水平。许多国家要求，就业者必须完成国家义务教育。我国规定，禁止任何组织或个人招用应当接受义务教育的适龄儿童、少年就业；招工必须以具有初中以上文化程度的公民为对象。③技术水平。对于一些技术性职业，具有一定技术水平是劳动者从事该职业的必备条件。在有关法规中，对某些特定岗位的劳动者应具有的技术水平，还做了严格规定。例如，驾驶人、电工、司炉工、电焊工、起重工等特种作业人员，必须经技术考核合格并取得驾驶执照、操作证等证件，方可从事该项工作。

（4）行为自由。有劳动能力的公民，只有具备支配自己劳动能力所必要的行为自由，才能以自己的行为去实现劳动权利和劳动义务。如果公民的行为自由被依法剥夺或受到特定限制，其劳动行为能力就会受到相应的影响。例如，因触犯刑法而被处以自由刑的公民，在服刑期间由于无行为自由而无权自由支配自己的劳动能力，就丧失成为劳动法律关系主体的资格；在校学生也由于这种行为自由受到限制，一般不得成为招工对象，仅在暑假、寒假期间可被招为临时工；在职职工能否参与第二职业劳动法律关系，也应以在保证全面履行本职劳动义务的同时是否还具备履行第二职业劳动义务所必需的行为自由为限。

3）劳动者资格的特征

公民的劳动者资格与民事主体资格相比较，主要有下述不同：

（1）产生的时间和根据不同。劳动权利能力和劳动行为能力同时开始于达到法定最低就业年龄，以具有一定劳动能力为根据。民事权利能力则开始于公民出生，以其生命之存在为根据；民事行为能力起始年龄小于法定最低就业年龄，仅以具有辨认自己行为的能力为根据。

（2）终止的时间和原因不同。劳动权利能力和劳动行为能力均由于公民完全丧失劳动能力而同时终止，认定公民劳动能力是否完全丧失应以国家规定的标准为依据。民事权利能力因公民死亡而终止；民事行为能力因公民丧失辨认自己行为的能力而终止，但公民完全丧失劳动能力时其民事行为能力则不一定终止。

（3）权利能力与行为能力的相互关系不同。劳动权利能力与劳动行为能力统一而不可分割，一般都只能由本人实现，不允许他人代理。民事权利能力与民事行为能力在一定条件下可分别存在，即是说，有民事权利能力的公民可以不具有或不完全具有民事行为能力，而由他人代理实现其民事行为能力。

（4）权利能力和行为能力的制约因素不同。劳动权利能力和劳动行为能力所受到的许多限制，对于民事权利能力和民事行为能力来说，并不存在。例如，公民参与民事法律关系的范围，并不因性别、文化或技术水平的不同而相异；一个公民可以同时参与多个民事法律关系；公民的行为自由被依法剥夺后，仍具有民事主体资格等。

3. 劳动者的劳动权利和劳动义务

我国《劳动法》第三条规定："劳动者享有平等就业和选择职业的权利、取得劳动报酬的权利、休息休假的权利、获得劳动安全卫生保护的权利、接受职业技能培训的权利、享受社会保险和福利的权利、提请劳动争议处理的权利以及法律规定的其他劳动权利。""劳动者应当完成劳动任务，提高职业技能，执行劳动安全卫生规程，遵守劳动纪律和职业道德。"根据上述规定和其他法律规定，劳动者在劳动法律关系中和劳动力市场上，都享有一定的劳动权利并负有一定的劳动义务。

1）劳动者在劳动法律关系中的劳动权利和劳动义务

劳动者同用人单位缔结劳动法律关系后，作为用人单位的职工，依据劳动法律规范、集体合同和劳动合同的规定，享有劳动权利和承担劳动义务。职工的劳动权利一般包括：

（1）参加劳动的权利。主要指有权参加用人单位所组织的劳动；有权请求用人单位按照法定或约定要求为其安排劳动岗位（工种），并提供必要的生产资料；有权拒绝各种形式的强迫劳动。

（2）获取劳动报酬的权利。主要是有权按自己提供劳动的数量和质量取得劳动报酬，女职工还有权要求实行男女同工同酬；有权获得最低工资保障、工资支付保障和实际工资保障。

（3）休息的权利。主要是有权在法定工作时间之外免予履行劳动义务；有权在休假和休养期间享有规定的各项待遇；有权要求用人单位安排劳动任务不得超过法定最高工时和不得违法组织加班加点。

（4）获得劳动安全卫生保护的权利。主要是有权获得符合劳动安全卫生标准的劳动条件和接受劳动安全卫生知识的教育；有权拒绝用人单位提出的违章作业要求，并在劳动过程中遇有严重危及生命安全的危险时采取紧急避险行为；有权要求进行定期健康检查；职业禁忌症患者有权要求不从事所禁忌的工作，职业病患者有权要求及时治疗并调离原岗位；此外，女工和未成年工在健康方面的特殊利益，还有权获得特殊保护。

（5）享受社会保险的权利。主要是有权要求用人单位为其办理失业、养老、工伤等项目的社会保险，并按规定缴纳保险费；有权在劳动能力丧失或使用中断期间要求社会保险经办机构和用人单位支付社会保险待遇。

（6）享受劳动福利的权利。主要是有权享用社会公共福利设施和本单位集体福利设施，有权要求用人单位支付法定和约定的福利性津贴（补贴）。

（7）接受职业培训的权利。主要是有权利用用人单位提供的职业培训条件和参加用人单位组织的职业培训；经职业培训而提高劳动能力的，有权要求用人单位按照其劳动能力进行使用和给予待遇。

（8）参加工会和职工民主管理的权利。主要是有权组织和加入工会，参加工会所组织的各项活动；有权通过职代会等形式参与本单位的民主管理；有权对本单位管理人员的违法违纪行为提出批评和控告。

（9）决定劳动法律关系存续的权利。主要是有权就劳动法律关系的续延、变更、暂停和解除依法进行意思表示，即单方决定或者与用人单位协议。

（10）保护合法权益不受侵犯的权利。主要是有权在发生劳动争议时申请调解、仲裁和提起诉讼；有权在合法权益受到侵犯时请求有关国家机关、工会组织依法给予保护。

职工的劳动义务，一般包括：

（1）劳动给付义务。即必须按照劳动法规、集体合同、劳动合同和用人单位所要求的项目、时间、地点、方式、定额和质量，亲自完成劳动任务。

（2）忠实义务。即作为用人单位的劳动组织成员而必须在劳动过程中忠实于用人单位，维护和增进而不损害用人单位利益。这是基于劳动关系的人身性、隶属性和诚实信用原则而产生的义务。主要表现为，服从用人单位的指挥和监督；遵守用人单位的劳动纪律和其他规章制度；保守在劳动中所了解的用人单位的商业秘密；向用人单位报告、上交在劳动中所获的应归用人单位所得的一切财产；学习和掌握胜任本岗位所必备的知识和技术；等等。

（3）派生义务。主要是因违反上述劳动给付义务和忠实义务所承担的义务，例如，因违反劳动纪律而承受纪律处分并赔偿违纪行为对用人单位所致财产损失；因违反劳动合同而承担违约责任；等等。

2）劳动者在劳动力市场上的劳动权利和劳动义务

劳动力市场，在一定意义上是劳动力供需双方通过相互选择和协商一致而使劳动力与生产资料走向结合的市场。劳动者作为劳动力供方主体，在劳动力市场上的劳动权利和劳动义务，主要集中于实现就业方面。

劳动者的劳动权利，按照我国有关劳动法规的规定，主要是：有权接受职业介绍机构介绍就业、自愿组织就业和自谋职业，属于国家安置对象的，有权要求国家安置就业；有权选择职业和用人单位，并与用人单位签订劳动合同以确立劳动关系；有权参加各种形式的就业前培训和转业培训；有权参加由政府或劳动就业服务机构组织的生产自救、以工代赈和其他有津贴的劳动；有权在失业期间获得保险和福利方面的物质帮助等。

劳动者的劳动义务，按照我国有关劳动法规的规定，主要是：接受国家机关和社会组织对劳动力市场的管理和监督；遵守劳动力流动的秩序；不违法缔约劳动关系等。

【知识拓展】

劳动者在劳动力市场上的劳动权利和劳动义务中，还涉及劳动者能否从事第二职业的问题。第二职业，又称附劳动、兼职或兼差，其狭义仅指在职职工又与其他用人单位缔结的第二个劳动关系，其广义还包括不缔结劳动关系的业余劳动等在内。一些国家和地区的劳动立法表明：①劳动者有从事第二职业的权利，法律上对第二职业不应禁止；②劳动者从事第二职业不得妨碍其对第一职业劳动给付义务和忠实义务的履行，法律上应优先强制劳动者履行第一职业的义务；③凡是与劳动者第一职业义务有冲突的第二职业，劳动者未经第一职业用人单位同意不得从事；④特定职业（岗位）的劳动者若从事第二职业会危害国家利益或社会公共利益的，法律上应禁止其从事第二职业。

2.4.2 工会

1. 西方国家的工会

在西方国家，工会是以维护和改善雇工的劳动条件、提高雇工的经济地位为主要目的，由雇工自愿组织起来的团体或联合团体。历史上，国家立法对工会的规定大致经过了绝对禁止、相对禁止和完全承认3个阶段。到第二次世界大战以后，工会在西方各国都获得了合法地位。

在现代，许多国家的宪法都明确肯定了工会的合法地位。例如，意大利宪法规定"职工工会组织自由"；日本宪法规定"劳动者团结的权利受保障"；菲律宾宪法规定"国家将保证工人有组织工会的权利"。同时，许多国家依据宪法制定了工会法或者在劳动法典中对工会做了专门规定。

工会的合法地位不仅为各国国内法所确立，而且还为国际法所保障。1949年国际劳工组织在第98号公约《组织与集体谈判权利的原则的实施公约》中规定"工人应享有充分保护，以抵制在雇佣方面的反工会的歧视行为"，例如"对雇佣工人以其不得加入工会或放弃工会会员资格为录用条件"，"因工人为工会会员或因其在工作时间外，或经雇主同意在工作时间内参加工会活动，而将其开除，或用其他方法使其蒙受损害"。1966年联合国的《经济、社会、文化公约》中，要求缔约各国承担下述保证：①人人有权组织工会和参加其所选择的工会，以促进和保护其经济和社会利益；这种权利只受工会有关规章的限制。对这一权利的行使，除法律所规定的及在民主社会中为了国家安全或公共秩序的利益或为保护他人权利和自由所必需的限制以外，不得加以任何限制。②工会有权建立全国性的协会或联合会，有权组织或参加国际工会组织。③工会有权自由地进行工作，除法律所规定的及在民主社会为了国家安全或者公共秩序的利益或者为保护他人的权利和自由所必需的限制外，不受任何限制。④有权罢工，但应按照各个国家的法律行使此项权利。

各国工会组织形式一般有以下几种类型：①雇佣单位工会，即以受雇于同一雇用人的雇工所组成的工会。②职业工会，即从事同一种职业或相类似职业的雇工所组成的工会。③产业工会，即同一类或类似产业内之上下一切雇工组成的工会。④材料工会，即不论职业区别如何，以其职业所使用材料之种别而组成的工会，如木材工会、金属工会。⑤联合工会，即由各个单独工会联合组成的工会组织。就一国范围内的工会组织体系而言，在西方国家有两种模式：①一元化工会组织体系。即全国只有一个统一的工会组织体系，各种形式的工会组织者是同一个全国性工会联合组织的成员，在各个雇用单位一般只有一个工会组织。德国、奥地利、斯堪的那维亚等少数国家的工会组织体系属于这种模式。②多元化工会组织体系。即在全国并存几个不同的组织体系，没有一个统括全国各种工会组织的全国性工会联合组织，在各雇用单位通常不只存在一个工会组织。例如，在法国和意大利，工厂一级就同时存在几个不同政治派别的工会；在比利时，政府承认倾向社会党的比利时总劳联和自由工会同盟是"最有代表性的工会组织"，并授予此组织以代表工人的合法垄断权；在荷兰，工会组织以信仰和政治主张来区分。

【知识拓展】

西方国家关于工会的立法，对工会法律地位有以下基本规定：①工会只能是雇工的团体，并且必须是一定人数以上的雇工的集合。立法上大多对工会会员资格做了限制，一般不允许雇主及其代理人加入工会。许多国家还把拥有一定最小限度人数会员作为成立工会的法定要件。例如，意大利规定，产业工会必须是受雇于特定产业的劳动者的10%以上的集合。法国规定，成立工会至少须有20名会员。②工会不得有政治、经济目的，即工会属于社会团体而不属于政治性组织和经济性组织。有的国家（如美国）明文禁止工会追求政治目的；有的国家（如法国）只允许工会具有为法律所列举的目的，而在这种列举式规定中，政治目的未包括在内。至于经济目的，在多数国家被禁止。有的国家（如法国）在法律上明文禁止工会为经济营业；有的国家（如瑞典）在法律上则把工会列为非营利目的的结社。但是，对于工会以增进会员利益为目的所办理的合作社等事业则不为法律所禁止。③工会具有公法人性质。即工会作为社团，具有法人资格，并且这是公法上的法人。有的国家（如法国），工会当然具有法人资格；有的国家（如德国），工会需经有关部门登记才可取得法人资格。④工会有组织罢工、同雇主或其团体谈判和签订集体合同，监督雇主遵守劳动法等项权利。⑤工会在与雇主的关系中受到法律的特别保护。例如，法律不允许雇主因雇工加入工会或参加工会活动而将其解雇或取消、中止或修改其劳动条件；有的国家还规定，不经有关国家机关（如劳动法院法官）批准，工会理事不应被解雇。又如，工会依法组织罢工致使雇主利益受损时，法律规定工会及其理事个人均不负损害赔偿责任。

在经济全球化过程中，无论发达国家还是发展中国家，工会都遇到了新的挑战：

（1）工会生存的基础遭到严重威胁。工会力量和工会运动的传统基础是第二产业的蓝领工人，而在经济全球化过程中，伴随着当代科技革命的影响，第二产业的缩小造成产业工人数量减少，第三产业的扩大导致劳动者队伍分化，这就大大削弱了劳动者形成大规模组织的可能性，致使工会组织率大幅度下降。

（2）工会运动不适应跨国公司的加速发展。劳动关系由于跨国公司的发展超越了国家疆界，工会活动却仍在本国范围之内，只与本国的子公司交涉，这就对工会原有的组织形式、活动机制、斗争方式带来了一系列问题。特别是跨国公司可以利用其转移投资和多国生产直接影响就业的机制，作为压低工资水平和打击工会运动、抵制工人斗争的有效手段，这就大大限制了工会集体谈判和组织罢工的权利。

（3）发达国家工会与发展中国家工会矛盾加剧。在经济全球化的背景下，全球范围内的资本联合和生产联合更为密切，而劳动联合却增加了障碍。发达国家工会从维护本国工人就业出发，要求禁止从发展中国家进口某些产品，对本国跨国公司到国外办厂和外来劳动力进入本国劳动力市场持反对态度。"社会条款"问题提出后，发达国家工会与发展中国家工会的立场截然相反。以美国工会和国际自由工联为代表的发达国家工会，极力主张"社会条款"与国际贸易挂钩；而发展中国家，特别是亚洲发展中国家工会则反对利用"社会条款"与国际贸易挂钩来推行贸易保护主义。

面对上述各种挑战，需要重新思考工会的地位、职能、组织形式和斗争方式以及不同国家工会之间的关系，更要重视研究发展中国家工会在经济全球化过程中如何保护本国劳动者权益以及与本国政府和企业保持协调的对策。

2．我国工会的性质和职能

《中华人民共和国工会法》（以下简称《工会法》）规定，工会是职工自愿结合的工人阶级的群众组织。《中国工会章程》规定，中国工会是中国共产党领导的职工自愿结合的工人阶级群众组织，是重要的社会政治团体。这揭示了我国工会的下述性质：

（1）阶级性。我国工会只能由工人阶级的成员所组成，即有资格成为工会会员的只限于企业、事业组织、国家机关、社会团体中的以工资收入为主要生活来源的体力劳动者和脑力劳动者。农民和个体工商户都不能参加工会，外商投资企业中的外商代理人和私营企业中的业主也不能参加工会。

（2）群众性。工会是最大限度地、广泛地团结、联合广大工人阶级群众的组织。凡属职工，不分民族、性别、宗教信仰、教育程度，都有依法参加和组织工会的权利。

（3）自愿性。工会坚持入会自愿、退会自由的原则。职工加入工会或退出工会完全是根据本人自愿申请，而不受任何限制或强制。

（4）政治性。这除了在工会的阶级性中已有体现外，还表现在它是中国共产党领导下的重要社会政治团体。工会参与国家的政治事务，负有维护国家政权的任务。

按《工会法》的规定，我国工会的基本职能有：

（1）维护职能。工会在维护全国人民总体利益的同时，有责任维护职工的合法权益。工会必须密切联系职工，听取和反映职工的意见和要求，关心职工生活，全心全意为职工服务。

（2）参与职能。工会通过各种途径和形式，参与管理国家事务，管理经济和文化事业，管理社会事务，管理本企业有关事务，协助人民政府开展工作，维护工人阶级领导的、以工农联盟为基础的人民民主专政的社会主义国家政权。

（3）组织职能。工会组织职工依照宪法和法律的规定行使民主权利，参加本单位的民主管理和民主监督，发动和组织职工努力完成生产任务和工作任务；组织职工开展劳动竞赛，开展群众性的合理化建议、技术革新和技术协作活动，提高劳动生产率和经济效益，发展社会生产力。

（4）教育职能。工会动员和教育职工以主人翁态度对待劳动，爱护国家和企业财产，遵守劳动纪律。工会对职工进行爱国主义、集体主义、社会主义教育，民主、法制、纪律教育，以及科学、文化、技术教育，提高职工的思想、道德、科学、文化、技术、业务素质，使职工成为有理想、有道德、有文化、有纪律的劳动者。

3．我国工会的组织体系

我国工会的组织体系，由中华全国总工会、地方总工会、产业工会和基层工会所构成。中华全国总工会是工会的最高领导机关；按行政区域建立的省、市（县）级地方总工会是工会的地方领导机关；同一国民经济部门或性质相近的几个国民经济部门，根据需要建立全国和地方的产业工会，作为本部门的工会领导机关；基层工会是建立在企业、事业单位、机关、团体中的工会基层组织。在上述各级工会组织之间，中华全国总工会领导各地方总工会和各产业工会全国组织；地方总工会领导当地的下级地方总工会和产业工会地方组织；铁路、民航两个产业工会全国组织对所属地方产业工会实行系统领导，但须尊重地方总工会的意见；其他产业工会全国组织与地方总工会对所属地方产业工会实行产业和地方双重领导；直辖市和大中城市的地方总工会主要通过同级产业工会对基层工会实行领导；小城市和县总工会，除建立市、县产业工会外，则直接领导基层工会。

我国工会的组织原则是实行民主集中制。其主要表现在：各级工会委员会都由会员大会或会员代表大会民主选举产生；各级工会委员会向同级会员大会或会员代表大会负责并报告工作，接受其监督；工会会员大会或会员代表大会有权撤换或罢免其选举的代表和委员会组成人员；下级工会组织受上级工会组织领导；工会主席、副主席任期未满时，不得随意调动其工作，因工作需要调动应当征得本级工会委员会或上级工会的同意。

4．我国工会的法律地位

1）工会具有唯一性和独立性

工会的唯一性，是指工会在我国是唯一合法的、联合广大职工和代表广大职工利益的工人阶级群众组织，在全国范围内具有统一的组织体系。任何单位和个人都不得在职工群众中另行建立独立于工会组织体系之外的同一类型组织，也不得从事任何分裂工会组织的活动。

工会的独立性，是指工会是一个独立的工人阶级群众组织，有一套独立的组织体系，在宪法和法律的范围内依据《中国工会章程》独立自主地开展工作。工会服从共产党的政治领导和遵守国家的法律，但不是党和政府的一个部门或附属机构，基层工会和行政单位在法律上处于平等地位。

2）工会具有法人资格

《工会法》规定，中华全国总工会、地方总工会、产业工会具有社团法人资格；基层工会具备民法规定的法人条件的，依法取得社团法人资格。按民法关于法人成立的规定，各级工会组织从成立之日起，不需进行法人登记就具有法人资格。工会作为法人，依法能够享有包括财产所有权、债权、知识产权、名誉权、名称权等民事权利，并承担相应的民事义务。因而，工会可以签订集体合同，可以依法进行民事活动，可以在诉讼中成为独立的诉讼主体。

5．我国工会的权利和义务

1）工会对用人单位的权利和义务

工会对用人单位的权利主要有下述三方面的内容：

（1）代表职工利益和反映职工要求的权利。工会可以代表职工方与用人单位就签订集体合同进行谈判。单位行政部门讨论涉及职工切身利益的问题，工会代表应当参加，或由单位行政部门听取工会的意见；工会也可以就有关职工切身利益的事项提出建议，同单位行政部门协商处理。用人单位的特定机构，如企业管理委员会、公司监事会等，应当有工会代表参加。

（2）监督用人单位遵守劳动法的权利。用人单位违反职代会制度和其他民主管理制度，工会有权提出意见，以保障职工依法行使民主管理权利。用人单位违反劳动法，侵犯职工合法权益，工会有权要求及时纠正，或要求有关部门进行处理，或相互协商解决。用人单位辞退、处分职工，工会认为不适当的，有权提出意见；用人单位在做出开除、除名职工的决定时，应事先将理由通知工会，若处分决定违反劳动法规定和劳动合同的，工会有权要求重新研究处理。工会对基本建设和技术改造工程中的劳动条件和安全卫生设施有权提出意见，企业或主管部门应当认真处理。工会发现企业行政方面违章指挥、强令工人冒险作业，或者生产过程中发现有明显重大事故隐患和职业危害的，有权提出解决的建议；当发现危及职工生命安全的情况时，有权向企业行政部门建议组织撤离危险现场，企业行政部门必须及时做出处理决定。工会可以派出代表对下属工会组织所在用人单位就侵犯职工合法权益的问题进行调查，有关单位应予协助。

（3）要求提供保障的权利。工会有权要求用人单位为工会办公和开展活动提供经费和必要的物质条件；按规定为工会工作人员支付工资等各项物质待遇；支持工会依法开展工作。

工会对用人单位的义务，主要有：

（1）帮助、指导职工与用人单位签订劳动合同。

（2）参加企业的劳动争议调解工作。

（3）在企业发生停工、怠工事件时，会同企业行政部门或有关方面，协商解决职工提出的合理要求，尽快恢复正常生产秩序。

（4）协助单位行政部门办好集体福利事业，做好工资、劳动保护和劳动保险工作。

（5）会同单位行政组织开展业余文化、技术学习和职工培训，提高职工的文化、业务素质；组织职工开展文娱、体育活动。

（6）国有企业工会还应支持厂长（经理）依法行使职权。

2）工会对政府的权利和义务

工会对政府的权利主要有下述内容：

（1）县级以上各级政府制订国民经济的社会发展计划，省会、自治区首府所在市和国务院批准的较大的市以上的政府研究起草法律或法规、规章，对涉及职工利益的重大问题，应当听取同级工会的意见。

（2）县级以上各级政府及其有关部门在研究制定工资、物价以及劳动保护、劳动保险等重大政策、措施时，应当有同级工会参加研究，听取工会意见。

（3）地方劳动争议仲裁组织应当有同级工会代表参加。

（4）工会有权参加职工伤亡事故和其他严重危害职工健康问题的调查，并向有关部门提出处理意见，有权要求追究有关行政领导人和责任人员的责任。

（5）各级政府应当为工会办公和开展活动提供必要的物质条件。

（6）各级政府应当保护工会的合法权益不受侵犯。工会对政府的义务，主要是协助政府开展工作，动员、教育、组织职工贯彻执行政府的政策、规章，实现政府提出的各项任务。

2.4.3　用人单位

1. 用人单位的概念和范围

用人单位，又称用工单位，在许多国家则称为雇主或雇用人，是指具有用人权利能力和用人行为能力，使用一名以上职工并且向职工支付工资的单位。在劳动法中，不仅是劳动法律关系的一方主体，而且是劳动行政法律关系的劳动行政相对人和劳动服务法律关系的劳动服务接受方当事人。

【知识拓展】

劳动立法对雇主范围的界定，主要有以下几种情形：①有的国家在不同法规中所界定的雇主范围不尽相同。例如，《美国国家劳资关系法》规定，"雇主"包括直接或间接代表雇主利益的任何人，但是不包括美国或任何全部属政府所有的公司，或任何联邦储备银行及其各州或州以下的分支机构，不包括受历次修改的铁路劳工法管辖的任何人，不包括任何劳工组织（作为雇主身份时除外）和以劳工组织负责人或代理人名义出现的任何人；而《美国公平劳动标准法》的规定则有所不同，即"雇主"包括与雇员有关的直接或间接地代表雇主利益的人并包括公共机构，但不包括任何劳工组织（它作为雇主身份时除外）或该劳工组织中的职员或代理人。②有的国家把雇主范围仅限于私营部门。例如，《伊拉克共和国劳工法》规定，"雇主"只包括私营部门中雇佣工人并酬以工资的任何自然人和法人。③有的国家将雇主范围规定得很广泛。例如，《卢旺达劳工法》规定，无论是自然人或法人，公共或私人，一旦雇用一名或几名劳动者（即使是不连续地雇用），即为雇主。

在我国，根据《劳动法》和有关劳动法规的规定，用人单位有：企业，包括各种所有制性质、各种组织形式的企业；个体经济组织，仅限于个体工商户；国家机关，在这里宜作扩大解释，即既包括国家的权力机关、行政机关、审判机关和检察机关，还包括国家的执政党机关、政治协商机关、参政党机关和参政团体机关；事业组织，包括文化、教育、卫生、科研等各种非营利性单位；社会团体，包括各行各业的协会、学会、联合会、研究会、基金会、联谊会、商会等民间组织。我国用人单位的范围中，尚未包括集体所有制农业生产经营组织、农户和除个体工商户以外的公民个人。

2. 用人单位的资格

用人单位资格（或称用人主体资格），是指成为用人单位所必须具备的法定的前提条件。它决定着一定主体能否参与劳动法律关系、能参与哪些劳动法律关系，以及在劳动法律关系中能享有并行使哪些用人权利、承担并履行哪些用人义务；其内容包括用人权利能力和用人行为能力两方面，由劳动法和相关法律部门所规定。

1）用人权利能力

用人权利能力，是指用人单位依法能够享有用人权利和承担用人义务的资格。它表明用人单位依法可以成为哪些用人权利的享有者和哪些用人义务的承担者。用人权利能力的范围，往往因用人单位不同而相异，通常表现为允许用人单位使用劳动力的限度和要求用人单位为职工提供劳动条件的限度。依我国现行规定，制约用人权利能力范围的主要因素有：

（1）职工编制和招工指标。这是从使用多少职工的角度限制用人权利能力的主要因素。用人单位使用职工的数量，须经有关国家机关批准的职工编制为准，满编和超编单位一般不得调入职工或新招职工；并且，国家机关、事业组织和社会团体招用新职工的数量，不得突破有关国家机关下达给本单位的招工指标。全民所有制单位和县（区）级以上集体所有制单位曾经都要受此限制；在国家把市场经济明确规定为经济体制改革的目标模式以后，企业和个体经济组织的用人数量则不受此限制；而国家机关、事业单位和社会团体仍然要受此限制。

（2）职工录用基本条件。这是从使用什么职工的角度限制用工权利能力的主要因素。各种用人单位都无权录用未达到法定职工录用基本条件的公民为职工。

（3）工资总额和最低工资标准。这是从分配劳动报酬数量的角度限制用人权利能力的主要因素。凡是其工资总额受国家控制的用人单位，实际发给职工的劳动报酬数额，不得超出由国家计划确定的或者按法定准则确定的工资总额；各种用人单位支付给每个职工的劳动报酬，都不得低于国家规定的最低工资标准。企业也只能在工资总额和最低工资标准的限度内行使其劳动报酬分配自主权。

（4）法定工作时间和劳动安全卫生标准。这是从如何使用劳动力的角度限制用人权利能力的主要因素。法定工作时间是允许每天和每周使用劳动力的最长时间，用人单位只能在此限度内决定使用各个职工的劳动力的时间长度。劳动安全卫生标准是要求为职工在劳动过程中的安全和健康提供保障的最低标准，用人单位的劳动保护义务的范围应以此为限。

（5）社会责任。这是从实现社会目标的角度限制用人权利能力的主要因素。在现代社会，各种用人单位都分别在不同程度上对实现社会目标负有责任，即使企业，也既是"经济人"又是"社会人"。社会责任对用人权利能力的制约，一方面是限制用人权利，另一方面是加重用人义务。所负社会责任不同的用人单位，其用人权利能力就必然有所差别。例如，国有企业的裁员性辞退权所受到的法律限制多于其他企业，法律上特别要求国有企业对富余职工坚持以内部安置为主，其原因之一就是国有企业所负社会责任重于其他企业。

2）用人行为能力

用人行为能力，是指用人单位依法能够以自己的行为行使用人权利和履行用人义务的资格。它表明用人单位依法可以成为哪些用人权利的行使者和哪些用人义务的履行者。用人单位作为一种组织体，它使用人权利和履行用人义务的行为只能由一定的管理机构和管理人员代表其实施，这种机构和人员就是用人行为能力的实现者。在劳动法中，代表用人单位行使用人权利和履行用人义务的管理机构和管理人员，统称为单位行政（或雇主代表）。在用人单位内部，凡是其职权职责中含有对职工行使用人权利或履行用人义务之内容的管理机构和管理人员，都属于单位行政；但个体经济组织（自然人雇主）由于结构简单，其单位行政一般只限于经营者（雇主）本人。单位行政的范围内不包括用人单位中的党、团、工会、妇联等组织，因为它们各自具有同用人单位彼此独立的法律地位和与用人单位不同的性质。在单位行政的系统内，各管理机构和管理人员实现用人行为能力的代表权限不尽相同，即各自所能行使的用人权利、所能履行的用人义务，或者行使权利、履行义务所能指向的职工范围有所不同。实践中，各管理机构和管理人员实现用人行为能力的代表权限的界定，除了以有关法律规范为根据外，还要以用人单位有关规章为根据。作为单位行政的管理人员在实现用人行为能力的过程中，涉及用人单位、单位行政和职工三者之间关系，并且管理人员中大多兼有单位行政和职工双重身份。为此，立法中有必要明确：管理人员相对于被其管理的职工来说，属于单位行政，其实现用人行为能力的行为所引起的法律后果应当由用人单位承担；管理人员相对于与其有劳动关系的用人单位来说，属于职工，其实现用人行为能力的行为同时也是向用人单位履行劳动义务的行为；管理人员作为单位行政身份实现用人行为能力，不应当影响其作为职工而依法享有的权利和承担的义务。

用人行为能力的内容，在严格意义上可分为合法行为能力和违法行为能力。合法行为能力即实施合法用人行为并承担其法律后果的能力，也就是法律上所要求的为职工提供劳动条件的能力；违法行为能力又称责任能力，即实施违法用人行为并对其承担法律责任的能力。其中，违法行为能力从属于合法行为能力而存在，只要具备合法行为能力就当然具备违法行为能力，实践中一般只审查用人单位有无合法行为能力而不专门审查其违法行为能力。因此，在通常意义上，用人行为能力仅指合法行为能力。

任一主体只有在其所具备的物质、技术和组织等条件，足以按法定要求为职工提供一定的劳动条件，从而能够容纳一定职工并保障职工合法权益时，才会被认为具有一定的用人行为能力。因而，用人行为能力的范围主要受下述因素制约：

（1）财产因素。用人单位只有具备一定的归自己独立支配的财产，才能够使用劳动力并维持劳动力再生产。其中，作为劳动力吸收器的生产资料和购置生产资料的资金最为重要。只有成为生产资料占有者，才可能成为用人单位。

（2）技术因素。在一般情况下，用人单位占有的生产资料只有与一定技术因素结合，才可能构成符合法定要求的劳动条件。特别是履行劳动安全卫生方面的义务，更依赖于一定的技术条件。此外，用人单位要求职工完成一定的劳动定额，也必须以具备一定技术条件为前提。

（3）组织因素。用人单位只有形成一定的组织结构，才能将劳动力在一定分工和协作的条件下与生产资料相结合，因而要求用人单位具有一套合法的劳动组织机构和劳动规则。在实践中，用人单位的职工容量和劳动效率同组织条件的关系尤为密切，用人单位为职工提供的工资、福利等待遇的水平，也会受组织条件的影响。

3）用人单位资格与民事主体资格的关系

在现实生活中，用人单位资格和民事主体资格为同一主体所兼有，是一种普遍现象。因此，明确这两种资格的联系和区别，有助于进一步认识用人单位资格。用人单位资格与民事主体资格的联系，主要表现在：

（1）用人单位资格与民事主体资格在内容上有一定交叉。例如，用人单位资格和法人资格以及非法人组织民事主体资格，都以一定的财产条件作为其必要内容；在法人资格和非法人组织民事主体资格的内容中，都含有一定的用人单位资格。

（2）用人单位资格一般依存于一定民事主体资格。例如，用人单位资格的取得，往往以取得一定民事主体资格为前提；用人单位资格的存续，通常为实现一定民事主体资格所必需；企业、个体经济组织和事业组织的民事主体资格变更，可能导致其用人单位资格相应变更；随着民事主体资格的消灭，相应的用人单位资格也必然消灭。

用人单位资格与民事主体资格的区别，主要表现在：

（1）法律设定用人单位资格的主要目的，在于确保用人单位有可靠的能力实现劳动者合法权益；法律设定民事主体资格的主要目的，在于维护市场准入的秩序，保障市场交易的平等、自由和安全。

（2）用人单位资格主要是对用人单位使用劳动力和保障劳动力再生产的必备条件提出基本要求；民事主体资格主要是对民事主体实现商品交换（或者说债权债务）的必备条件提出基本要求。因而，用人单位资格对其中的财产条件着重从生产资料使用价值（种类、性能、质量等）的角度提出要求，民事主体资格对其中的财产条件着重从资金数额的角度提出要求。就民事主体资格中的财产条件与用人单位资格中的财产条件相比较，一般来说，前者数额相对较大，后者内涵相对较复杂。

（3）用人单位资格受国家控制的程度相对较大；民事主体资格受国家控制的程度相对较小。这是由劳动力市场的特殊性和用人行为的社会性所决定的。就劳动力市场与其他市场比较，国家干预对劳动力市场更为必要和重要；就用人行为和民事行为比较，在用人行为中社会性强于经济性，在民事行为中经济性强于社会性。

（4）法人资格和非法人组织民事主体资格在本组织依法成立时开始存在；用人单位资格则必须经有关国家机关专门确认才开始存在。也就是说，任何一个组织都并不因为取得民事主体资格而当然取得用人单位资格。

4）用人单位资格的确认

用人单位资格之所以应当由有关国家机关专门确认，是因为：

（1）法律对用人单位资格和民事主体资格的要求不尽相同。一方面，具有民事主体资格者并非都能取得用人单位资格，例如，农业集体经济组织、农村承包经营户、公民在我国都不是用人单位；另一方面，具有用人单位资格者不一定能取得民事主体资格，例如，企业分支机构具有用人单位资格，但一般不能取得民事主体资格。

（2）劳动力市场不同于一般市场，应当有特殊的市场准入规则。只允许符合特定条件并履行特定程序者进入劳动力市场购买劳动力，有利于维护劳动力市场秩序和保护劳动力供求双方利益，尤其是保护劳动力供给方利益。于是，有必要在民事主体资格确认制度之外，建立一套专门确认用人单位资格的制度。

我国的用人单位资格确认制度中，应当包括下述要点：由劳动力市场主管部门统一行使用人单位资格确认权；以强制登记作为用人单位资格确认的基本方式，即只有经劳动力市场主管部门核准符合用人单位法定必备条件而予以登记者，才取得用人单位资格；职工编制受国家控制的用人单位经职工编制主管部门批准，符合用人单位法定必备条件的企业分支机构经法定主管机关批准或特许，才可办理用人单位资格登记。

3. 用人单位的用人权利和用人义务

不同类型的用人单位，其具体的用人权利不尽相同。用人权利的内容一般包括下述几方面：

（1）录用职工方面的权利。主要是有权按国家规定和本单位需要择优录用职工，企业还可自主决定招工的时间、条件、方式、数量、用工形式。

（2）劳动组织方面的权利。主要是有权按国家规定和实际需要确定机构、编制和任职（上岗）资格条件；有权任免、聘用管理人员和技术人员，对职工进行内部调配和劳动组合，给职工下达生产或工作任务，并对职工的劳动实施指挥和监督。

（3）劳动报酬分配方面的权利。主要是有权按国家规定确定工资分配办法；有权通过考核或考试确定职工的工资级别，企业还有权制定职工晋级增薪、降级减薪的办法，自主决定晋级增薪、降级减薪的条件和时间。

（4）劳动纪律方面的权利。主要是有权制定和实施劳动纪律；有权决定对职工的奖惩。

（5）决定劳动法律关系存续方面的权利。主要是有权与职工通过协议方式，续订、变更、暂停或解除劳动合同；有权在具备法定或约定条件时单方解除劳动合同。

用人单位对职工的义务主要包括：付酬义务，即按法定和约定要求向职工支付劳动报酬；安全卫生义务；帮助义务，即以保险、福利等方式为职工及其亲属提供物质帮助；使用义务，一方面必须适当安排职工的劳动岗位并提供必要的劳动条件，而不使劳动力在劳动关系存续期间处于非自愿闲置状态，另一方面，不得使用暴力、威胁等手段强迫职工劳动，不得滥用加班加点劳动；培训义务，即建立职业培训制度，为培养和提高职工职业技能提供条件；制度保障义务，即应当建立和完善规章制度，保障劳动者享有劳动权利和履行劳动义务。

用人单位对国家的义务主要是：必须执行劳动法规、劳动政策和劳动标准，接受国家劳动计划的指导，服从劳动行政部门和其他有关国家机关的管理和监督。

用人单位对工会的义务主要是：必须支持工会依法开展各项活动，与工会签订集体合同并履行集体合同所规定的义务，接受工会的监督。

2.4.4 劳动行政部门

1. 我国劳动行政部门的法律地位

在我国，劳动行政部门是政府中专门对劳动工作实行统一管理和综合管理的一个部门，在劳动行政系统中，它是一种最重要的劳动行政主体，较之其他有一定劳动行政职能的劳动行政主体，如人事行政部门、计划行政部门、各行业主管部门等，有着特殊的法律地位。其特征主要表现在：（1）它是本级政府领导下的专门以劳动管理为其职能的行政机关。而其他劳动行政主体只是兼有同其基本职能相关的一定劳动管理职能。（2）它是本级政府统一管理劳动工作的行政机关。由它统一管理所辖行政区域内各个行业的劳动工作，本级政府中其他各部门的劳动管理工作都要接受它的指导、协调、监督。而各行业主管部门对劳动的管理，只限于本行业范围。（3）它是综合管理劳动工作的行政机关。即是说，它所进行的劳动管理，综合包括了劳动力管理、工资管理、劳动保护管理、职业培训管理、社会保险管理等各方面的内容。而其他职能管理部门（如计划、人事、卫生、教育、财政等部门）所从事的劳动管理，都只限于与其基本职能相关的部分内容；即使各行业主管部门对本行业的劳动管理，其内容也不及劳动行政部门全面。

2．我国劳动行政部门的组织体系

我国劳动行政部门的组织体系是按统一领导、分级管理的原则构建的。县级以上各级政府，都设有劳动行政部门。国务院设人力资源和社会保障部（原劳动部），是统一主管全国劳动工作的机关，它在国务院领导下，指导地方劳动行政部门的工作，监督和指导国务院所属其他有关部门的劳动工作，并且通过地方劳动行政部门监督和指导各用人单位的劳动工作。县级以上各级地方政府劳动行政部门，是主管本行政区域内劳动工作的机关，在本级政府领导和上级劳动行政部门指导下，指导下级劳动行政部门的工作，监督和指导本级政府所属其他有关部门的劳动工作，通过下级劳动行政部门或直接指导和监督本行政区域内各用人单位的劳动工作。

3．我国劳动行政部门的职责

国务院劳动和社会保障部的职责，是主管全国劳动工作。其主要内容包括：

（1）制定和实施劳动政策、法规。主要是根据宪法、法律和行政法规中关于劳动方面的规定，以及党和国家关于劳动方面的方针和政策，制定有关就业、工资、劳动保护、职业培训、社会保险和福利、劳动争议处理等的具体政策和规章，并在全国范围内组织实施；对劳动法规和政策的执行情况进行协调和监督。

（2）编制和实施劳动规划和计划。主要是根据国家的统一部署以及国民经济和社会发展的规划、计划，编制劳动、工资方面的全国性规划、计划，并组织实施。

（3）制定和实施劳动标准。主要是拟订或制定劳动安全卫生、劳动定员定额、职业技能、工资、社会保险等标准；协调、指导或监督各行业主管部门制定本行业的劳动标准；组织实施劳动标准，并对劳动标准执行情况进行检查监督。

（4）组织劳动制度改革。主要是拟定和组织实施全国性的劳动制度改革方案，指导和协调各部门、各地方的劳动制度改革。

（5）进行具体劳动管理。主要包括审核各地方、各部门企业工资总额同经济效益挂钩的方案和指标；组织对行业劳动安全卫生技术措施的评价；主持或参与重大生产安全事故的调查；审查矿山设计和参与矿山投产验收组织鉴定重大安全技术；指导、检查、监督各地劳动争议案件处理工作等。

（6）组织劳动科学研究。主要是组织和推动有关就业、劳动定员定额、工资、保险福利、职业培训、劳动保护等方面的科学研究，领导并管理劳动科学研究机构的工作。

（7）组织国际劳动工作合作与交流。主要是按劳动管理的不同内容组织参加国际劳工组织的有关活动和工作，以开展与各国劳动（劳工）行政部门的友好合作关系，管理有关劳动方面的对外技术合作和业务交流。

地方劳动行政部门的职责是主管本地方劳动工作，其内容与劳动和社会保障部有所不同，偏重于依据劳动法规和政策进行具体劳动管理。主要包括：

（1）管理劳动力市场。主要是组织和建设劳动力市场，指导和监督劳动力市场运行，组织和支持劳动力资源开发，管理失业人员，维护劳动力市场秩序。

（2）协调劳动关系。主要是指导和监督劳动合同和集体合同的签订和履行以及用人单位内部劳动规则的制定和实施，帮助建立和完善职工民主管理制度，处理集体合同争议，并管理劳动争议仲裁工作。

（3）管理工资。主要是编制地方工资计划，调控企业工资总额，实行工资基金管理，制定和保障实施最低工资。

（4）管理劳动保护工作。主要是贯彻并监督执行劳动保护法规、政策和标准，检查监督用人单位的劳动安全卫生状况，参加职工伤亡事故的调查和处理。

（5）实施劳动监察。主要是对用人单位和劳动服务主体遵守劳动法的情况进行监督检查，依法纠正和查处违反劳动法的行为。

2.4.5　劳动服务主体

劳动服务主体，是为劳动者和用人单位实现劳动力与生产资料的结合以及各自的合法权益提供服务的主体。它作为一种劳动法主体，与劳动者和用人单位之间是劳动服务关系；与劳动管理主体之间是劳动行政关系。其主要特征在于：（1）它的基本职能是为劳动者和用人单位提供社会服务，不以营利为目的或者不以营利为主要目的，大多为事业单位。（2）它的主体资格一般必须经劳动和社会保障部门确认，其业务范围只限于劳动行政部门所许可或批准的服务项目，有的经劳动行政部门授权还可代行一定的行政职能。

我国现有的劳动服务主体，按其职能不同，可分为下述五大类：

1. 劳动就业服务机构

劳动就业服务机构，是为帮助劳动者实现就业而提供服务的机构。它在劳动行政部门及其劳动就业服务管理机构的统一管理下，从事就业登记、就业指导、职业介绍、信息咨询、组织失业人员生产自救、为失业人员提供失业救济等各项就业服务活动。我国现有的就业服务机构主要有下述几种：

1）就业登记机构

就业登记机构，是指国家规定的负责办理失业登记、求职登记和用人需求的机构。它由职业介绍机构和基层劳动就业服务机构（街道、乡、镇、企业的劳动就业服务站）充当。按国家规定，失业登记只可由县级劳动就业服务管理机构指定的职业介绍机构或委托的街边、乡镇、企业的就业服务站办理，其登记对象只限于有本地户籍的城镇失业人员；外地用人单位的用人需求登记只能由县级以上劳动就业服务管理机构指定的职业介绍机构办理；境外雇主的用人需求登记只能由有境外就业服务职能的职业介绍机构办理；其他各种求职登记和用人需求登记，可由各种职业介绍机构和基层劳动就业服务机构办理。

2）职业介绍机构

职业介绍机构，是经劳动、人事行政部门许可而从事职业中介服务的事业单位。它为劳动力供求双方沟通联系和提供服务，从而帮助求职者实现就业。开办职业介绍机构应符合以下条件：有固定的交流场所和设施；有必要的开办资金；有相应的机构和章程；有明确的业务范围；有一定数量的专职工作人员；法定的其他条件。我国现有的职业介绍机构，主要有下述几种：

（1）劳动行政部门职业介绍机构。即县级以上劳动行政部门开办的职业介绍所和县级劳动行政部门开办的乡镇、街道劳动就业服务站。它属于公益性事业单位，受劳动行政部门领导，由劳动就业服务管理机构直接管理。开办职业介绍所由同级劳动行政部门审批，开办乡镇、街道劳动就业服务站由县级劳动就业服务管理机构审批。其具体职责是，执行国家就业政策，提供劳动力供求信息，开展就业指导与咨询，组织劳动力交流活动。

（2）人事行政部门职业介绍机构，即人才交流中心。专指各地人事行政部门设置的以专业技术人员为介绍对象的职业介绍机构。它受人事行政部门领导和管理，其业务范围主要包括人才信息储存和传递，人才余缺调剂，人才招聘和借调，人才流动争议仲裁，人才培训，人才资源调查和需求预测，人才理论研究和咨询等。

（3）其他（非官方）职业介绍机构。这是指劳动人事行政部门之外的有关部门、单位或个人开办的从事职业介绍业务的机构。其中，非营利性的，须经县级以上劳动就业服务机构审批并颁发职业介绍许可证；营利性的，除办理上述手续外，还要到当地工商行政部门进行登记。它们只能在职业介绍许可证所限定的业务范围内进行劳动力供求中介活动，其服务对象只限于本行政区域内的用人单位和求职者，并且必须接受当地劳动、工商、税务、物价等部门的指导和监督。

（4）境外就业服务机构。专指经劳动和社会保障部批准的从事境外就业服务工作的职业介绍机构。它的设立，须由其主管的劳动行政部门在征得同级公安机关同意后报经劳动和社会保障部，由劳动和社会保障部审批并颁发境外就业服务许可证。它设立分支机构时，须经省级劳动行政部门同意后，报劳动和社会保障部审批。省级劳动行政部门经劳动和社会保障部授权，也可行使本区域境外就业服务机构的审批职权。境外就业服务机构的主要业务是，为中国公民出境就业以及为境外雇主在境内招聘中国公民提供服务。

3）劳动就业服务企业

劳动就业服务企业，是承担安置城镇失业人员任务，由国家和社会扶持，进行生产经营自救的集体所有制经济组织。它所承担的安置任务是指：企业开办时，其从业人员中应有60%以上为城镇失业人员；在企业存续期间，根据当地就业安置任务和企业常年生产经营情况继续按一定比例安置城镇失业人员。

由企业、事业单位、机关、团体、部队等主办或扶持开办的劳动就业服务企业，须经主办或扶持单位的主管部门审查同意，并由同级劳动行政部门认定其性质；由城镇失业人员自筹资金开办的劳动就业服务企业，须经当地县（区）级以上劳动行政部门审批。劳动就业服务企业应当在工商行政部门核准登记的经营范围内从事生产经营活动，坚持以安置城镇失业人员的为主、安置效益与经济效益相结合的原则。

2．职业培训服务机构

职业培训服务机构，是提供职业培训方面的服务，以满足劳动力供求双方的职业技能开发和使用需要的机构。主要包括职业培训机构和职业技能鉴定机构。职业培训机构，其广义泛指具有职业培训职能的各种主体，包括专门职业培训机构以及兼有职业培训职能的普通学校和承担学徒培训、在岗培训任务的企事业单位；其狭义仅指专门职业培训机构（职业培训实体）。按规定，专门职业培训机构应具备的基本条件有：稳定的经费来源；与办学规模相适应的办学场所，与专业（工种）设置相适应的培训设备和实习、实验场所；与办学任务相适应的师资和管现人员；必要的教学文件、教材、教具、教学仪器、图书资料和管理制度。我国现存的专门职业培训机构主要有：

（1）就业训练中心。它是劳动行政部门举办的对需要就业的人员进行初级职业培训的事业单位。其任务是，在国家的就业方针和教学方针的指导下，根据经济建设和社会发展的需要，为用人单位培训具有初级技术水平和业务能力、良好职业道德的劳动者；根据需要，还可以承担劳动行政部门委托的有关就业训练的师资培训和教学研究，组织编写教学计划、大纲、教材、教学参考资料，以及对人才需求提供咨询等任务。它归当地劳动行政部门管理。

（2）技工学校（简称技校）。它是培养中等技术工人的职业技术学校，但在完成既定任务的前提下，也可根据经济和社会发展需要有计划地培养初级技术工人，并承担失业青年、学徒工、在职工人、企业富余人员、乡镇企业工人、军地两用人才等的培训任务。有条件的技校，还可举办高级技术培训班或实习指导教师培训班。技校分别由各级产业主管部门、各级劳动行政部门、企业事业单位举办或有关部门与企事业单位合办，国家还鼓励集体所有制单位举办。技校分别由国务院和地方各业务部门管理；同时，在国务院由劳动和社会保障部在国家教委指导下进行综合管理，在地方则由劳动行政部门进行综合管理，同级教委负责统筹协调。

（3）职业中学。它是专门培养初、中级技术劳动后备人员的学校。主要以提高劳动后备人员的文化、技术、业务理论知识和实际操作技能为目的，为其创造就业条件。招生对象一般为初中毕业生，入学实行考试，择优录取。其管理体制是教育行政部门综合管理，劳动行政部门配合。

（4）职业（技术）学校。它具有职业技术教育和普通教育双重职能，采用半工半读、全日制等多种办学形式的学校。有的由教育行政部门与业务部门联办，有的由业务部门举办，有的由集体所有制单位或个人举办。在管理体制上，凡是培养技术人员和管理人员的学校，以教育行政部门为主综合管理，劳动行政部门配合。

（5）职工学校。它是企业事业单位或社会力量为提高职工的科学文化和技术业务水平或更新知识而建立的职工培训学校。一般承担在职学历教育和业余文化、技术、业务、政治思想教育（培训）等方面的任务，有的仅承担其中某项任务。其工作重点是开展岗位职业培训，提高职工胜任本职工作的能力。职工学校，按培训目标分，有高等、中等、初等三类；按办学方式分，有脱产、半脱产、业余三种。它的在职学历教育，全部纳入国家人才培养规划，经上级有关部门（包括教育行政部门）审批后进行。

职业技能鉴定机构，是负责指导和实施对劳动者技术等级进行考核和认定的专门机构。它经劳动行政部门审批方可建立，并在劳动行政部门的管理和监督下进行职业技能鉴定工作。它包括职业技能鉴定指导中心和职业技能鉴定站（所），前者负责组织、协调、指导职能鉴定工作，后者负责具体实施职业技能鉴定工作，即具体承担对失业人员、从业人员、军地两用人才、各级各类职业培训机构的毕（结）业生的技术等级考核和发证工作。劳动者职业技能经鉴定合格，即取得为国家所承认的一定技术等级的资格。

3. 劳动保护服务机构

劳动保护服务机构，是指在劳动行政部门授权或委托的范围内为实现劳动安全卫生提供服务的专门机构。它由劳动行政部门或有关部门设立，其资格须由劳动行政部门和有关部门确认，其业务范围由有关法规直接规定，其业务活动由劳动行政部门和有关部门管理和监督。除劳动保护设备用品经营机构、劳动保护工程施工机构外，均非营利性单位。

劳动保护服务机构主要有：

（1）劳动保护检验检测机构，即依法对劳动安全卫生条件实施检验检测的机构。包括锅炉压力容器检验机构，劳动安全卫生检测机构、劳动防护用品质量检验机构等。它们是劳动保护监察系统中的一个辅助性组成部分，其检验检测行为，既具有服务性，又具有监督性，不仅对被检验检测单位具有法律约束力，而且其检验检测结论也是劳动保护监察机构做出处理和处罚决定的法定依据。

（2）劳动保护教育机构，即对劳动者和劳动保护管理人员进行劳动安全卫生知识和技术教育的机构，包括劳动保护教育专门机构和兼有劳动保护教育职能的学校等机构。

（3）劳动保护设备用品经营机构，即生产或供应劳动安全卫生设备或用品的企业，一般具有特定劳动安全卫生设备或用品的专营权。

（4）劳动保护工程施工机构，即从事劳动安全卫生设施、设备的建筑、安装施工企业。它必须符合法定的必备资质条件，并取得特定的施工许可证。

（5）劳动保护技术设计机构，即从事劳动安全卫生设施、设备和用品等项目的技术设计的机构，它在技术人员和技术手段方面必须具备法定条件，并取得特定的设计资格。

（6）职业的防治机构，即从事职业病预防和治疗的医疗机构。

（7）劳动保护研究机构，即从事劳动安全卫生技术和管理研究的机构。

4. 社会保险服务机构

社会保险服务机构，是经办社会保险业务和为给付社会保险待遇提供相关服务的机构，主要有社会保险经办机构、劳动鉴定机构和医疗机构等。社会保险经办机构，是劳动行政部门或社会保险行政部门所属的经办职工社会保险业务的事业单位。它负责职工社会保险基金的筹集、管理和支付，以及职工社会保险档案的记载和管理工作。按照市场经济的要求，为给企业创造平等竞争的条件，给劳动者提供公平和可靠的生活保障，在立法中对社会保险经办机构的业务范围应按下述要求确定：

（1）就保险种类而言，原则上各种保险都应逐步纳入社会保险经办机构的业务范围。

（2）就用人单位和职工而言，社会保险经办机构的业务范围不应为用人单位的所有制性质和职工的身份所限制。即是说，无论哪种所有制形式的用人单位，也无论是固定工、合同制工或临时工，其劳动保险都应纳入社会保险经办机构的业务范围。

劳动鉴定机构，是依法对患一般病或职业病、因工伤或非因工伤致残，以及长期病休后复工的职工的劳动能力状况，进行检查、鉴别和评定，并根据鉴定结果决定其应享有何种保险待遇、是否可以重新工作的专门机构。其设置、组成和职责范围均由有关劳动法规所规定。

作为社会保险服务机构的医疗机构，是指为医疗保险的被保险人和受益人提供医疗服务的机构。它给付医疗保险待遇的范围、项目和方式，均由社会保险机构、用人单位与医疗机构签订的委托医疗保险服务合同所约定。

思考题

1. 简述劳动者劳动权利能力和劳动行为能力的特点。
2. 简述劳动法律事实的种类。

3. 试论劳动法律关系与劳动关系的区别和联系。

4. 试论劳动法律关系的特征。

案例分析

1. 2017年5月，林某不愿意继续上学，就离家出走，到某县城去打工。林某在一家餐厅找到了工作，主要是帮厨师做一些杂活。因为林某年纪小，只有15岁，所以餐厅经理同他讲好，比别人的工资要少30%，林某表示同意。餐厅的工作十分辛苦，并且因为林某年纪小，常常受到欺负，因此觉得难以忍受，于是林某向经理提出辞职，但经理说如果要提前辞职就要交纳违约金500元，林某必须要干满约定的期限。林某于是给家里写信，叫父母领自己回去。林某的父母来到县城要领林某回去，餐厅经理仍然不放人，称要放人就先交500元违约金。

试分析：

（1）林某能够成为劳动合同的一方当事人吗？

（2）林某需要交纳违约金吗？

2. 2016年2月，李某刚好满15岁，中学毕业后李某即外出打工，并于同年与一羊毛衫厂签订劳动合同，后厂长屡次不满意李某的工作能力，多次调动李某的工作。一年后李某无法忍受厂长的做法，辞去工作，并于2017年3月与一摩托车配件厂签订劳动合同。开始李某做搬运工，因为年龄偏小，工作一个月后于4月被调到流水车间。但是，李某的业绩仍旧不如同车间的其他工人，厂长无奈只能将其工资从1 500元/月降到1 200元/月。2017年6月，李某出差在外，因一起车祸致使其右腿骨折，回厂后，8月份被调到厂长办公室任秘书。12月份，因李某家人多次请求，李某正式辞去工作，回家养伤。

试分析：

本案中有哪些劳动法律事实？各引起了劳动法律关系怎样的变化？

第3章 劳动合同

【开篇案例】

2016年2月9日，杨某被聘请进入DJ有限责任公司从事物管工作，同年3月被任命为副科长。不久，公司发生股权变动，杨某主动提出解除劳动关系，公司多方挽留无果，杨某于当年7月30日正式离职，双方劳动关系终结。

在杨某被聘用期间，双方未签订书面劳动合同，聘用期间的月工资为1 600元。2016年12月，杨某以公司侵害了他合法权益为由，向劳动争议仲裁委员会申请劳动仲裁，请求裁决DJ有限责任公司给付因未签订书面劳动合同的双倍工资和解除劳动关系的经济补偿金。

法院认为，杨某与公司的劳动关系自用工之日起成立，根据《劳动合同法》第十条规定，已建立劳动关系，未同时签订书面劳动合同的，应当自用工之日起一个月内订立书面劳动合同。同时，《劳动合同法》第八十二条规定，用人单位自用工之日起超过一个月不满一年未与劳动者订立书面劳动合同的，应当向劳动者每月支付两倍的工资。法院遂依法判决DJ有限责任公司支付给杨某未签订书面劳动合同的双倍工资7 543元。

3.1 劳动合同概述

3.1.1 劳动合同

1. 劳动合同的概念

劳动合同，又称劳动契约、劳动协议，是指劳动者与用人单位之间确立劳动关系，明确双方权利和义务的书面协议。可以说，劳动合同是市场经济体制下用人单位与劳动者进行双向选择，确定劳动关系，明确双方权利和义务的协议，是保护劳动者合法权益的基本依据。

这里所说的劳动关系是劳动者和用人单位（包括各类企业、个体工商户、民办非企业、事业单位等）在劳动过程中建立的社会经济关系。《中华人民共和国劳动法》（以下简称《劳动法》）规定，劳动者与用人单位之间建立劳动关系应当订立劳动合同。劳动合同是确立劳动者和用人单位劳动关系的基本前提，是调整劳动关系的基本法律形式。

劳动关系不以书面劳动合同的签订为其建立的前提条件，而是依据用工之日这个事实。我国《劳动合同法》第七条规定：用人单位自用工之日起即与劳动者建立劳动关系。用人单位应当建立职工名册备查。

2．劳动合同的法律特征

劳动合同除具有合同的一般特征外，还具有本身的法律特征：

1）劳动合同的主体具有特定性

劳动合同的主体具有特定性即劳动合同的主体一方是劳动者，另一方是用人单位。在我国用人单位是指国家机关、事业单位、社会团体、企业、个体经济组织、民办非企业单位等组织，劳动者是指依法与用人单位建立劳动关系的自然人。

2）劳动合同的内容具有明确性

劳动合同的内容明确双方当事人的权利义务，在此特指劳动关系建立之后劳动权利和劳动义务的分配，突出表现在不仅劳动合同双方当事人之间可以约定合同内容，更强调劳动法律、法规对劳动内容和形式的限制性规定，如对劳动合同书面形式的严格要求。

3）劳动合同在时间上具有连续性

一般通过劳动合同建立的劳动关系是长期稳定的。劳动合同的完成不是一次性交易，而是劳动者持续付出劳动的连续性过程，即便是以完成一定工作任务为期限的劳动合同亦是如此。这种连续性决定了劳动合同难以回溯，即便劳动合同无效，劳动者已付出劳动的，用人单位也应当向劳动者支付报酬。

3.1.2 劳动合同法立法概况

众所周知，劳动合同是规范劳动关系最基本的法律形式；在法律上完善劳动合同制度，是夯实劳动关系基础的必然要求。我国从20世纪80年代中期就开始进行劳动合同制度改革试点，1995年1月1日施行的《劳动法》正式确立了劳动合同制度，全国陆续开始推行全员劳动合同制度，并得到不断改进和发展。

为此，2007年全国人大常委会审议通过了《中华人民共和国劳动合同法》（以下简称《劳动合同法》），自2008年1月1日起施行（修订方案于2012年12月28日通过，自2013年7月1日起施行）。《劳动合同法》的立法宗旨是：完善劳动合同制度，明确劳动合同双方当事人的权利和义务；保护劳动者的合法权益；构建和发展和谐稳定的劳动关系。

《劳动合同法》是自《劳动法》颁布实施以来，我国劳动和社会保障法建设中的又一个里程碑。《劳动合同法》的颁布实施，对于更好地保护劳动者的合法权益，构建和发展和谐稳定的劳动关系，促进社会主义和谐社会建设，有十分重要的意义。

3.1.3 《劳动合同法》的适用范围

《劳动合同法》第二条规定的适用范围包括：

（1）中华人民共和国境内的企业、个体经济组织、民办非企业单位等组织（以下称用人单位）与劳动者建立劳动关系，订立、履行、变更、解除或者终止劳动合同，适用本法。

（2）国家机关、事业单位、社会团体和与其建立劳动关系的劳动者，订立、履行、变更、解除或者终止劳动合同，依照本法执行。

【知识扩展】

民办非企业单位是指企业事业单位、社会团体和其他社会力量以及公民个人利用非国有资产举办的，从事非营利性社会服务活动的社会组织。它的一个明显特征是：不是由政府或者政府部门举办的。

3.2 劳动合同的订立和内容

3.2.1 劳动合同订立的法律原则

订立劳动合同，应当遵循合法、公平、平等自愿、协商一致、诚实信用的原则。依法订立的劳动合同具有约束力，用人单位与劳动者应当履行劳动合同约定的义务。

1. 合法原则

合法原则是指劳动合同订立要遵守国家的法律、法规的要求，确保劳动合同主体合法、劳动合同内容合法、劳动合同程序合法。

2. 公平原则

法律以追求公平正义为依据。公平原则是指在符合法律规定的前提下，劳动者和用人单位公正合理地确定双方的权利义务。公平原则主要规定用人单位不能滥用优势地位，强迫劳动者订立不公平的合同。《劳动合同法》的立法目的倾斜保护劳动者合法权益，公平原则旨在平衡劳动者和用人单位实质上的不平等，从而达致实质公平。

3. 平等自愿原则

平等原则是指劳动合同的缔约双方具有平等的法律地位，享受同等的法律保护；自愿原则是劳动合同当事人完全按照个人意志自主决定是否订立合同、订立合同的内容等，是意思自治的体现。自愿原则与平等原则紧密相连，双方当事人在平等的基础上自愿订立劳动合同。

4. 协商一致原则

协商一致原则是平等自愿原则的进一步延伸，是指劳动者与用人单位在订立劳动合同的过程中自主磋商，就合同内容达成一致意见。

5. 诚实信用原则

诚实信用原则是指双方当事人在订立劳动合同时要诚实守信，不欺诈不隐瞒，真诚履行所承担的各项义务。此项原则是道德的法律化原则，是和谐劳动关系健康发展的前提。

3.2.2 劳动合同订立的主体

1. 劳动者

劳动者是为用人单位提供劳动力的自然人，也经常被称为职工、工人和雇员。劳动法律关系所涉及的劳动者，是指依据劳动法律和劳动合同规定，在用人单位从事体力或脑力劳动，并获取劳动报酬的自然人。

作为劳动者，必须具备法律规定的下列条件：需年满16周岁（只有文艺、体育、特种工艺单位录用人员可以例外）；有劳动权利能力和行为能力。

2．用人单位

用人单位又称用工单位，常常也被称为企业主、资方、雇主、雇佣人等。我国在法律上被统一称为用人单位，是指依法招用和管理劳动者，对劳动者承担有关义务者。用人单位应有用人权利能力和行为能力。

用人单位招用劳动者时，应当如实告知劳动者工作内容、工作条件、工作地点、职业危害、安全生产状况、劳动报酬，以及劳动者要求了解的其他情况。用人单位招用劳动者，不得扣押劳动者的居民身份证和其他证件，不得要求劳动者提供担保或者以其他名义向劳动者收取财物。

用人单位有权了解劳动者与劳动合同直接相关的基本情况，劳动者应当如实说明。

3.2.3　劳动合同订立的形式

用人单位自用工之日起即与劳动者建立劳动关系。建立劳动关系，应当订立书面劳动合同。

对于已建立劳动关系，未同时订立书面劳动合同的，应当自用工之日起一个月内订立书面劳动合同。用人单位与劳动者在用工前订立劳动合同的，劳动关系自用工之日起建立。

非全日制用工双方当事人可以订立口头协议。

3.2.4　劳动合同的种类

根据我国《劳动合同法》的规定，我国劳动合同以劳动期限为标准主要分为以下三大类：

1．固定期限劳动合同

固定期限劳动合同，又称定期劳动合同，是指劳动者与用人单位约定了合同终止时间的劳动合同。期限届满，劳动合同即行终止。用人单位与劳动者协商一致可以订立固定期限劳动合同。

2．无固定期限劳动合同

无固定期限劳动合同，又称不定期劳动合同，是指用人单位与劳动者约定无确定终止时间的劳动合同。用人单位与劳动者协商一致可以订立无固定期限劳动合同。

为更好地保障劳动者合法权益，我国《劳动合同法》第十四条规定，"有下列情形之一，劳动者提出或者同意续订、订立劳动合同的，除劳动者提出订立固定期限劳动合同外，应当订立无固定期限劳动合同：（1）劳动者在该用人单位连续工作满十年的；（2）用人单位初次实行劳动合同制度或者国有企业改制重新订立劳动合同时，劳动者在该用人单位连续工作满十年且距法定退休年龄不足十年的；（3）连续订立二次固定期限劳动合同，且劳动者没有本法第三十九条和第四十条第一项、第二项规定的情形，续订劳动合同的。用人单位自用工之日起满一年不与劳动者订立书面劳动合同的，视为用人单位与劳动者已订立无固定期限劳动合同"。

【法律小贴士】

《劳动合同法实施条例》第九条规定："劳动合同法第十四条第二款规定的连续工作满

10年的起始时间，应当自用人单位用工之日起计算，包括劳动合同法实施前的工作年限。"

《劳动合同法实施条例》第十条规定："劳动者非因本人原因从原用人单位被安排到新用人单位工作的，劳动者在原用人单位的工作年限合并计算为新用人单位的工作年限。原用人单位已经向劳动者支付经济补偿的，新用人单位在依法解除、终止劳动合同计算支付经济补偿的工作年限时，不再计算劳动者在原用人单位的工作年限。"

《劳动合同法实施条例》第十一条规定："除劳动者与用人单位协商一致的情形外，劳动者依照劳动合同法第十四条第二款的规定，提出订立无固定期限劳动合同的，用人单位应当与其订立无固定期限劳动合同。对劳动合同的内容，双方应当按照合法、公平、平等自愿、协商一致、诚实信用的原则协商确定；对协商不一致的内容，依照劳动合同法第十八条的规定执行。"

3．以完成一定工作任务为期限的劳动合同

以完成一定工作任务为期限的劳动合同，是指用人单位与劳动者约定以某项工作的完成为合同期限的劳动合同。用人单位与劳动者协商一致可以订立以完成一定工作任务为期限的劳动合同。它一般适用于完成单项工作任务、项目承包方式完成承包任务、季节性原因临时用工的劳动合同等。

3.2.5　劳动合同的内容

劳动合同的内容可分为必备条款和约定条款。必备条款是劳动合同一般应当具有的条款；约定条款是当事人可以选择适用的条款。

1．必备条款

《劳动合同法》规定，劳动合同应当具备以下条款：

（1）用人单位的名称、住所和法定代表人或者主要负责人。

（2）劳动者的姓名、住址和居民身份证或者其他有效身份证件号码。

（3）劳动合同期限。劳动合同期限分为固定期限、无固定期限和以完成一定工作任务为期限3种。

（4）工作内容和工作地点。

（5）工作时间和休息休假。工作时间是指劳动者为履行劳动义务，在法律规定的标准下，根据劳动合同和集体合同的规定提供劳动的时间，即劳动者在一昼夜或一周内从事生产或工作的时间，也就是劳动者每天应工作的时数或每周应工作的天数。休息休假是指劳动者在任职期间，在国家规定的法定工作时间以外，不从事生产和工作而自行支配的休息时间和法定节假日。

（6）劳动报酬。劳动报酬是指用人单位根据劳动者劳动的数量和质量，以货币形式支付给劳动者的工资。工资总额由六部分构成：计时工资、计件工资、奖金、津贴和补贴、加班加点工资以及特殊情况下支付的工资。工资应当以法定货币支付，不得以实物及有价证券替代货币支付。工资必须在用人单位与劳动者约定的日期支付。

在法定休假日和婚丧假期间以及劳动者依法参加社会活动期间，用人单位应当依法支付工资。用人单位在劳动者完成劳动定额或规定的工作任务后，根据实际需要安排劳动者在法定标准工作时间以外工作的，应当按照国家标准支付加班加点工资。

【知识链接】

日工资和小时工资计算公式：

日工资=月实得工资÷20.92×70%

小时工资=月实得工资÷167.4×70%

法定假日用人单位安排加班的，须在正常支付员工工资的基础上，按不低于员工本人日或小时工资的300%另行支付加班工资。

正常工作日内延长工作时间的加班加点工资，或者按小时工资的150%支付工资，或者按"做一小时还一小时"的方式安排补休。休息日加班工作的，或者按"做一休一"调休，或者按200%支付日或小时工资。

国家实行最低工资保障制度。

（7）社会保险。社会保险的主要项目包括养老社会保险、医疗社会保险、失业保险、工伤保险、生育保险等。

（8）劳动保护、劳动条件和职业危害防护。

（9）法律、法规规定应当纳入劳动合同的其他事项。

需要注意的是，劳动合同中缺少必备条款中的一些条款并不必然无效。

2．约定条款

根据《劳动合同法》第十七条的规定，劳动合同除前款规定的必备条款外，用人单位与劳动者还可以在法律、法规规定的框架下约定以下事项：

1）试用期

试用期指劳动关系处于非正式状态，劳动者对用人单位是否符合自己要求进行了解的期限。试用期包含在劳动合同期限内，劳动合同仅约定试用期的，试用期不成立，该期限为劳动合同期限；同一用人单位与同一劳动者只能约定一次试用期，以完成一定工作任务为期限的劳动合同或者劳动合同期限不满三个月的，不得约定试用期；劳动者在试用期的工资不得低于本单位相同岗位最低档工资或者劳动合同约定工资的百分之八十，并不得低于用人单位所在地的最低工资标准。

2）培训

用人单位为劳动者提供专项培训费用，对其进行专业技术培训的，可以与该劳动者订立协议，约定服务期。

劳动者违反服务期约定提前终止劳动合同的，应当按照约定向用人单位支付违约金。违约金的数额不得超过用人单位提供的培训费用。对已经履行部分服务期限的，用人单位要求劳动者支付的违约金不得超过服务期尚未履行部分所应分摊的培训费用。

在特定情形下，劳动者可以在服务期内依照法律规定解除劳动合同，用人单位不得要求劳动者支付违约金。

培训是指劳动合同中约定由用人单位为劳动者提供专项培训费用，对其进行专业技术培训。《劳动合同法》第二十二条对专项培训及服务期做出了规定，用人单位为劳动者提供专项培训费用，对其进行专业技术培训的，可以与该劳动者订立协议，约定服务期。

3）保守秘密

保守秘密指在劳动中约定由劳动者对用人单位的秘密负保密义务的合同条款。《劳动合同法》第二十三条规定了保密义务，"用人单位与劳动者可以在劳动合同中约定保守用人单位的商业秘密和与知识产权相关的保密事项。对负有保密义务的劳动者，用人单位可以在劳动合同或者保密协议中与劳动者约定竞业限制条款，并约定在解除或者终止劳动合同后，在竞业限制期限内按月给予劳动者经济补偿。劳动者违反竞业限制约定的，应当按照约定向用人单位支付违约金。"

3.2.6　劳动合同的效力

劳动合同的效力根据效力的有无，可分为劳动合同的生效和劳动合同的无效。

1．劳动合同的生效

劳动合同的生效是指劳动合同具有法律约束力的起始时间。劳动合同成立，并不意味劳动合同一定生效。《劳动合同法》第十六条对劳动合同的生效做出了规定，"劳动合同由用人单位与劳动者协商一致，并经用人单位与劳动者在劳动合同文本上签字或者盖章生效。劳动合同文本由用人单位和劳动者各执一份。"

2．劳动合同的无效

劳动合同的无效，是指由当事人订立，但严重缺乏合同生效要件国家不予承认其法律效力的劳动合同。劳动合同无效分为全部无效和部分无效。

《劳动合同法》第二十六条对劳动合同的无效做出了规定，"下列劳动合同无效或者部分无效：（一）以欺诈、胁迫的手段或者乘人之危，使对方在违背真实意思的情况下订立或者变更劳动合同的；（二）用人单位免除自己的法定责任、排除劳动者权利的；（三）违反法律、行政法规强制性规定的。"

劳动合同部分无效，不影响其他部分效力的，其他部分仍然有效。劳动合同被确认无效的后果是，劳动者已付出劳动的，用人单位应当向劳动者支付劳动报酬。

3.3　劳动合同的履行、变更、解除和终止

3.3.1　劳动合同的履行和变更

1．劳动合同的履行

1）劳动合同履行的概念及原则

劳动合同履行是指劳动合同双方当事人依照劳动合同约定的内容，完成各自义务的过程。依法订立的劳动合同具有约束力，用人单位与劳动者应当按照劳动合同的约定，全面履行各自的义务。

劳动合同履行的原则主要有：

（1）实际履行原则。要求劳动合同双方当事人严格按照劳动合同约定的标的来履行，不得擅自以其他标的替代，也不得以违约金或者赔偿金等形式予以替代履行。

（2）全面履行原则。要求劳动合同的当事人双方必须按照劳动合同所约定的时间、地

点、内容、方式、期限等全部条款履行自己的全部义务。劳动合同的全面履行实际上也就是双方当事人全部义务的完全履行。

（3）协作履行原则。要求双方当事人在履行劳动合同的过程中应当互相给予对方必要的协作。劳动者与用人单位应互相配合、互相体谅，为对方履行义务提供条件与必要的协助，以实现和谐稳定的劳动关系。

（4）亲自履行原则。要求劳动合同双方当事人必须以自己的行为履行约定的义务，不得由他人代替。这主要是由劳动关系很强的人身依赖性和不可代替性决定的。

2）特殊情形下劳动合同履行

（1）用人单位变更名称等时劳动合同的履行。《劳动合同法》第三十三条规定："用人单位变更名称、法定代表人、主要负责人或者投资人等事项，不影响劳动合同的履行。"这是因为这些事项的变更未改变用人单位独立承担民事责任的性质。

（2）用人单位合并或分立时劳动合同的履行。《劳动合同法》第三十四条规定："用人单位发生合并或者分立等情况，原劳动合同继续有效，劳动合同由承继其权利和义务的用人单位继续履行。"这是因为用人单位的合并、分立，它的权利和义务由变更后的用人单位享有和承担。

2. 劳动合同的变更

1）劳动合同变更的概念

劳动合同的变更，是指劳动者与用人单位对依法成立的、尚未履行或尚未履行完成的劳动合同内容所做的修改或增删的法律行为。劳动合同依法订立后，双方当事人必须全面履行合同规定的义务，任何一方不得擅自变更劳动合同，但在符合法定或约定的情况下，合同当事人可以对合同内容进行变更。

2）劳动合同变更的原因

（1）基于劳动合同双方当事人的协商一致。一般而言，用人单位和劳动者在不违反法律、行政法规规定的情况下，遵循平等自愿、协商一致、诚实信用原则，就可以变更劳动合同约定的内容。

（2）基于情势变更。情势变更是引起劳动合同变更的另一个重要原因，主要包括以下情形：订立劳动合同所依据的法律法规被依法修改或废止；用人单位由于政策原因或者企业产业调整等内部原因发生变化；劳动者由于健康状况、职业技能水平或其他原因，导致履行原合同内容对劳动者已形成负担；不可抗力或客观经济情况的重大变化等。

3）劳动合同的变更形式

变更劳动合同，应当采取书面形式，必须由双方当事人签字或盖章后生效。变更后的劳动合同文本由用人单位和劳动者各执一份。对劳动合同中约定的条款进行变更，一般经过提议、答复、协议3个步骤。

3.3.2　劳动合同的解除和终止

1. 劳动合同的解除

劳动合同的解除，是指当事人双方在劳动合同期限届满之前，因当事人一方或双方的意思表示而终止劳动合同关系的法律行为。根据解除劳动合同方式不同，劳动合同的解除可分为单方解除和协商解除。单方解除又分劳动者单方解除和用人单位单方解除。《劳动合同法》规定了劳动合同的解除的3种情况：

1）协商解除劳动合同

《劳动合同法》第三十六条规定，用人单位与劳动者协商一致，可以解除劳动合同。协商解除需符合以下条件：劳动合同依法成立生效、尚未全部履行前；双方自愿、平等协商达成一致意见。

在合同履行过程中，主动提起解除劳动合同的一方当事人应尽到提前通知的义务，如果是用人单位提出解除劳动合同并经劳动者同意的，用人单位还要向劳动者支付相应的经济补偿金。

2）劳动者单方解除劳动合同

劳动者提前30日以书面形式通知用人单位，可以解除劳动合同。劳动者在试用期内提前3日通知用人单位，可以解除合同。

（1）劳动者立即解除劳动合同的情形。如果用人单位以暴力、威胁或者非法限制人身自由的手段强迫劳动者劳动的，或者用人单位违章指挥、强令冒险作业危及劳动者人身安全的，劳动者可以立即解除劳动合同，不需事先告知用人单位。

（2）劳动者随时解除劳动合同的情形。用人单位未按照劳动合同约定提供劳动保护或者劳动条件的；用人单位未及时足额支付劳动报酬的；用人单位未依法为劳动者缴纳社会保险费的；用人单位的规章制度违反法律、法规的规定，损害劳动者权益的；因《劳动合同法》规定的情形致使劳动合同无效的；法律、行政法规规定劳动者可以解除劳动合同的其他情形。

3）用人单位单方解除劳动合同

（1）用人单位即时解除劳动合同的情形。劳动者在试用期间被证明不符合录用条件的；劳动者严重违反用人单位的规章制度的；劳动者严重失职，营私舞弊，给用人单位造成重大损害的；劳动者同时与其他用人单位建立劳动关系，对完成本单位的工作任务造成严重影响，或者经用人单位提出，拒不改正的；因劳动者采取欺诈、胁迫的手段或者乘人之危，使用人单位在违背真实意思的情况下订立或者变更劳动合同，致使劳动合同无效的；劳动者被依法追究刑事责任的。

（2）用人单位预告解除劳动合同的情形。劳动者患病或者非因工负伤，在规定的医疗期满后不能从事原工作，也不能从事由用人单位另行安排的工作的；劳动者不能胜任工作，经过培训或者调整工作岗位，仍不能胜任工作的；劳动合同订立时所依据的客观情况发生重大变化，致使劳动合同无法履行，经用人单位与劳动者协商，未能就变更劳动合同内容达成协议的。有以上情形之一，用人单位提前30日以书面形式通知劳动者本人或者额外支付劳动者1个月工资后，可以解除劳动合同。

（3）用人单位经济性裁员解除劳动合同的情形。用人单位依照企业破产法规定进行重整的；生产经营发生严重困难的；企业转产、重大技术革新或者经营方式调整，经变更劳动合同后，仍需裁减人员的；其他因劳动合同订立时所依据的客观经济情况发生重大变化，致使劳动合同无法履行的。

（4）解除劳动合同的消极条件。劳动者有以下情形的，用人单位不得解除劳动合同：

从事接触职业病危害作业的劳动者未进行离岗前职业健康检查，或者疑似职业病病人在诊断或者医学观察期间的；在本单位患职业病或者因工负伤并被确认丧失或者部分丧失劳动能力的；患病或者非因工负伤，在规定的医疗期内的；女职工在孕期、产期、哺乳期的；在本单位连续工作满15年，且距法定退休年龄不足5年的；法律、行政法规规定的其他情形。

2. 劳动合同的终止

劳动合同终止是指劳动合同的法律效力依法被消灭。它有广义和狭义之分，广义上包括劳动合同解除。我国《劳动合同法》上的劳动合同终止采用狭义规定，不包括劳动合同解除。

《劳动合同法》第四十四条规定，有下列情形之一的，劳动合同终止：（一）劳动合同期届满的；（二）劳动者开始依法享受基本养老保险待遇的；（三）劳动者死亡，或者被人民法院宣告死亡或者宣告失踪的；（四）用人单位被依法宣告破产的；（五）用人单位被吊销营业执照、责令关闭、撤销或者用人单位决定提前解散的；（六）法律、行政法规规定的其他情形。

3. 劳动合同解除和终止的经济补偿

1）经济补偿

经济补偿是按照劳动合同法规定，在劳动者无过错的情况下，用人单位与劳动者解除或者终止劳动合同而依法应给予劳动者的经济上的补助，也称经济补偿金。

2）用人单位应当向劳动者支付经济补偿的情形

（1）由用人单位提出解除劳动合同并与劳动者协商一致而解除劳动合同的。

（2）劳动者符合随时通知解除和不需事先通知即可解除劳动合同的规定情形而解除劳动合同的。

（3）用人单位符合提前30日以书面形式通知劳动者本人或者额外支付劳动者1个月工资后可以解除劳动合同的规定情形而解除劳动合同的。

（4）用人单位符合可裁减人员规定而解除与劳动者的劳动合同的。

（5）除用人单位维持或者提高劳动合同约定条件续订劳动合同，劳动者不同意续订的情形外，劳动合同期满终止固定期限劳动合同的。

（6）以完成一定工作任务为期限的劳动合同因任务完成而终止的。

（7）用人单位被依法宣告破产终止劳动合同的。

（8）用人单位被吊销营业执照、责令关闭、撤销或者用人单位决定提前解散而终止劳动合同的。

（9）法律、行政法规规定解除或终止劳动合同应当向劳动者支付经济补偿的其他情形。

3）经济补偿的支付标准

经济补偿，一般根据劳动者在用人单位的工作年限和工资标准来计算具体金额，并以货币形式支付给劳动者。

（1）经济补偿按劳动者在本单位工作的年限，每满1年支付1个月工资的标准向劳动者支付。6个月以上不满1年的，按1年计算；不满6个月的，向劳动者支付半个月工资的经济补偿。

（2）劳动者在劳动合同解除或者终止前12个月的平均工资低于当地最低工资标准的，按照当地最低工资标准计算。劳动者工作不满12个月的，按照实际工作的月数计算平均工资。

（3）劳动者月工资高于用人单位所在直辖市、设区的市级人民政府公布的本地区上年度职工月平均工资3倍的，向其支付经济补偿的标准按职工月平均工资3倍的数额支付，向其支付经济补偿的年限最高不超过12年。

3.4　集体合同、劳务派遣与非全日制用工

3.4.1　集体合同

1．集体合同的一般规定

集体合同，又称集体协约，是指用人单位与企业职工一方为规范劳动关系而订立的，以全体劳动者的共同利益为中心内容的书面协议。我国《劳动合同法》第五十一条规定，"企业职工一方与用人单位通过平等协商，可以就劳动报酬、工作时间、休息休假、劳动安全卫生、保险福利等事项订立集体合同。集体合同草案应当提交职工代表大会或者全体职工讨论通过。集体合同由工会代表企业职工一方与用人单位订立；尚未建立工会的用人单位，由上级工会指导劳动者推举的代表与用人单位订立。"

集体合同与劳动合同相比具有以下特点：当事人不同，集体合同的双方当事人分别是代表职工的工会和用人单位，而劳动合同当事人为单个劳动者和用人单位；内容不同，集体合同内容针对用人单位内的全体劳动者的共同权利义务为内容；目的不同，集体合同的目的是为了在其效力范围内规范劳动关系；效力不同，集体合同的法律效力一般高于劳动合同的效力；此外，在形式和适用范围等方面也有区别。

2．集体合同的特殊规定

1）专项集体合同

专项集体合同，是指用人单位与企业职工一方根据法律、法规、规章的规定，就集体协商的某项内容签订的专项书面协议。我国《劳动合同法》第五十二条规定，"企业职工一方与用人单位可以订立劳动安全卫生、女职工权益保护、工资调整机制等专项集体合同。"专项集体合同的订立程序、合同期限、解除或变更依照集体合同的同类规定。

2）行业性集体合同和区域性集体合同

行业性集体合同，主要指在一定地域的一定行业内，由地方工会或者其他行业性工会联合组织与一定行业的企业代表，为保护行业内的全体劳动者合法权益就劳动安全卫生、工作时间、休息休假等事项所协商订立的集体合同。区域性集体合同，主要是指在县级以下区域内，由区域工会与该区域内的企业方面代表，就劳动报酬、工作时间、保险福利等事项所协商订立的集体合同。目前，区域性集体合同还主要适用于县级以下的区域内。我国《劳动合同法》第五十三条规定，在县级以下区域内，建筑业、采矿业、餐饮服务业等行业可以由工会与企业方面代表订立行业性集体合同，或者订立区域性集体合同。

3.4.2 劳务派遣

1. 劳务派遣的概念和特征

劳务派遣又称人才派遣、人才租赁、劳动派遣、劳动力租赁，是指由劳务派遣机构与派遣劳工订立劳动合同，由要派企业（实际用工单位）向派遣劳工给付劳务报酬，劳动合同关系存在于劳务派遣机构与派遣劳工之间，但劳动力给付的事实则发生于派遣劳工与要派企业（实际用工单位）之间。

劳动合同用工是我国的企业基本用工形式。劳务派遣用工是补充形式，只能在临时性、辅助性或者替代性的工作岗位上实施。

临时性工作岗位是指存续时间不超过6个月的岗位；辅助性工作岗位是指为主营业务岗位提供服务的非主营业务岗位；替代性工作岗位是指用工单位的劳动者因脱产学习、休假等原因无法工作的一定期间内，可以由其他劳动者替代工作的岗位。

【知识拓展】

劳务派遣与（个别）劳动合同相比，具有如下特征：（1）劳务派遣中有3个主体，劳动者的雇佣和使用相分离。3个主体是劳务派遣单位（用人单位）、劳动者及用工单位，劳动者与劳务派遣单位建立劳动关系，但实际使用劳动者的是用工单位，用工单位与劳务派遣单位签订劳务派遣协议。（2）劳动合同的期限为2年以上的固定期限合同，按月支付报酬，在无工作期间，也应按照最低工资标准支付。

2. 对劳务派遣的法律规制

1）劳务派遣单位（用人单位）

经营劳务派遣业务应当具备的条件包括注册资本不得少于人民币二百万元、有与开展业务相适应的固定的经营场所和设施等。经营劳务派遣业务，应当向劳动行政部门依法申请行政许可。

劳务派遣单位派遣劳动者应当与接受以劳务派遣形式用工的单位订立劳务派遣协议。劳务派遣单位应当将劳务派遣协议的内容告知被派遣劳动者。劳务派遣单位不得克扣用工单位按照劳务派遣协议支付给被派遣劳动者的劳动报酬。劳务派遣单位和用工单位不得向被派遣劳动者收取费用。

2）用工单位

《劳动合同法》第六十二条规定，用工单位应当履行下列义务：（一）执行国家劳动标准，提供相应的劳动条件和劳动保护；（二）告知被派遣劳动者的工作要求和劳动报酬；（三）支付加班费、绩效奖金，提供与工作岗位相关的福利待遇；（四）对在岗被派遣劳动者进行工作岗位所必需的培训；（五）连续用工的，实行正常的工资调整机制。用工单位不得将被派遣劳动者再派遣到其他用人单位。

3）劳动者

《劳动合同法》第六十三条规定，被派遣劳动者享有与用工单位的劳动者同工同酬的权利。用工单位无同类岗位劳动者的，参照用工单位所在地相同或者相近岗位劳动者的劳动报酬确定。第六十四条规定，被派遣劳动者有权在劳务派遣单位或者用工单位依法参加或者组织工会，维护自身的合法权益。第六十五条规定，被派遣劳动者可以依照《劳动合同法》第三十六条、第三十八条的规定与劳务派遣单位解除劳动合同。

3.4.3　非全日制用工

1．非全日制用工的界定

非全日制用工，是指以小时计酬为主，劳动者在同一用人单位一般平均每日工作时间不超过4小时，每周工作时间累计不超过24小时的用工形式。

非全日制用工，是全日制用工的一种补充用工形式，它可以建立多重劳动关系。从事非全日制用工的劳动者可以与一个或者一个以上用人单位订立劳动合同；但是，后订立的劳动合同不得影响先订立的劳动合同的履行。

2．对非全日制用工的法律规制

1）劳动合同的形式

《劳动合同法》第六十九条第一款规定，非全日制用工双方当事人可以订立口头协议。

2）工资标准

非全日制用工小时计酬标准不得低于用人单位所在地人民政府规定的最低小时工资标准。非全日制用工劳动报酬结算支付周期最长不得超过十五日。

3）特殊规定

非全日制用工双方当事人不得约定试用期。非全日制用工双方当事人任何一方都可以随时通知对方终止用工。终止用工时用人单位不向劳动者支付经济补偿。

3.5　职工民主管理

3.5.1　职工民主管理的概念和协调职能

职工民主管理又称企业民主管理，西方国家通常称职工参与或产业民主，是指职工直接或间接参与管理所在企业内部事务。对此含义，宜按下述要点来理解和界定：（1）从其主体来看，是以职工身份参与管理，即作为劳动关系中与用人单位相对的一方当事人参与管理，而有别于以股东等其他身份参与管理。在实行内部职工股的企业，职工参与管理和股东参与管理虽然联系密切，但毕竟是两种性质相异的法律行为。（2）从其对象来看，是参与企业内部事务管理，此属微观范畴，不同于职工参与国家或社会事务管理。（3）从其行为来看，是对企业管理的参与，而不是企业管理本身，也不是职工方与企业方的双方行为。职工作为被管理者，通过这种参与，使其意志贯穿于管理过程并与管理者意志相协调。如果职工作为企业管理人员执行其职务，或者与企业处于平等地位进行协商谈判，都不属于职工参与行为。

在劳动法体系中，职工民主管理制度与劳动合同制度、集体合同制度和劳动争议处理制度并存，共同执行着协调劳动关系的职能。

较之劳动合同和集体合同，职工民主管理在协调劳动关系方面的特点，主要表现在：

（1）职工民主管理由劳动关系当事人双方各自的单方行为所构成，其意志协调表现为职工意志对企业意志的影响和制约，企业意志对职工意志的吸收和体现；而劳动合同和集体合同都是劳资双方当事人的双方行为，其意志协调表现为经协商一致所达成的协议。

（2）职工民主管理是在劳动过程中处于被管理者地位的职工参与企业管理，这属于管理关系中的纵向协调；而劳动合同和集体合同属于平等关系中的横向协调。

（3）职工民主管理由于其形式多样，能够在劳动关系存续期间，对劳动关系进行经常、随机、及时地协调；而劳动合同和集体合同对劳动关系的协调，则主要集中在合同的订立和变更环节。较之劳动争议处理，职工民主管理在协调劳动关系方面的特点主要表现在：

① 职工民主管理是劳动关系运行中的自我协调和内部协调；而劳动争议处理则是由特定机构对劳动关系进行外部协调。

② 职工民主管理是在尚未形成争议的情形下对劳动关系的协调，即劳动关系正常运行中的协调；劳动争议处理则是在劳动关系由于发生争议而处于非正常状态时，所进行的协调。相对劳动争议的发生来说，职工民主管理属于事前协调，有预防争议的作用，劳动争议处理属于事后协调，目的在于解决争议。

可见，职工民主管理在协调劳动关系方面的职能，为劳动合同、集体合同和劳动争议处理所不能代替，而且还能弥补它们的不足。因而，它一直作为劳动关系协调机制中的一种主要构成要素而存续和发展。

3.5.2 职工民主管理的度

职工民主管理的度，是一个表明职工对企业管理参与的分量和作用大小的概念，可以从广度和深度两方面来理解。

职工民主管理的广度，即职工参与管理事务的范围，它表明企业中哪些事项可由职工参与管理。企业管理事务按照其管理对象不同，可分为生产经营事项（如生产经营计划、调整经营方向或投资、停产停业、分立合并、财务、销售、质量等）、用工人事事项（如劳动规则的制定和职工的招用、培训、辞退、调配、奖惩等）和劳动待遇事项（如劳动报酬分配、劳动保险福利、休假安排等）；按照它在管理过程中所处阶段不同，可分为决策事项和决策实施事项，其中决策事项又有发展方略决策与日常经营决策、制度性决策（即制定规章制度）与计划性决策（即制定规划计划）之区分。把握职工参与的广度，就是要确定，在上述各种事项中，哪些可以或应当由职工参与，即确定职工可否参与和应否参与的界限。综观世界潮流，职工民主管理的广度已呈现由狭至广的趋势。

职工民主管理的深度，即职工对其所参与的管理事务的介入程度，它表明职工意志对企业管理影响的力度。依其影响力度之不同，由浅至深大致可分为下述几个层次：

（1）知情：即职工对该类管理事务仅限于了解或过问，管理者对职工只承担报告、公布、说明、咨询之义务，无须征求职工意见。

（2）参考性意见：即职工对其所参与的管理事务有权以一定方式表示可供管理者参考的意见，如参加讨论、提出建议、做出评价、发表看法等；管理者对此意见虽然应当征求和听取，但无必须采纳之义务。

（3）质询或检查（调查）：即职工有权就特定企业事务对管理提出质询，或者以一定方式进行或参加检查（调查），管理者对此有答复或受查的义务。

（4）约束性意见：即职工对特定管理事务有权向管理者提出有一定约束力的意见，管理者对此意见一般应当接受，除非因此意见不正确而提出异议。

（5）同意或否决：即职工对管理者提交审议的方案或决定草案，有权表示同意或否决，如经同意即获通过，如被否决则不能生效。

（6）决定或批准：即职工对特定范围内的事项，有权以一定方式进行审议决定或审查批准。在这里，职工方意志高于管理者意志。

无论是从广度还是从深度来说，职工民主管理都应当适度。然而，在实践中要正确把握职工民主管理的度，却是一个难题。其主要难点在于：

（1）投资者目标与职工目标差异。投资者追求的目标是资本利益最大化，即利润最大化，热衷于积累和投资的增长；而职工所追求的目标是劳动利益最大化，即工资福利最大化和就业保障最大化，至于积累和投资的增长，则被视为次要地位。这两种目标实现之难易，在一定程度受职工参与度的左右。相对言之，职工参与度越低，企业管理就越有可能忽视劳动利益，甚至为扩大资本利益而牺牲劳动利益；职工参与度越高，企业运行中出现重消费、轻积累、少投资和劳动力吐纳迟缓或中止等短期行为的可能性就越大。因此，投资者本能地偏好职工参与度趋低，职工本能地偏好职工参与度趋高。因此，职工参与度就难以确定在始终能够满足这两种偏好的均衡点上。

（2）管理权威与职工参与相矛盾。在现代企业管理中，管理权威和职工参与都为保证管理效率所必要。决策的及时形成和有效执行，都需要管理权威来维持；而职工参与可以使决策为职工所理解、认同和支持，减少执行决策的障碍。然而，管理权威与职工参与之间不可避免地存在矛盾。管理权威在本质上排斥职工对企业管理的参与，要求职工对管理者保持臣服；而职工参与是对管理权威的修正、限制甚至否定，要求减弱一定的管理权威。在这种相斥性的支配下，如果职工参与度不足，管理权威过盛，企业决策就会遭到职工逆反心理的行为的抵制；如果职工参与过度，企业减少管理权威，就会延缓决策的过程，抑制管理人员的积极性和功能。在这两种情况下，其后果都是管理成本增大，管理效率降低。正因为管理权和职工参与都不可不要，又不可多要，就使得职工参与度很难被确定在管理权威与职工参与的最佳结合点上。

综上所述，判断职工民主管理适度与否，需依两条标准：资本利益和劳动利益是否协调并获得保障；企业管理过程是否高效率、低成本。

根据这两条标准的要求，在立法和实践中选择职工民主管理的度，应当综合考虑多方面的因素：

（1）在职工参与的客体方面，应着重考虑企业管理事务与劳动利益的联系，以及对职工认同的需求和在市场中的时间性。企业管理事务中，凡是涉及劳动利益的事项，以及为职工和投资者所共同关心的事项，都有必要纳入职工参与的范围，职工对具体事项参与的深度，应当同该事项与劳动利益联系的紧密程度成正比。企业决策中，如果含有必须以职工认同为执行前提的内容，就应当尽可能吸收职工参与决策；并且，职工参与的深度应当与职工对决策的认同在决策执行中的意义相配。由于市场瞬息万变，企业决策当及时和灵活，而高度的职工参与难免产生各执己见、议而不决、反复协调等延缓管理过程的现象。所以，凡需要快速处理的事项，不必事事由职工参与，也不宜列为深层次参与的对象。

（2）在职工参与的主体方面。应当着重考虑职工的参与能力，当职工具备其参与事项所要求的知识、技术或经验时，其参与才有助于企业管理科学化，和减少决策失误。在职工素质整体水平较高的企业，其职工参与度应当高于职工素质总体水平较低的企业。在同一企业内素质高低不同的职工之间，除了被参与事项同职工素质无关或相关甚小者以外，其参与度应当有所差别。一般来说，高级职员的参与度，应当高于其他职工。

（3）在职工参与的企业条件方面，应当着重考虑企业的生产经营规模、技术状况和行业特点。各种企业的职工参与度，都应当从各自实际情况出发来具体确定。就生产经营规模来说，企业管理事务中能够在大范围乃至全员范围内吸收职工参与的事项，规模较大的企业相对少于规模较小的企业；在规模大的企业，职工对企业决策的直接参与一般相对少于间接参与，在规模小的企业则与之相反。就技术状况来说，技术先进的企业，尤其是信息技术条件好的企业，职工参与度相对要高。例如，由于计算机的运用而导致中层管理相对削弱的企业，应当更注重发挥职工参与的作用。就行业特点来说，有的行业由其性质决定而必须在企业中实行高度集中的管理，有的行业，则要求企业的管理体制分权化，于是，管理权威在企业管理中的地位具有明显差别，后一种企业的职工参与度相对高于前一种企业。

3.5.3 职工民主管理的形式

各国职工民主管理的形式主要有以下4类：

（1）机构参与，或称组织参与：即职工通过组织一定的代表性专门机构参与企业管理，如德、法等国的企业（职工）委员会，美国的初级董事会，我国的职工代表大会等。

（2）代表参与：即职工通过经合法程序产生的职工代表参与企业管理，如职工代表参加企业有关机构或监督企业日常管理活动等。

（3）岗位参与：即职工通过在劳动岗位上实行自治来参与企业管理，如我国的班组自我管理等。

（4）个人参与：即职工本人以个人行为参与企业管理，如职工个人向企业提出合理化建议，向企业有关管理机构进行查询，等等。上述各种形式中，机构参与和代表参与为职工民主管理的间接形式，岗位参与和个人参与为职工民主管理的直接形式。

【知识拓展】

国家对职工民主管理形式的要求，有两种类型：①由立法做出规定，如德国、奥地利、法国、芬兰、比利时等；②由政府倡导，立法不直接做出规定，如美国、英国、加拿大、挪威、丹麦、瑞典等。这两种类型各有优点，前者赋予一定的职工参与形式以法律效力，使其在企业界普遍实行；后者则有利于各企业根据自己实际情况，选择适当的职工参与形式。

在我国企业界，一方面，对实行职工民主管理制度目前还有一定障碍，尤其是自觉实行职工民主管理制度的氛围尚未普遍形成；另一方面，实行职工民主管理制度的条件很不平衡，这要求立法对职工民主管理形式的规定体现出灵活性。因而，关于职工民主管理形式的法律规定，应当包括下述几方面的内容：

（1）法定必要形式：即立法中明确规定企业在一定条件下必须采用特定的职工民主管理形式。例如，按照德国《企业组织法》的规定，凡有5名以上年满18岁职工的私人企业，都必须实行企业职工委员会制度。在我国，应当将经实践证明行之有效的某些职工民主管理形式，如职工代表大会制度、职工董事（监事）制度，合理化建议制度等，以强行法规范予以固定，分别要求各种企业或者一定范围内企业实行。

（2）法定示范形式：我国在经济体制转型的条件下实行职工参与制度，还处在探索阶段。为指导这种探索，有必要以任意法规范来规定某些职工民主管理形式的规则，作为示范，供企业具体选择职工民主管理形式时参考和遵循。

（3）依法自创形式：即在立法中允许、提倡企业和职工，依照法定原则，从本企业实际情况出发，不断创设符合本企业需要的职工民主管理形式。

3.5.4　职工代表大会制度

1. 职工代表大会的性质

职工代表大会（简称职代会，在有的中小企业则为职工大会）是由经过职工民主选举所产生的职工代表组成的，代表全体职工行使民主管理权力的机构，是企业实行职工民主管理的基本形式。在股份合作企业，它还是企业的权力机构。

按照我国现行法律规定，职代会能够吸引全体职工参与企业管理；其参与的事项涉及企业管理的各个方面，并且包括企业的许多重大问题；对企业管理事务既有浅层次和较浅层次的参与，也有较深层次和深层次的参与。可见，其参与人员的范围很广，参与事项的内容相当全面，参与深度的层次最多，故在参与分量和参与作用上大于职工民主管理的其他形式。因此，它一直被法定为我国职工民主管理的基本形式。

职代会是全体职工行使民主管理权力的机构。这表明：

（1）职代会是一个行使权力的机构，即职代会具有法律赋予的一定权力，它依法行使权力，不仅对全体职工有约束力，而且对企业行政也有约束力。

（2）职代会行使的权力是职工民主管理权力。这不同于所有者、经营者的所有权和经营权，也不同于职工的其他权利。

（3）职代会行使的民主管理权力是全体职工的整体权力，应当反映和体现职工集体的意志和利益。

【知识拓展】

在股份公司中，职代会具有不同于股东大会的法律性质。主要区别在于：①股东大会是企业的权力机构，其成员为企业的投资者；而职代会是企业内的"民意机构"，其成员为企业劳动者。②股东大会拥有对企业重大事项的决策权，其行使职权的行为在企业内具有最高效力；而职代会所拥有的是代表全体职工对企业管理事务的参与权，其行使职权的行为在企业内一般不具有最高效力。③股东大会代表和维护投资者利益，其行为目标主要是职工收入和福利最大化。所以，除了股份合作企业外，股东大会既不能代替职代会，也不能兼有职代会职能。即使在职工持有本企业股份的公司，职工尽管兼有股东身份，仍有必要在股东大会之外同时实行职代会制度。

2. 职工代表大会的范围

在我国，职代会一直是作为公有制企业实行职工民主管理的一种法定必要形式而存在的，至于非公有制企业应否适用的问题，目前尚有不同看法。在现行立法中，仍然倾向于职代会只在公有制企业适用。例如，关于职代会的法律规范，只见诸国有企业法规和集体企业法规；在《公司法》中，仅对国有独资公司和两个以上国有企业或其他国有投资主体投资设立的有限责任公司，明确提出了实行职代会制度的要求。《劳动法》第八条虽然原则性要求劳动者依照法律规定通过职代会等形式参与民主管理或者与用人单位平等协商，但至今我国对非公有制企业只有要求劳资双方平等协商的法律规定，而无要求实行职代会制度的法律规定。所以，该条文并未表明职代会适用于非公有制企业。关于非公有制企业应否适用职代会的问题，通常认为：

（1）职代会制度对非公有制企业也具有必要性。按照市场经济的要求，无论在哪种所有制企业的劳动者，都应当享有平等的包括民主管理权在内的劳动权利。非公有制企业职工同国有企业职工一样，也都是国家主人，而不是所有者意义上的企业主人。因此，在职工民主管理方面不应当歧视非公有制企业职工，非公有企业同公有制企业一样也需要有职代会这种能吸收全体职工参与企业管理的形式。

（2）职代会制度对非公有制企业也具有可行性，我国的职代会与国外私有制企业中的企业职委会、初级董事会等在本质上虽不可同日而语，但在形式和功能上相类似，都由经选举产生的职工代表所组成，都有权代表全体职工对企业管理进行全面的多层次的参与。国外的实践表明，这种形式完全可以有效地适用于我国的非公有制企业。

因此，我国应当将职代会的适用范围，扩展到各种所有制和各种法律形态的企业。

3．职工代表大会的职权

职代会的职权，依职权指向的对象不同，可分为对事权和对人权两类。职代会的对事权，即职代会对企业行政所管理所拥有进行审议的职权。它包括下述几方面内容：

（1）审议、建议权：对属于企业生产经营的全局性重大事项进行审查、讨论，并提出意见和建议。

（2）审议、通过权：对涉及职工利益和生产经营的具体方案和规章制度进行审查、讨论，并在此基础上以一定方式做出同意或否决的决议。

（3）审议、决定权：对非生产经营而属于职工切身利益方面的重大事项进行审查、讨论，并直接做出决定，然后提交企业行政执行。

职代会的对人权，即职代会对企业行政领导和管理人员拥有进行监督和选择的职权。其主要内容有：①评议监督权。评议、监督企业行政的各级领导人员，并提出奖惩和任免的建议。②推荐选举权。按照国家规定和企业所有者（投资者）或其他机构的部署，民主推荐厂长（经理）人选，或者民主选举厂长（经理）。

4．职工代表大会的职工代表

职代会的职工代表由班组（工段）等基层单位的职工直接选举产生，大型企业的职工代表也可以由分厂（车间）等中层单位的职工代表相互推荐产生。凡按照法律规定享有政治权利的职工均可当选为职工代表，不得附加任何条件。职工代表中应有工人、技术人员、管理人员和其他方面的职工。其中，车间、科室行政领导干部一般为职工代表总数的1/5，青年职工和女职工代表应占适当比例。职工代表对选举单位的职工负责，选举单位职工有权监督或撤换本单位的职工代表。

职工代表的权利是：在职代会上有选举权、被选举权和表决权；有权参加职代会及其工作机构对企业执行职代会决议和提案落实情况进行检查，有权参加对企业行政领导人员的质询；因参加职代会组织的各项活动占用生产或工作时间，有权按正常出勤享有应得的待遇。

职工代表的义务是：努力学习党和国家的方针、政策、法规，不断提高政治觉悟、技术业务水平和参与管理的能力；密切联系群众，代表职工合法权益，如实反映职工群众的意见和要求，认真执行职代会的决议，做好职代会交给的各项工作；模范遵守国家法规、企业规章制度和劳动纪律，做好本职工作。

5. 平等协商制度

平等协商又称劳资协商，是指职工方与企业方就有关企业生产经营和职工利益的事务，平等地交涉、对话和商讨，以实现相互理解和合作，并在可能的条件下达成一定协议的活动。它早在19世纪末就已出现，并得到较快发展，当今已遍及西方国家和某些发展中国家。

作为职工参与形式的平等协商和作为集体合同订立程序集体谈判是两种不同的制度，其主要区别在于：

（1）平等协商的职工方代表一般经民主选举产生；集体谈判的工会代表则由工会选派，只有在没有工会组织或者工会组织不符合法定要求的企业才由职工推举产生。

（2）平等协商并不一定以达成协议为目的，通常只需增进相互理解或形成合作意向即可；而集体谈判则是为了签订集体合同。

（3）平等协商中如有争议，只能由双方自行协商解决，不能采取罢工、闭厂等对抗行动；集体谈判中的争议则可表现为罢工、闭厂等激烈形式，可以由第三人协调处理。

（4）平等协商中，双方可以就企业经营决策和发展战略之类的问题交换信息和意见；集体谈判的内容则只限于劳动条件，而不包括企业有权单方决定的事项。

（5）平等协商往往频繁举行（如一月一次），甚至可随时举行；集体谈判则一般一年一次，也可以间隔时间更长。尽管存在上述区别，平等协商与集体谈判仍有紧密联系。这主要表现在，集体谈判通常以平等协商作为其准备阶段。

3.6　劳动争议的解决

3.6.1　劳动争议解决概述

劳动争议解决机制是由劳动争议处理机构和相互衔接的争议处理程序共同构成的解决劳动争议的制度体系。我国现行的劳动争议解决体制大致概括为"一调一裁二审"，对部分劳动争议案件实行有限制的"一裁终局"。

3.6.2　劳动争议协商和解制度

发生劳动争议后，劳动者可以与用人单位自行协商和解，也可以请工会或者第三方共同与用人单位协商，达成和解协议。如果协商不成，则可以直接进入劳动争议的法定解决程序。和解协议不具备法律约束力，但对支付工资报酬、加班费、经济补偿或赔偿金等特定事项达成的协议具有法律效力。

3.6.3　劳动争议调解制度

劳动争议调解指的是基层群众组织对发生的劳动争议以协商方式，使劳动者和用人单位达成协议，从而解决纠纷。劳动争议调解由基层群众性组织承担。

调解的程序是当事人提出调解申请，调解组织经审查申请后，由调解组织主持召开调解会议，基于事实依法在当事人之间调和。

当事人申请劳动争议调解可以书面申请，也可以口头申请。

调解协议的效力经调解达成协议后，调解协议书对双方当事人具有约束力，当事人应当履行。一方当事人在协议约定期限内不履行调解协议的，另一方当事人可以依法申请仲裁。因支付拖欠劳动报酬、工伤医疗费、经济补偿或者赔偿金事项达成调解协议，用人单位在协议约定期限内不履行的，劳动者可以持调解协议书依法向人民法院申请支付令。

自劳动争议调解组织收到调解申请之日起15日内未达成调解协议的，当事人可以依法申请仲裁。

3.6.4　劳动争议仲裁

1．劳动争议仲裁概述

劳动争议仲裁是指当事人将劳动争议提交劳动争议仲裁委员会，由其对双方的争议进行处理，并做出具有约束力的裁决，从而解决劳动争议。

劳动争议仲裁具有公正性、及时性和强制性的特点。

劳动争议仲裁是人民法院受理劳动争议案件的前提条件，如果不经过劳动争议仲裁委员会的仲裁，法院是不予受理的。

2．劳动争议仲裁机构

1）劳动争议仲裁机构组成

劳动争议仲裁机构包括劳动（人事）争议仲裁委员会及其办事机构、仲裁庭以及仲裁员。劳动争议仲裁委员会由劳动行政部门代表、工会代表和企业方面代表组成，其组成人员应当是单数。劳动争议由劳动合同履行地或用人单位所在地的劳动争议仲裁委员会管辖。

2）劳动争议仲裁案件管辖

劳动争议由劳动合同履行地或者用人单位所在地的劳动争议仲裁委员会管辖；双方当事人分别向劳动合同履行地和用人单位所在地的劳动争议仲裁委员会申请仲裁的，由劳动合同履行地的劳动争议仲裁委员会管辖。

3）劳动争议仲裁案件受理范围

因确认劳动关系发生的争议；因订立、履行、变更、解除和终止劳动合同发生的争议；因除名、辞退和辞职、离职发生的争议；因工作时间、休息休假、社会保险、福利、培训以及劳动保护发生的争议；因劳动报酬、工伤医疗费、经济补偿或者赔偿金等发生的争议；法律、法规规定的其他劳动争议。

3．劳动争议仲裁的程序

1）劳动争议申请仲裁的时效

劳动争议申请仲裁的时效期间为1年。自当事人知道或者应当知道其权利被侵害之日起计算。当事人申请劳动争议仲裁后，可以自行和解。达成和解协议的，可以撤回仲裁申请。

2）劳动争议申请仲裁的时效和程序

根据《劳动争议调解仲裁法》《劳动人事争议仲裁办案规则》对仲裁的程序进行了规范。具体程序为：

（1）申请和受理。申请人申请仲裁，应当提交书面仲裁申请，并按照被申请人人数提交副本。书写仲裁申请确有困难的，可以口头申请，由劳动争议仲裁委员会记入笔录，经申请人签名或盖章确认。

（2）开庭准备。准备工作包括向被申请人送达申请书、向申请人送达答辩书、组成仲裁庭并通知当事人仲裁庭组成情况、告知当事人提出回避申请的权利，以及将开庭日期、地点书面通知双方当事人。

（3）审理。开庭审理时，仲裁员应当听取申请人的陈述和被申请人的答辩，主持庭审调查、质证和辩论，征询当事人最后意见，并进行调解。

（4）裁决。劳动争议仲裁委员会裁决劳动争议案件实行仲裁庭制。仲裁庭由三名仲裁员组成，设首席仲裁员。简单劳动争议案件可以由一名仲裁员独任仲裁。

仲裁庭在做出裁决前，应当先行调解，调解达成协议的，仲裁庭应当制作调解书，调解书经双方当事人签收后，发生法律效力。

调解不成或者调解书送达前，一方当事人反悔的，仲裁庭应当及时做出裁决。仲裁庭裁决劳动争议案件，应当自劳动争议仲裁委员会受理仲裁申请之日起45日内结束。自收到仲裁裁决书之日起15日内不起诉的，裁决书发生法律效力。

3.6.5 劳动争议诉讼

劳动争议诉讼指劳动争议当事人不服劳动争议仲裁委员会的裁决，在规定的期限内向人民法院起诉，人民法院依照民事诉讼程序，依法对劳动争议案件进行审理的活动。

劳动争议诉讼是解决劳动争议的最终程序。

用人单位所在地或者劳动合同履行地的基层人民法院享有对劳动争议的诉讼管辖权。在我国劳动争议案件适用民事诉讼的简易程序审理，一般案件适用普通一审程序审理，实行二审终审制。法院审理的对象主要是劳动权利义务。

3.7 违反劳动合同的法律责任

3.7.1 用人单位的法律责任

用人单位的法律责任包括以下几项：

（1）用人单位直接涉及劳动者切身利益的规章制度违反法律、法规规定的，由劳动行政部门责令改正，给予警告；给劳动者造成损害的，应当承担赔偿责任。

（2）用人单位提供的劳动合同文本未载明劳动合同法规定的劳动合同必备条款或者用人单位未将劳动合同文本交付劳动者的，由劳动行政部门责令改正；给劳动者造成损害的，应当承担赔偿责任。

（3）用人单位自用工之日起超过一个月不满一年未与劳动者订立书面劳动合同的，应当向劳动者每月支付二倍的工资。

用人单位违反劳动合同法规定不与劳动者订立无固定期限劳动合同的，自应当订立无固定期限劳动合同之日起向劳动者每月支付二倍的工资。

（4）用人单位违反劳动合同法规定与劳动者约定试用期的，由劳动行政部门责令改正；违法约定的试用期已经履行的，由用人单位以劳动者试用期满月工资为标准，按已经履行的超过法定试用期的期间向劳动者支付赔偿金。

（5）用人单位违反劳动合同法规定，扣押劳动者居民身份证等证件的，由劳动行政部门责令限期退还劳动者本人，并依照有关法律规定给予处罚。

用人单位违反劳动合同法规定，以担保或者其他名义向劳动者收取财物的，由劳动行政部门责令限期退还劳动者本人，并以每人五百元以上二千元以下的标准处以罚款；给劳动者造成损害的，应当承担赔偿责任。

劳动者依法解除或者终止劳动合同，用人单位扣押劳动者档案或者其他物品的，依照上述规定处罚。

（6）用人单位有下列情形之一的，由劳动行政部门责令限期支付劳动报酬、加班费或者经济补偿；劳动报酬低于当地最低工资标准的，应当支付其差额部分；逾期不支付的，责令用人单位按应付金额百分之五十以上百分之一百以下的标准向劳动者加付赔偿金。

① 未按照劳动合同的约定或者国家规定及时足额支付劳动者劳动报酬的。

② 低于当地最低工资标准支付劳动者工资的。

③ 安排加班不支付加班费的。

④ 解除或者终止劳动合同，未依照劳动合同法规定向劳动者支付经济补偿的。

（7）劳动合同依照劳动合同法规定被确认无效，给对方造成损害的，有过错的一方应当承担赔偿责任。

（8）用人单位违反劳动合同法规定解除或者终止劳动合同的，应当依照劳动合同法规定的经济补偿标准的二倍向劳动者支付赔偿金。

（9）用人单位违反劳动合同法规定未向劳动者出具解除或者终止劳动合同的书面证明，由劳动行政部门责令改正；给劳动者造成损害的，应当承担赔偿责任。

（10）用人单位招用与其他用人单位尚未解除或者终止劳动合同的劳动者，给其他用人单位造成损失的，应当承担连带赔偿责任。

3.7.2 劳动者的法律责任

劳动者承担赔偿责任的情形主要有：

（1）劳动者的过错导致合同无效给用人单位造成损失的。

（2）劳动者违反劳动合同法规定解除劳动合同，或者违反劳动合同中约定的保密义务或者竞业限制，给用人单位造成损失的。

（3）劳动者尚未与用人单位解除或者终止劳动合同，又与其他用人单位建立劳动关系，给其他用人单位造成损失的等。

3.7.3 其他主体的法律责任

1. 劳务派遣单位的法律责任

劳务派遣单位违反劳动合同法规定的，由劳动行政部门和其他有关主管部门责令改正；情节严重的，以每人一千元以上五千元以下的标准处以罚款，并由工商行政管理部门吊销营业执照；给被派遣劳动者造成损害的，劳务派遣单位与用工单位承担连带赔偿责任。

2. 非法用工单位的法律责任

对不具备合法经营资格的用人单位的违法犯罪行为，依法追究法律责任；劳动者已经付出劳动的，该单位或者其出资人应当依照劳动合同法有关规定向劳动者支付劳动报酬、经济补偿、赔偿金；给劳动者造成损害的，应当承担赔偿责任。

3. 发包的组织与个人承包经营者的法律责任

个人承包经营违反劳动合同法规定招用劳动者，给劳动者造成损害的，发包的组织与个人承包经营者承担连带赔偿责任。

4. 劳动行政部门和其他有关主管部门及其工作人员的法律责任

劳动行政部门和其他有关主管部门及其工作人员玩忽职守、不履行法定职责，或者违法行使职权，给劳动者或者用人单位造成损害的，应当承担赔偿责任；对直接负责的主管人员和其他直接责任人员，依法给予行政处分；构成犯罪的，依法追究刑事责任。

思考题

1. 简述我国劳动合同的概念和特征。
2. 简述劳动合同的作用。
3. 简述劳动合同的终止条件。
4. 试论述用人单位解除劳动合同的经济补偿。

案例分析

1. 王某到某公司应聘填写录用人员情况登记表时，隐瞒了自己曾先后2次受行政、刑事处分的事实，与公司签订了3年期限的劳动合同。事隔3日，该公司收到当地检察院对王某不起诉决定书。经公司进一步调查得知，王某曾因在原单位盗窃电缆受到严重警告处分，又盗窃原单位苫布被查获，因王某认罪态度较好，故不起诉。请问该公司调查之后，以王某隐瞒受过处分，不符合本单位录用条件为由，在试用期内解除与王某的劳动关系是否合理？

2. 某市劳动行政部门在对甲公司例行检查时，发现甲公司存在以下问题：

（1）2016年2月1日，甲公司在与王某签订劳动合同时，以工作证押金的名义向王某收取200元，至今尚未退还王某。

（2）张某自2016年4月1日起开始在甲公司工作，月工资3 000元。直到2016年7月1日，甲公司才与张某签订了书面劳动合同。

（3）孙某自2016年1月1日起开始在甲公司工作，月工资3 000元。直到2017年1月1日，甲公司一直未与孙某签订书面劳动合同。2017年1月2日，孙某要求与甲公司签订无固定期限的劳动合同，遭到甲公司的拒绝。

（4）2016年8月1日，甲公司与周某的劳动合同到期，已在甲公司连续工作12年的周某提出与甲公司签订无固定期限的劳动合同，遭到甲公司的拒绝。

（5）2016年9月1日，甲公司与曹某的2年期劳动合同到期。曹某提出，由于自己与甲公司已经连续订立了2次固定期限劳动合同（合同订立日期分别为2012年9月1日、2014年9月1日），而且自己在合同履行期间没有不良表现，因此，甲公司应当与自己订立无固定期限的劳动合同。

要求：根据劳动合同法律制度的规定，分别指出（1）～（5）中所存在的问题。

第4章 用人单位内部劳动规则

【开篇案例】

张某于2015年11月5日进入JL公司工作，于2015年12月26日与JL公司签订劳动合同，期限自2015年12月26日起至2020年12月6日止，约定张某从事设备维护工程师工作，月工资为2 542元。2017年4月13日上午10点左右，张某乘坐车辆前往JL公司宿舍区。2017年4月20日，JL公司向张某发出离职通知单，以张某乘坐非法营运车辆为由与张某解除劳动合同。

JL公司于2008年9月8日召开职工代表大会，通过"不允许乘坐黑车，违者以开除论处"的决议。经双方确认，2017年4月13日张某休息。张某离职前12个月月平均工资为2 600元。张某于2017年6月就本案诉讼请求申诉至劳动争议仲裁委员会。仲裁委员会于2017年7月27日裁决驳回张某的全部仲裁请求。

本案的争议焦点是：JL公司解除与张某的劳动合同是否有合法依据。法院一审认为：

用人单位的规章制度是用人单位制定的组织劳动过程和进行劳动管理的规则和制度，也称为企业内部劳动规则。规章制度既要符合法律、法规的规定，也要合理。JL公司有权通过制定规章制度进行正常生产经营活动的管理，但劳动者在劳动过程以及劳动管理范畴以外的行为，用人单位适宜进行倡导性规定，对遵守规定的员工可给予奖励，但不宜进行禁止性规定，更不能对违反此规定的员工进行惩罚。JL公司以乘坐非法营运车辆存在潜在工伤危险为由，规定员工不允许乘坐黑车，违者开除，该规定已超出企业内部劳动规则范畴，且乘坐非法营运车辆行为应由行政机关依据法律或法规进行管理，用人单位无权对该行为进行处理。工伤认定系行政行为，工伤赔偿责任是用人单位应承担的法定责任，JL公司通过规章制度的设置来排除工伤责任，没有法律依据，因此亦属无效规定。故JL公司不得依据该规定对员工进行处理，该公司以张某乘坐非法营运车辆为由解除劳动合同违反劳动合同法的规定，损害了劳动者的合法权益，依法应当向张某支付赔偿金，张某要求JL公司支付赔偿金7 800元，未超过法律规定的赔偿金范围，法院予以支持。

据此，法院依照《中华人民共和国劳动合同法》之规定做出判决：JL公司应于本判决生效之日起十日内支付张某赔偿金7 800元。

4.1　概　　述

4.1.1　用人单位内部劳动规则的概念

用人单位内部劳动规则（以下简称内部劳动规则），有的国家和地区称雇佣规则、工作规则或从业规则等，是指用人单位依法制定并在本单位实施的组织劳动和进行劳动管理的规则。理解此概念，需明确下述要点：

（1）它是用人单位规章制度的组成部分。内部劳动规则以用人单位为制定主体，以公开和正式的用人单位行政文件为表现形式，只在本单位范围内适用。因而，它属于用人单位规章制度，既不同于法规和政策，也不同于社会团体规章。

（2）它是职工和用人单位在劳动过程中的行为规则。内部劳动规则的调整对象是在劳动过程中用人单位与职工之间以及职工相互间的关系，即是说，它所规范的行为是作为劳动过程必要组成部分的劳动行为和用人行为。因而，它在本单位范围内，既约束全体职工，又约束单位行政的各个组成部分。但是，它对职工和用人单位的约束只限于劳动过程，在用人单位规章制度中，凡是关于劳动过程之外事项的规定，都不属于内部劳动规则。

（3）它是用工自主权和职工民主管理权相结合的产物。制定和实施内部劳动规则，是用人单位在其自主权限内用规范化、制度化的方法对劳动过程进行组织和管理的行为。简言之，是行使用工自主权的一种形式和手段。职工作为劳动过程的要素和主体，既有权参与内部劳动规则的制定，又有权对用人单位遵守内部劳动规则实行监督，这是职工民主管理权的重要内容。因此，内部劳动规则具有协调劳动关系的功能。

【知识拓展】

内部劳动规则和劳动合同、集体合同都是确定劳动关系当事人双方权利和义务的重要依据，都是协调劳动关系的重要手段。但是，内部劳动规则与劳动合同、集体合同仍有区别。主要表现在：①内部劳动规则的制定是用人单位的单方法律行为，制定程序中虽然有职工参与的环节，但还是由单位行政最后决定和公布，职工并非制定主体；而劳动合同和集体合同的订立，都是劳动关系当事人或其团体的双方法律行为。②内部劳动规则所规定的是全体职工的共同权利和义务；而劳动合同所规定的只是单个职工的权利和义务。③内部劳动规则与集体合同在内容上虽然有交叉，但各有侧重。前者侧重于规定在劳动过程的组织和管理中职工和单位行政双方的职责，即劳动行为规则和用工行为规则；后者则侧重于规定本单位范围内的最低劳动标准。

内部劳动规则与劳动纪律并非同一个概念，劳动纪律只是内部劳动规则内容中的一个组成部分。

4.1.2　用人单位内部劳动规则的立法模式

各国关于内部劳动规则的立法，已形成两种模式：① 授权式立法，即在立法中只规定用人单位内部劳动规则的权限和程序，对内部劳动规则内容则不作规定或者仅列举规定其应含事项，而将内部劳动规则内容的确定权完全授予用人单位，只要内容不违法即可。例如，《法国劳动法典》《日本劳动标准法》中关于雇佣规则的规定就属于此种模式。② 纲要式立法。即在立法中除了对内部劳动规则的制定权限和程序做出规定外，还对内部劳动规则内容做出纲要式规定，要求用人单位以此作为制定内部劳动规则的依据和标准。

内部劳动规则立法的上述两种模式尽管有区别，但不乏共同点。其中主要是：都授权用人单位制定内部劳动规则，并自行确定内部劳动规则的具体内容；都要求内部劳动规则在制定程序和内容上均必须合法；都确认内部劳动规则具有法律效力，把遵守内部劳动规则规定为劳动者和用人单位的义务。这些共同点，也就是内部劳动规则立法的一般任务和内容。

内部劳动规则立法的上述两种模式，都分别同所有制和经济体制相联系。在私有制和市场经济的条件下，企业资产归资本家所有，企业拥有包括微观劳动管理在内的经营管理自主权，制定内部劳动规则理所当然地属于企业的内部事务。因而，不宜在立法中规定内部劳动规则的内容，而应当赋予企业以确定内部劳动规则的完全自主权。在公有制和计划经济的条件下，国家对企业财产拥有所有权，企业作为政府的附属物而无经营管理自主权，因此，内部劳动规则所涉及的不只是企业自身利益而主要是国家利益和社会公共利益，遵守内部劳动规则不仅是职工与企业相互间的义务而且是双方对国家的义务。基于此，国家在立法中对内部劳动规则内容做出纲要式规定。在我国经济体制改革所追求的目标模式中，既要求以公有制为主体，又要求实行市场经济。由此决定了我国的内部劳动规则立法，应当在吸收上述两种模式的合理因素的基础上，形成一种与社会主义市场经济相适应的新模式。该模式的立法应当包括下述几方面：① 规定凡职工人数达到一定界限的用人单位，都应依法制定完善的内部劳动规则；② 制定内部劳动规则的主要程序和内部劳动规则的有效要件，并规定用人单位因内部劳动规则违法应负的法律责任；③ 规定内部劳动规则内容所应包括的事项，并对某些重要内容做出示范性的纲要式规定，或者授权特定机构或组织制定示范性纲要，同时，赋予用人单位以确定内部劳动规则具体内容的自主权；④ 规定职工和用人单位都必须遵守内部劳动规则，并且对违反内部劳动规则的处罚规则做出原则性规定。

4.2　用人单位内部劳动规则的制定和效力

4.2.1　制定内部劳动规则是用人单位的权利和义务

内部劳动规则的制定，一方面是用人单位对职工的权利，即用人单位的经营权和用人权中必然含有内部劳动规则制定权；另一方面是用人单位对国家的义务，即用人单位必须以制定内部劳动规则作为其行使经营权和用人权的一种主要方式。

在许多立法例中，同时赋予用人单位制定内部劳动规则的义务。例如，《法国劳动法典》规定，正常情况下至少雇用20个雇工的工商企业、律师事务所、机关办事处、协会等雇主必须制定雇佣规则；一个企业对其各个部门或各个方面的人员都要制定出特别的规则；在没有宏观层次集体合同可适用的企业，还应当制定关于集体解雇之手续的一般细则。又如，《日本劳动标准法》规定，经常雇佣10人以上的雇主，应当就与适用于企业全体工人之规定有关的各种事项，制定雇佣规则；雇主有必要时，可对工资、安全卫生、事故补贴和非因工病伤救济分别订立规则。在我国《劳动法》中，只是原则规定用人单位应当依法建立和完善规章制度以保障劳动者享有劳动权利和履行劳动义务，但未把用工人数规定为承担此项义务的条件，也未列举规定应当制定规章制度的事项。这表明，各种用人单位都有义务制定内部劳动规则；并且，凡是保障劳动者享有劳动权利和履行劳动义务所必要的事项，都应当制定相应的内部劳动规则。立法之所以把制定内部劳动规则规定为用人单位的义务，是因为：① 劳动者在劳动过程中处于从属地位，其权利和义务的实现受用人单位支配，制定内部劳动规则既可以使劳动者的权利和义务明确、具体，又可以使用人单位的劳动管理行为规范化，从而排除用人单位对劳动者实现其权利和义务的任意支配，尤其是防止用人单位滥施处罚权。② 在同一用人单位内部，任一劳动者的权利和义务都同其他劳动者的权利和义务相互关联，其实现过程中难免发生冲突，制定内部劳动规则就有利于协调不同劳动者之间因实现各自权利和义务所产生的矛盾，有利于营造全体劳动者实现各自权利和义务的良好秩序。

4.2.2　用人单位内部劳动规则的内容

关于内部劳动规则所应当包括的内容，一般由立法列举规定。例如，《日本劳动标准法》规定，雇佣规则应当包括十方面的内容，即上下班时间、休息时间、休息日、休假以及有两组以上工人轮班时有关换班的事项；工资的决定、计算及支付方法，工资的发放日期及截至计算日期，以及有关增加工资的事项；有关退职的事项；与规定退职津贴及其他津贴、分红、最低工资等有关的事项；与规定工人负担膳费、工作用品及其他开支有关的事项；与规定安全及卫生规则有关的事项；与规定职业训练有关的事项；与规定事故补偿、非因工负伤和疾病的救济有关的事项；与规定奖惩的办法、种类及程度有关的事项；在上述各项之外，与适用于该企业全体工人的规定有关的事项。为了指导用人单位合法、全面和完整地确定内部劳动规则的内容，有的国家还授权特定机关制定内部劳动规则范本。例如，《巴林劳工法》规定，"劳工和社会事务部长可以通过命令颁布适合工作性质的纪律规定和范本，作为雇主制定他们自己的规则的指导。"我国立法对内部劳动规则不止于列举规定其应含事项，还进一步对某些重要事项直接规定其内容或者规定如何确定内容的规则。其中，较多的是关于劳动组织、劳动纪律和工资分配等方面的规定。

4.2.3　用人单位制定内部劳动规则的程序

立法中对内部劳动规则的制定程序，一般不作完整的规定，而只择要规定其中应含的某些环节。即是说，内部劳动规则的制定程序中，既有法定环节，也有非法定环节，后者即用人单位自行规定的环节或者有关国家机关指定必备的环节。

内部劳动规则制定程序中的法定环节，一般有下述几种：

（1）职工参与。内部劳动规则虽然是单位行政制定的，但只有在吸收和体现了职工方意志，或者得到职工方认同的情况下，才能确保其实施。于是，立法中要求内部劳动规则制定程序中应当有职工参与的环节。例如，《法国劳动法典》规定，雇佣规则在提交工厂委员会讨论通过之前，或在没有工厂委员会的情况下提交职工代表讨论通过之前，不能将其付诸实施。又如，《日本劳动标准法》规定，起草或修改雇佣规则时，雇主应征求有关企业中过半数工人所组成的工会的意见，如无此种工会时应征求过半数工人的代表的意见。在我国，立法应当规定，凡是建立职代会制度的用人单位，内部劳动规则都应经职代会审议通过；没有建立职代会制度的，或者在职代会闭会期间的，应当征得工会的同意；没有建立工会的，应当征得过半数职工所推举的职工代表的同意，或者交给过半数职工群众讨论，并吸收其意见。

（2）报送审查或备案。内部劳动规则涉及劳动法规政策的实施，同职工利益密切相关，为了保证内部劳动规则内容合法和保护全体职工利益，立法要求将内部劳动规则的制定置于国家的监督之下。例如，日本规定，雇主应当将草拟或修改的雇佣规则呈报行政官厅，并将所征求的工会或工人代表的意见随同附上，行政官厅有权命令更改不符合法令或劳动协约的雇佣规则。在我国立法中应当规定，用人单位应将其制定或修订的内部劳动规则报送劳动行政部门审查；劳动行政部门应当在法定期限内做出书面的审查意见，对不合法的内容有权在审查意见书中责令用人单位修改。

（3）正式公布（又称公示）。内部劳动规则既然以全体职工和单位行政各个部分为约束对象，就应当为全体职工和单位行政各个部分所了解。所以，立法中要求以合法有效的方式公布。例如，《加拿大劳工（标准）法》规定，省政府主席有权要求雇主将其制定的劳动规章，向全体职工公布；《阿拉伯也门共和国劳工法》规定，业主应当在企业里的明显地点挂出奖惩条例及其实施条件；《智利共和国劳动法》规定，雇主必须发给每个工人一个有关内部规章的印刷本；《法国劳动法典》规定，雇佣规则应于完成了公布等手续两周之后实施。而在我国，目前仅在司法解释中对内部劳动规则有应当向劳动者公示的原则要求。为此，应当在立法中规定，内部劳动规则必须由用人单位以经其法定代表人签署和加盖公章的正式文件公布，并且，从公布之日起才能在本单位范围内生效。

4.2.4　用人单位内部劳动规则的法律效力

1. 内部劳动规则具有效力的理论依据

西方国家，关于内部劳动规则有无效力的问题，存在争论。无效说认为，内部劳动规则是厂方单方制定的，职工事后才知道，因而不属于劳动契约，不能约束职工。有效说则主张，内部劳动规则应当具有效力，但对于为什么会具有效力的理由，有不同观点。主要是：

1）契约说

认为内部劳动规则是劳动契约的一部分，劳动契约既已成立，内部劳动规则作为劳动契约的附合契约只要合法，同样具有效力。正如乘坐交通工具或委托运输货物，旅客或货主在购票或办理托运时即已订立运输契约，随后就应当遵守运输方面的各项规章一样。在这里，运输规章是运输契约的附合契约，其效力具有强迫性。这种观点主张，劳动者只有以明示或默示的方式与雇主达成合意，才受内部劳动规则约束。契约说的缺陷在于，把内部劳动规则作为契约只是一种拟制，在实践中往往与事实不符。即是说，劳动者大多是在契约订立之后才了解内部劳动规则的详细内容，并且，在契约订立后雇主可以不经劳动者同意而单方修改内部劳动规则，这都无法用契约说来解释。

2）法规说

认为内部劳动规则具有法规性质。即是说，企业作为一种社会组织从其依法成立之日起就被国家授予制定本组织内部规范之权，这也是法律所赋予的经营权的内容。所以，制定内部劳动规则是一种授权"立法"。劳动者既已入厂，就表明他们已与雇主在建立劳动关系方面意思表示一致，并表明他们已承认雇主作为一厂之长具有为谋工厂发展而在本厂范围内的"立法"之权。所以，这种观点主张，不论劳动者对内部劳动规则的内容是否知悉和同意，都要无条件地受其约束。犹如公务员，既已就职，表明已有意思表示在先，而后自然可以附合其他内容，要求其接受有关工作条例的约束。法规说的缺陷在于，企业并非国家机关，对其授权立法，无充分的法理依据。

3）折中说

认为上述两种观点均失之偏颇而不合理。并认为，内部劳动规则之所以发生效力，既是由于法律的确认，也是由于当事人双方的合意，所以，内部劳动规则具有效力的条件是，其内容不违法并且取得职工同意。

在我国，一般认为，内部劳动规则虽然被称为厂规厂法，但并不是法律，其效力只是来自法律的赋予。我国《宪法》规定，遵守劳动纪律是公民的一项基本义务。《劳动法》规定，用人单位应当依法建立和完善规章制度，劳动者应当遵守劳动纪律。内部劳动规则之所以由法律赋予其效力，其主要理由是：

（1）内部劳动规则是法律规范的延伸和具体化。内部劳动规则的主要内容都是依据有关法规制定的，是对有关法规所规定内容的具体展开。在此意义上，内部劳动规则是实施劳动法律规范的必要手段，因此，法律应当赋予内部劳动规则以效力。

（2）内部劳动规则是劳动合同的附件。在劳动合同订立过程中，劳动者有权了解用人单位的内部劳动规则，用人单位订立劳动合同，并在合同中约定劳动者应当遵守劳动纪律、用人单位应当按照本单位规章制度提供劳动条件和劳动待遇，表明劳动者承认内部劳动规则并愿意受其约束。可见，内部劳动规则实际上成了劳动合同的附件。法律赋予内部劳动规则以效力，是强化劳动合同效力的必然要求。

（3）内部劳动规则是实现劳动过程的自治规范。一方面，用人单位制定内部劳动规则，是行使其用人自主权的法律行为；另一方面，职工也参与内部劳动规则的制定，内部劳动规则的内容经职工方同意才能确定。这表明，内部劳动规则是用人单位和职工依法自律的手段，反映了用人单位和全体职工的共同意志，法律理应认可其效力。

2．内部劳动规则具有效力的必要条件

内部劳动规则发生效力，必须完全具备法定有效要件。《最高人民法院关于审理劳动争议案件适用法律若干问题的解释》（2001年）第十九条将内部劳动规则的有效要件规定为：通过民主程序制定；不违反国家法律、行政法规及政策规定；已向劳动者公示。这种规定还不够完整。在法理上，内部劳动规则的有效要件应当包括：

1）制定主体必须合法

内部劳动规则只能由单位行政制定，但并非单位行政中的任何一个管理机构都有权制定内部劳动规则。一般认为，有权代表用人单位制定内部劳动规则的，应当是单位行政系统中处于最高层次、对于用人单位的各个组成部分和全体职工有权实行全面和统一管理的机构。这样，才能保证所制定的内部劳动规则在本单位范围内具有统一性和权威性。至于单位行政中的其他管理机构，虽然可参与内部劳动规则的制定活动，但无权以用人单位名义颁布内部

劳动规则，不具有内部劳动规则的制定主体资格。在我国现行立法对内部劳动规则的制定主体要件尚未作明确规定的情况下，应当依据经工商行政管理部门核准登记的企业章程来确定什么机构有资格制定内部劳动规则。

2）内容必须合法

内部劳动规则的内容，不仅不得违反法律、法规和政策的规定，而且不得违反集体合同的规定，即其规定的劳动者利益不得低于法律、法规、政策和集体合同规定的标准。内部劳动规则应当对立法所列举的必备事项做出具体规定，其内容必须体现权利与义务一致、劳动者利益与劳动效率并重、奖励与惩罚结合、劳动纪律面前人人平等的精神，不得与法律、法规、政策和集体合同的规定相悖。其中，关于劳动条件和劳动待遇的规定，不得低于法定最低标准和集体合同约定最低标准；关于惩罚违纪职工的规定，必须同法定的违纪罚则相符，必须贯彻教育为主、惩罚为辅的原则，不得侵犯职工合法权益。

3）制定程序必须合法

在制定内部劳动规则的过程中，凡属于法定必要程序，都必须严格履行；集体合同和既存有效内部劳动规则对此程序若有规定，也应当遵循。现行立法所规定的程序要件有职工民主参与制定和向劳动者公示两项；根据国外的立法例，还应当有报政府有关部门审查备案这项程序。

3. 内部劳动规则具有效力的主要表现

内部劳动规则依法制定，应在本单位范围内对全体职工和单位行政各个部分都具有法律约束力。主要表现在：

（1）内部劳动规则必须在本单位范围内全面实施，劳动过程中的各种劳动行为和用工行为都必须受内部劳动规则约束，全体职工和用人单位的权利和义务都应当以内部劳动规则为依据。

（2）遵守内部劳动规则是全体职工和用人单位的法定义务和约定义务，对模范遵守劳动纪律的职工应当给予奖励，对违反劳动纪律的职工应当给予惩处，对违反内部劳动规则的用人单位应当追究法律责任。

（3）职工与用人单位因执行内部劳动规则发生争议，应当依法定的劳动争议处理程序予以处理。

内部劳动规则与劳动合同在效力上的关系，表现在下述三方面：

（1）内部劳动规则作为劳动合同的附件，具有补充劳动合同内容的效力。

（2）劳动合同所规定的劳动条件和劳动待遇不得低于内部劳动规则所规定的标准，否则，以内部劳动规则所规定的标准代替。这是因为，内部劳动规则规定的标准是平等适用于全体职工的标准，劳动合同所约定的职工利益若低于该标准，就是对单个职工的歧视。

（3）劳动合同中可以特别约定其当事人不受内部劳动规则中特定条款的约束，但这种约定应当以对劳动者更有利为前提。这是因为，劳动合同作为主件，对作为其附件的内部劳动规则的效力，可以在合法的范围内予以一定制约。

内部劳动规则作为劳动合同的附件，它与集体合同效力的关系，同劳动合同一样。集体合同应当成为制定内部劳动规则的依据，内部劳动规则所规定的劳动者利益不得低于集体合同所规定的标准。

4.3 劳动组织规则

4.3.1 劳动定员定额规则

1．劳动定员

劳动定员，又称编制定员，是指根据企业既定的生产经营方向（或产品方案）及其规模所规定的，在一定时期内和一定技术组织条件下，企业机构的设置和企业各机构配备各类人员的数量界限。它表明企业应设置哪些机构，以及各机构应配备多少人员（劳动者数量）和什么人员（劳动者素质）。企业中实行定员的范围，应当限定在企业进行正常生产经营所需要的全部职工，无论是固定工、合同制工还是临时工，也无论是生产人员还是非生产人员，只要是维持正常生产经营所需要的，都纳入定员范围之内。按规定，连续6个月以上的援外人员、脱产学习人员、病假人员和休长假人员，待分配人员和不顶岗学徒，试用人员、为外单位培训的人员和准备向外单位输送的后备人员，退居二线工作和离休的人员，停薪留职人员和保留厂籍劳教或服刑人员，从事的劳动与企业生产经营无关的人员（如农副业生产人员），临时性生产或工作所需人员，都不纳入定员范围。

制定劳动定员，是企业经营管理自主权的一项重要内容。除法律另有规定和国务院有特殊规定的以外，企业有权按照生产经营的特点和实际需要，自主决定其内部机构的设立、调整和撤销以及其人员配备；有关部门可以根据业务需要就企业应承担的某项职能或任务向企业提出要求，但任何部门不得硬性规定企业设置对口机构和建立人员编制。企业制定劳动定员，应当符合有关法规和政策的要求。其中主要是，本着精简机构、节约用工、促进生产和提高效率的精神，确定劳动定员水平；尽可能执行适合本企业现有技术组织条件的劳动定员标准，对强制性劳动定员标准必须严格执行；法定的或者为确保科学性所必需的劳动定员制定程序，都应当切实履行。企业依法确定的劳动定员在本企业范围内具有法律效力，应当成为企业编制劳动计划、增减职工、调配职工、确定工资基金数的必要依据。

2．劳动定额

劳动定额是指为规范地确定劳动任务而制定的，在一定技术组织条件下劳动者完成单位合格产品或工作所需要的劳动消耗量。它有工时定额（亦称时间定额）和产量定额两种基本形式。前者是完成单位合格产品或工作所耗工时定额；后者为单位时间内完成合格产品量或工作量定额。劳动定额的范围，只限于能够计算和考核工作量的工种和岗位。在企业中，可以实行劳动定额的工种和岗位，必须具备下述基本条件：① 企业的生产过程可以分解为许多道工序（或工步）操作，并且在不同的工作地按工序组织生产；② 劳动成果的大小多少直接取决于劳动者的劳动消耗量，并且直接可以用实物产品量或单位产品（工作）工时消耗量来表示；③ 劳动者使用的设备一般是中小型设备，设备的转速、用量可以调整，并且必须由人来使用、操纵，采用一人一机或多机的管理方式。劳动定额的制定，也是企业经营管理自主权的内容。但较之劳动定员，它与劳动者利益更为密切相关。因此，在法律上应当要求企业在制定劳动定额时，除了遵循必要的定额技术规则外，还应遵循下述规则：① 据以制定定额的技术组织条件必须是企业现有的或者企业按照合同应当提供的条件，不能制定超越这种条件的定额，采用的定额标准也只能旨与这种条件相符的标准。② 定额所规定的劳动消耗量，必须以法定工作时间为限，并且符合劳动安全卫生的要求。③ 定额的制定过程应当有工会或职工代表参与，也可以在集体合同中约定定额条款。④ 定额必须向职工正式公布并以书面形式通知有关职工，如果是对过去定额的改变，还应在定额公告和通知中说明改变定额的原因。⑤ 职工认为定额超越了企业所提供的技术组织条件或者有害于劳动者安全健康的，有权提出异议，此异议应由企业行政会同企业工会进行处理。

劳动定额依法制定，即具有法律效力。凡是已制定劳动定额的工种和岗位，都必须按劳动定额组织生产；企业实行升级考评，编制劳动计划，签订承包合同，配备劳动力，进行劳动组合，实行经济核算，组织劳动竞赛，确定工资基金和计件工资、定额工资，核定奖励基金，都应当以劳动定额为依据。劳动定额制定后，就要维护其严肃性。因定额不准或生产情况发生变化确需要增加工时的，须经定额管理人员核实和同意，不得随意改变定额。

3．劳动定员定额标准

劳动定员标准，是指根据一定的技术组织条件制定的，关于不同企业的同类型岗位在人员配备方面的统一规定。其内容包括企业各类人员数量或比例以及影响定员的有关因素的规定。它所表示的定员水平，应当具有先进合理性。所谓先进，是指与历史上最好水平相比较，定员相对较少，非生产人员比例相对较小，机构精干，劳动组合结构优化，劳动效率高；所谓合理，是指切实可行，既不落后，又非高不可攀能保证生产经营正常需要，使每个职工的工作保持满负荷。

劳动定额标准，是指在典型的技术组织条件下通过技术测定，制定的典型劳动作业或代表性产品的工时消耗或产量的标准数据。它所确定的定额水平，应当具有平均先进性。即是说，它所规定的劳动消耗水平应当是在正常的技术组织条件下，经过努力，多数人可以达到或超过、少数人可以接近的水平。劳动定员定额标准经批准发布，即具有法律效力。企业制定劳动定员定额，应当以劳动定员定额标准为依据和参考；劳动行政部门企业主管部门和有关部门，审查、核定或审批企业定员定额，考核企业定员定额水平，指导企业定员定额工作，必须以劳动定员定额标准为依据和尺度。

劳动定员定额标准由国家标准、行政标准、地方标准和企业标准所组成，其中的国家标准、行业标准和地方标准，可划分为强制性标准和推荐性标准。就劳动定员标准而言，一般为推荐性标准。就劳动定额标准而言，一些主要的劳动定额技术术语、符号、代号（含代码）和文件格式，以及通用的劳动定额制定方法、检验方法等劳动定额基础标准和方法标准，应列为强制性标准；其他劳动定额标准，一般应列为推荐性标准。

劳动定员定额标准属于管理性劳动标准，它对企业的约束不同于保障性劳动标准。其特点主要在于：

（1）企业对劳动定员定额标准的执行须有一个前提，即企业已经具有或者有义务提供与被执行标准相对应的技术组织条件。

（2）企业只有在具备足以突破劳动定员定额标准所规定定员定额水平的技术组织条件时，才可以实行高于劳动定员定额标准的劳动定员定额。

（3）企业实际具有的技术组织条件尚不够劳动定员定额标准所设定的技术组织条件

时，劳动定员定额标准对企业仅是一种示范，企业应将劳动定员定额标准列入其整顿和发展的目标。

4.3.2　劳动岗位规范制定规则

劳动岗位，即有确定的职责、任务和手段的生产、工作位置。劳动岗位规范，是指企业根据劳动岗位的特点对上岗职工提出客观要求的综合规定。在劳动组织工作中，它是安排职工上岗和签订上岗合同的依据，以及对职工进行岗位考核的尺度。

劳动岗位规范的内容，按规定，一般应由下述四部分构成：

1．岗位名称

根据岗位的特点确定岗位名称。

2．岗位职责

岗位职责即劳动岗位的职能和在岗职工所负的责任。一般包括岗位的职能范围和工作内容、在规定时间内应完成的工作数量和质量、本岗位与其他岗位的关系。

3．生产技术规程

生产技术规程是企业为执行国家、行业、地方、企业技术标准和保障生产秩序，就如何保证产品质量、设备有效使用和安全生产等方面所做的具体规定，包括生产工艺规程、操作规程、设备维修规程和检修规程及安全技术规定等有关内容。

4．上岗标准

上岗标准是职工履行岗位职责所必备的自身条件。主要包括政治思想和职业道德、文化程度、专业知识和实际技能、工作经历、身体条件等五方面的内容。

企业制定劳动岗位规范所应遵循的原则，主要是：

（1）应当根据岗位的特点确定岗位规范的内容和水平，使岗位规范能够科学、准确地反映本岗位对上岗职工的实际要求。

（2）岗位规范的内容应当贯彻国家有关法规、政治，并与企业内部规章制度相协调。

（3）岗位规范应符合标准化要求。岗位规范的内容和形式要参照国家有关标准化的规定，并符合企业管理标准化的要求。编写岗位责任中"在规定时间内应完成的工作数量和质量"时，凡是有适用于本企业的劳动定员定额标准的，应当按标准编写；制定特种企业人员的岗位规范，应严格执行国家标准中的有关规定。

（4）岗位规范的内容应当定量描述与定性描述相结合，并尽量采用定量描述，使之具有可操作性。

（5）岗位规范在一定时间内要保持相对稳定，同时要随着企业生产发展和技术进步，以及企业劳动管理的改善，适时进行修改和补充。

制定劳动岗位规范的程序中应包括的特殊环节，主要有：

（1）科学地划分和设置岗位，把工作性质、业务范围和工作任务相近的岗位适当归类和合并，形成科学的系列，并编制岗位分类目录。

（2）在划分和设置岗位的基础上，确定岗位职责，明确岗位标准内容的构成和各项必备要素的水平。

（3）企业劳动人事职能机构会同教育、技术、生产、安全等机构聘请有关工程技术人员、技师组成专门的编审组织，进行岗位规范的编写和审核工作。

（4）编审后的岗位规范由企业组织有关专家进行可行性论证和评估，以保证岗位规范的科学性。

为了加强对劳动岗位规范制定的宏观管理，国家规定劳动部对岗位规范的制定工作负责进行宏观指导和综合协调，并制定有关方针政策；各省级和中心城市劳动部门，以及国务院有关部门和直属机构的劳动人事职能部门，负责提出本地区、本部门制定岗位规范的意见，并组织试点、经验交流和推广工作；国务院有关行业主管部门可以根据实际需要，制定本部门（行业）的标准性岗位规范。

4.3.3 优化劳动组合规则

优化劳动组合，又称合理劳动组织，简言之，即用择优的方法，对企业的劳动组织进行再构造，使企业的劳动力配置得以合理。它是企业根据生产经营需要，在先进合理的劳动定员的基础上，对经营管理人员、技术人员和工人通过考核考试进行聘用或组合上岗，建立企业与职工之间相互依存、职工与职工之间团结协作的劳动关系，形成适合生产工作需要、结构合理的劳动组织。实行优化劳动组合，必须坚持"公开、平等、择优"的原则。"公开"，是将组织方案、政策措施、岗位规范、考试考核结果等，公布于众。"平等"，是保障全体职工在机会均等的条件下竞争工作岗位。为此，要打破干部与工人的界限以及不同用工形式的界限，只要符合条件，均可参加任何一个岗位的竞争。符合条件的工人可担任企业经营管理工作，不符合条件的经营管理人员落聘后应参加工人的劳动组合。在组织过程中，应同等对待男女职工，不得歧视女职工。"择优"，是企业依据岗位标准，根据各类岗位特点，采取相应的考试考核办法，择优组合。凡适合残疾人从事生产、工作的岗位，有残疾职工能坚持正常生产、工作的，经考试考核合格，应予组合。

实行优化劳动组合的程序，应包括以下主要环节：

（1）做好实行优化劳动组合的基础工作。包括调整组织机构和劳动岗位设置，制定和完善劳动定员定额和岗位规范，建立和健全有关规章制度。

（2）制定优化劳动组合方案。该方案应由企业行政拟订，经职代会讨论通过，报企业主管部门和劳动行政部门审查认定，最后由企业行政公布。

（3）确定管理机构和生产机构正职负责人。管理机构和车间一级中层生产机构正职负责人由厂长（经理）确定，但财务、审计等监督机构正职负责人的确定，应事先征得有关部门同意。基层生产机构正职负责人，由中层生产机构正职负责人确定。各机构正职负责人只能从考试考核合格者中，通过竞争，择优确定。

（4）公开各机构劳动组合条件并组织考试考核。

（5）双方选择，自由组织。由各机构正职负责人与考试考核合格者双方相互选择，在定员限额内自由组合。

（6）全员签订上岗合同。企业分别与组合上岗的各个职工，按平等、自愿和协商一致的原则，签订上岗合同。

（7）动态组合。上岗合同期满，应重新进行考核，择优上岗；合同期未满，如不胜任本岗位工作，应予解除合同上岗。对于实行优化劳动组合过程中未被组合的富余职工的安置，国家规定，应遵循企业自行安置为主、社会帮助安置为辅，保障富余职工基本生活的原则。依此原则，国家要求，企业应当采取拓展多种经营、组织劳务活动、发展第三产业、综合利用资源和其他措施，安置富余职工；企业主管部门、劳动行政部门和工会组织应当指导、帮助和支持企业做好富余职工安置工作，并积极创造条件，培育和发展劳动力市场，开辟社会安置渠道。

4.4　劳动纪律制定和实施规则

劳动纪律，是指用人单位依法制定的，全体职工在劳动过程中必须遵守的行为规则。它要求每个职工都必须按照规定的时间、地点、质量、方法和程序等方面的统一规则完成自己的劳动任务、实现全体职工在劳动过程中的行为方式和联系方式的规范化，以维护正常的生产、工作秩序。凡是在集体劳动的场合，都必须有劳动纪律；没有劳动纪律，便没有社会化大生产。

【知识拓展】

为了规范劳动纪律的制定和实施，特别是为了防止用人单位滥用惩罚权，有的立法例对制定和实施劳动纪律的基本准则做了明确规定。例如，《巴林劳工法》规定，纪律规定的制定和实施，得符合下列原则：① 明确规定工人的违反规定行为及严重程度；② 按照违反规定的严重程度列出各种惩罚；③ 对同一违反规定的行为只能给予一次惩罚；④ 除非违反规定的行为与工作有关，否则不得因工人在工作地点之外所犯的任何违反规定的行为惩罚工人；⑤ 对一个违反规定行为的罚款，每一个月不得超过5天工资数，同时任何罚款的扣除亦不得在一个月内超过5天工资数；⑥ 在工人违反规定行为之日起30天后，方才被揭发，即不予追究；同样，工人犯有刑事性质的行为如过了法律的有效期亦不予以追究；⑦ 在确认工人犯有违反规定行为之日起15天后或者过了平常发工资日期后，不得惩罚工人。这些规定，值得我国劳动纪律立法所借鉴。

4.4.1　劳动纪律的内容

劳动纪律的内容，一般应当包括：时间纪律，即职工在作息时间、考勤、请假方面的规则；组织纪律，即职工在服从人事调配、听从指挥、保守秘密、接受监督方面的规则；岗位纪律，即职工在完成劳动任务、履行岗位职责、遵循操作规程、遵守职业道德方面的规则；协作纪律，即职工在工种之间、工序之间、岗位之间、上下层次之间的连接和配合方面的规则；安全卫生纪律，即职工在劳动安全卫生、环境保护方面的规则；品行纪律，即职工在廉洁奉公、爱护财产、厉行节约、遵守秩序、关心集体方面的规则；其他纪律。

制定劳动纪律，应当按照下述基本要求确定其内容：

1. 合法

合法即劳动纪律只能在法律允许的范围和程度内约束职工的行为，不得非法限制和剥夺职工依法享有的权利和自由，对违纪职工不得采用法定限制度外的惩罚措施。

2．全面

全面即对各种岗位的职工都制定相应的劳动纪律，使劳动纪律成为全面约束劳动过程中各种劳动行为的规范体系。

3．宽严一致

宽严一致即劳动纪律对各种职工在宽严程度上应当采用一致标准，使各种劳动者都受到同等力度的约束，而不能对有的劳动者采用严厉的纪律，对有的职工则采用宽松的纪律。

4．结构完整

结构完整即按照社会规范所应有的逻辑结构制定劳动纪律，在劳动纪律中应当含有完整的构成要素，即适用条件、行为模式以及遵纪和违纪后果。

4.4.2 劳动纪律的实施

劳动纪律的实施，即劳动纪律的遵守和执行。根据我国劳动关系的性质和企业实施劳动纪律的实践，在立法中应当确立和体现以下两项原则：

1．思想政治工作与经济手段相结合

思想政治工作与经济手段相结合即一方面通过对职工进行思想政治教育，帮助职工树立正确的劳动态度和纪律观念，培养和提高职工遵守劳动纪律的自觉性；另一方面运用经济手段鼓励和促使职工遵守劳动纪律，将职工的守纪状况与经济利益挂钩，以提高职工遵守劳动纪律的积极性和责任感。贯彻此项原则的重点，就是要实行奖惩结合并且以奖为主，其中，奖励应当精神奖励与物质奖励相结合并且以精神奖励为主，惩罚应当教育与惩罚相结合并且以教育为主。

2．自主奖惩与依法奖惩相结合

自主奖励即用人单位有权自主决定对模范守纪者的奖励和对违纪者的惩罚，这是在社会主义市场经济体制下微观劳动管理自主权的重要内容。依法奖惩，即用人单位必须严格遵循法定的奖惩规则对职工进行奖惩，而不得滥用奖惩权。对符合获奖条件而依法享有获奖权的职工，用人单位对其负有依法授奖的义务，凡应奖而不奖或授奖不当，都属于违法，必须纠正。对违纪职工，用人单位所给予的纪律处分，在条件、形式、轻重和程序上都必须符合法定要求。凡违法处罚职工的，都应当承担法律责任。

在实施劳动纪律诸项措施中，奖励和惩罚尤为重要。为保障劳动纪律的实施，我国立法就奖励和惩罚的条件、形式和程序作了专门规定。根据法定的奖励规则，对职工给予奖励的必备条件一般包括：职工具备获奖主体的法律资格；职工已实施列入奖励范围的行为；该行为已产生并达到获奖标准的积极后果。根据法定的惩罚规则，对职工给予纪律处分的必备条件一般包括：职工具有责任能力；职工已实施违纪行为并造成一定的危害后果；职工违纪经批评教育无效。

为了有效防止用人单位滥用惩罚权和保护职工（尤其被惩罚者）合法权益，要求用人单位严格遵循纪律处分程序至为关键。根据我国现行立法和实践，纪律处分程序中须包括下述几个环节：

（1）调查取证：即调查违纪事实，并取得证明违纪事实的证据，尤其应当明确由处罚者负举证责任。

（2）进行批评教育：即针对违纪行为对违纪者进行批评教育，并给予一定的要求其改正违纪行为的预警期（如留用查看期、辞退警告期）。

（3）经正式会议讨论：即根据违纪事实的认定和纪律处分的初步决定。

（4）征求工会意见：即应当向工会征求对纪律处分的意见，工会认为纪律处分不适当或者违反劳动法规、集体合同、内部劳动规则或劳动合同的，有权提出意见或者要求重新处理。

（5）听取本人申辩：即应当告知违纪者有申辩权，并听取其本人对违纪事实认定和纪律处分决定的申辩意见。

（6）报请审查或批准：对有法定特殊要求的职工（如工会干部、职工方集体谈判代表等）进行纪律处分，应当报请有关机构或组织审查或批准。

（7）制定并公布或送达书面纪律处分决定。

（8）上报当地劳动部门或其他有关机构（组织）备案。

4.5　法律责任

4.5.1　用人单位制定违法劳动规章制度的法律责任

《劳动法》第八十九条规定："用人单位制定的劳动规章制度违反法律、法规规定的，由劳动行政部门给予警告，责令改正；对劳动者造成损害的，应当承担赔偿责任。"其他有关法规对此亦有规定。用人单位制定的劳动规章制度不符合法律法规和集体合同的规定，即为违法劳动规章制度，用人单位有义务主动或者应劳动者和工会的要求予以改正；劳动行政部门有权责令用人单位改正，逾期不改的，应给予通报批评。违法劳动规章属于无效劳动规章，自制定之日起就不能作为确定劳动者权利和义务的依据。在其实施过程中侵害劳动者合法权益，而使其遭受损失的，应当由用人单位予以赔偿。

4.5.2　劳动者违反劳动纪律的法律责任

劳动者违反劳动纪律的法律责任，主要包括纪律处分（或称纪律责任）、赔偿责任和构成犯罪者的刑事责任。其中，纪律处分有的国家以立法规定为主，有的国家则以内部劳动规则规定为主；赔偿责任一般以立法规定为主；刑事责任只能由立法规定。

1. 纪律处分

1）纪律处分的立法模式

纪律处分，一般是指用人单位依据劳动法规和劳动纪律对违纪劳动者实施的处罚措施。纪律处分立法是内部劳动规则立法的重要组成部分，其任务和内容因内部劳动规则立法的模式不同而有差别。在实行授权式内部劳动规则立法的国家，立法对纪律处分规则一般不直接规定，而是授权用人单位依法自主规定，并且授权用人单位单方解除严重违纪者的劳动合同。市场经济国家大都如此。其理论依据主要有，劳动纪律是劳动合同内容的一部分，劳动者违纪也即违约，纪律处分是用人单位追究违约责任的一种方式，最严厉者莫过于单方解除违纪者劳动合同（惩罚性辞退）。所以，立法只需对违约责任作出规定即可，不必对纪律处分再作规定。在实行纲要式内部劳动规则立法的国家，立法对纪律处分规则做出纲要式规定，以此作为用人单位制定纪律处分具体规则的依据和实施纪律处分的准则。计划经济国家均如此。究其原因，主要是，在计划经济体制下，几乎不存在劳动合同，用人主体实质上是国家，因而，通常由国家直接通过立法规定纪律处分规则，企业则作为国家职权的执行机构，代表国家对违纪者实施纪律处分。故许多纪律处分措施往往被称为"行政处分"。

我国关于纪律处分的立法，目前处在过渡阶段。一方面，以往制定的关于纪律处分的法规，如《企业职工奖惩条例》和《国营企业辞退违纪职工暂行规定》，现在仍然在一定范围内适用；另一方面，《劳动法》等法规授权用人单位制定劳动纪律，把劳动纪律规定为劳动合同必要条款，并规定用人单位对严重违纪者有权解除合同。本书认为，由立法规定纪律处分规则，对于防止用人单位滥用纪律处分权，规范纪律处分行为，确有积极意义；且我国原有的纪律处分立法中，仍含有某些合理内容。所以，我国有必要按照社会主义市场经济的要求，修改和完善纪律处分立法，授权用人单位在劳动者参与下制定纪律处分具体规则，并通过劳动合同予以确认；同时，对纪律处分的严厉形式（如强制解除劳动合同、罚款）做出限制性规定，将纪律处分程序中的某些有助于防止滥用纪律处分权的环节规定为必经程序，但对纪律处分的条件和一般形式只作原则性或示范性规定即可。

2）纪律处分的原则

在纪律处分的立法和实践中，应当体现下述原则：

（1）教育为主、惩罚为辅原则。它赋予用人单位开展纪律教育的职责，表明惩罚不是目的而是教育劳动者遵守纪律的手段，在经批评教育无效的情况下才给予适当惩罚，要求对违纪者重在教育，并且把违纪者的认错态度和悔改表现作为影响惩罚轻重的一个重要因素。

（2）惩罚适当原则。即惩罚应当与违纪行为相适应。它要求，只对违反劳动纪律者才给予惩罚，如果劳动者只是违反与劳动纪律无关的道德、法律和政策规范而未违反劳动纪律，就不应当依据劳动纪律给予处罚；对违反劳动纪律者的惩罚轻重程度，应当同违纪轻重程度对应，并且不得超出法定的严厉限度。

（3）一事不再罚原则。即对劳动者的违纪行为已依法给予纪律处分或决定免予纪律处分的，就不得再给予纪律处分；在对劳动者的现行违纪事实进行处罚时，就不应当连同以往已处罚过的违纪行为一并处罚。

（4）过时不罚原则。即劳动者的违纪行为实施后或者被查明后经过一定期限未给予纪律处分的，就不予以追究。申言之，对于超过规定追究期限的违纪行为，只要在规定追究期限内劳动者不再违纪，就表明已达到促使违纪者改正错误、遵守纪律的教育目的，而不必要给予惩罚。

3）应受纪律处分的违纪行为

对于应受纪律处分的违纪行为，用人单位应当在内部劳动规则中具体规定，立法也可对此用原则性规定。在我国现行立法中，列举规定了下述应受纪律处分的行为：（1）经常迟到、早退、旷工、怠工，没有完成本职任务的；（2）无正当理由不服从工作分配和调动、指挥，或无理取闹、聚众闹事、打架斗殴、影响正常秩序的；（3）玩忽职守，违反技术操作规程和安全、卫生规程，或违章指挥，造成事故，致使生命财产遭受损失的；（4）工作不负责任，经常生产废品，损坏设备工具，浪费原材料、能源及其他资财，造成经济损失的；（5）服务态度很差、经常与顾客吵架或损害消费者利益的；（6）滥用职权，违反政策法规、财经纪律，偷漏税，截留利润，滥发奖金，损公肥私，使国家和企业遭受经济损失的；（7）贪污盗窃、投机倒把、走私贩私、行贿受贿、赌博、营私舞弊、敲诈勒索以及其他违法乱纪行为的；（8）犯有其他严重错误的。

4）纪律处分的形式

纪律处分的形式，依其是否直接以经济利益为内容，可大致分为经济处罚和非经济处罚两大类。经济处罚，是直接使违纪劳动者承受经济利益方面不利后果的处罚，或者表现为强制劳动者支付一定财产，如罚款、没收等；或者表现为强制劳动者丧失或减少一定可得财产，如扣发或停发工资报酬、不发经济补偿等；其中最严厉的形式是罚款。非经济处罚，是直接使违纪者承受非经济利益方面不利后果的处罚，它往往间接地有损于承受者的经济利益，但不直接表现为财产的给付、丧失或减少。主要表现为，承受精神上的谴责和警戒，如警告、记过、通报批评等。其中，最严厉者是强制解除劳动关系。在立法中，除了对最严厉的经济处罚形式和非经济处罚形式，在适用条件和标准上作限制性规定外，对其他形式一般只宜作示范性规定，有的甚至可不作规定。

关于强制解除劳动关系，我国现行立法的规定存在下述问题：

（1）形式或名称不统一。有开除、除名、强制辞退和强制解除劳动合同4种形式或称谓，实质上都是惩罚性的强制解除劳动关系。

（2）性质不明确。除了开除被规定为行政处分的一种形式外，除名、强制辞退和强制解除劳动合同的性质归属不明。

（3）适用条件几乎无差别。除了规定除名只适用于严重旷工外，关于开除、强制辞退、强制解除劳动合同各自适用条件的规定几乎无差别，都是对严重违纪者的惩罚。因此，立法中有必要把纪律处分中最严厉的非经济处罚形式统一规定为强制解除劳动合同（或称强制辞退），仅对国家机关公务人员仍规定为开除，都只适用于严重违纪者，至于严重违纪与一般违纪的界限，可由立法作原则性规定。

关于罚款，立法中应当规定对严重违纪者和较严重违纪者可并处罚款；并且，根据惩罚效果和劳动者一般经济承受能力，分档次规定与违犯严重程度相适应的罚款标准。

2．赔偿责任

劳动者违反劳动纪律给用人单位造成经济损失的，应当承担赔偿责任。但这种赔偿责任不宜适用等额（或称全额）赔偿原则，而应当实行合理（又称酌情）赔偿原则。即劳动者对其违纪行为所造成原经济损失，不是一律要求赔偿全部实际损失额，而是考虑实际损失额大小、违纪情节轻重、认错态度和悔改表现、经济承受能力等因素，酌情要求给予适当数额或比例的赔偿，但也不排除在本人经济承受能力限度内的与实际损失额相等的赔偿。之所以实行合理赔偿原则，其理由主要在于：

（1）劳动者违纪给用人单位所造成的经济损失往往数额大，要求全额赔偿远远超出劳动者个人的经济关系承受能力，从而使全额赔偿成为不可能。

（2）根据工资支付保障的法律规定，从劳动者本人工资中扣除其应付赔偿金每月不得超过月工资的20%，这就使得在发生大额实际损失的情况下，难以执行全额赔偿责任。

（3）劳动过程中的风险应当由用人单位承担而不由劳动者承担。这是因为，在劳动关系中，用人单位作为生产资料的占有者和劳动力的使用者，既有权支配劳动者的劳动又有权取得劳动所创造的利润，当然应当承担劳动过程中的风险；而劳动者只是劳动力的提供者，由用人单位组织参与劳动过程，所取得的是作为生活消费品分配形式的劳动报酬，一般不以劳动者身份分享劳动所创造的利润，这样，使用劳动力的风险，同劳动过程中发生的其他风险一样，用人单位也有责任承担。所以，劳动者违纪所造成的经济损失，应当由用人单位承担与其风险责任相对应的一部分。

（4）按照教育与惩罚相结合的原则，对过失违纪者和认错态度好或有悔改表现的违纪者，适当减轻其赔偿责任，有利于对劳动者的思想教育和劳动关系的协调。

正因为如此，立法应当按照合理赔偿原则的要求，规定如何确定赔偿标准的规则，其中应包括赔偿的高标准和确定具体赔偿标准需综合考虑的因素。劳动者违纪的赔偿金可从本人工资中扣除，但这种扣除应不限制在能保障劳动者基本生活需要的数额内。对此我国规定，每月扣除的部分不得超过劳动者工资的20%，且扣除后的剩余部分不得低于当地最低工资标准。

思考题

1. 简述用人单位内部劳动规则的概念。
2. 简述用人单位制定内部劳动规则的程序。
3. 内部劳动规则具有效力的必要条件。
4. 试述劳动定员定额标准。
5. 试述劳动纪律的内容。

案例分析

黄某是某炼钢厂的锅炉工，2015年8月经招工录用到该厂工作，上岗前未经专门的技能培训即马上投入工作。2016年2月，由于操作环节上的失误，黄某所在炼钢车间的锅炉发生爆炸，正在炉前工作的黄某当场被炸成重伤，经抢救诊断，70%以上的皮肤均为一级烧伤。黄某家属要求炼钢厂支付黄某的医药费，并给予经济上的赔偿。炼钢厂在支付完黄某的抢救费用后便拒绝支付其他费用，理由是黄某的受伤完全是因为他个人违反有关操作规程所致，应当由自己负责。由于治疗费用高昂，黄某家里无力支付，便向法院提起诉讼，要求该炼钢厂支付医药费并给予经济补偿。经法院调查，上述情况均属实。

试分析：

该案法院应当如何处理？

第5章 工作时间和休息休假

【开篇案例】

费女士自2008—2016年在合肥某大厦客房部做服务员，其间未享受到国家规定的年休假。2016年12月，因大厦经营不善，要求与费女士解除劳动合同。在解除劳动关系时，费女士才了解到，同事都领取了未休年休假工资补偿。在与单位协商未果后，费某诉至法院讨要未休年休假工资补偿。后在法院调解下，大厦一次性支付费某3 500元补偿。

根据相关劳动法律法规，劳动者享有带薪休假的权利，用人单位因工作需要不安排劳动者休年休假的，应当征求其本人的意见，并对其应休年休假每天按当年日工资收入的300%给予补偿。

5.1 概 述

5.1.1 工作时间和休息时间的概念和划分

工作时间，又称法定工作时间，是指劳动者为履行劳动义务，在法定限度内应当从事劳动或工作的时间。它含有以下几个要点：工作时间是劳动关系中劳动者为用人单位履行劳动义务而从事劳动或工作的时间；工作时间的长度由法律直接规定，或者由集体合同和劳动合同依法约定；劳动者不遵守工作时间要承担的法律责任。其表现形式有工作小时、工作日和工作周3种，其中工作日即在一昼夜内的工作时间，是工作时间的基本形式。

休息时间又称法定休息时间，是指法定的劳动者免于履行劳动给付义务而自行支配的时间。它包含以下几个要点：劳动者在休息时间免于履行劳动给付义务，即不必为用人单位从事劳动或工作；休息时间由劳动者自行支配，是劳动者实现休息权的必要保证；劳动者在休息时间内的生活保障由用人单位提供；用人单位不得非法占用劳动者的休息时间，如需依法占用，应当给予特别补偿。

工作时间的范围，不仅包括作业时间，还包括准备工作时间、结束工作时间以及法定非劳动消耗时间（如劳动者自然需要中断时间、工艺需要中断的时间、停工待活时间、女职工哺乳婴儿时间等）；不仅包括在岗位上工作的时间，还包括依据法规或单位行政安排离岗从事其他活动的时间。休息时间的范围，包括日常休息时间和休假，前者即工作日内不计入工作时间的间歇时间（如用餐时间、午休时间）和计入工作时间的间歇时间（即法定非劳动消耗时间），以及相邻两个工作日之间的休息时间和相邻两个工作周之间的休息时间（即周休日）；后者即劳动者依法享受的各种假日。可见，在工作时间和休息时间之间，一方面既能明确界定范围，另一方面又有一定交叉，存在计入工作时间的休息时间。

【知识拓展】

在一定的自然时间内，工作时间与休息时间是一种此长彼短、此短彼长的关系。对劳动者来说，工作时间是支出劳动力的量化形式，休息时间是恢复和增强劳动力的必要时间，二者之间是劳动力的使用和再生产的关系。所以，二者的划分，应当坚持下述原则：① 保护劳动者身体健康和休息权。工作时间的长度和工作班的安排，不得损害劳动者的身体健康，必须保障劳动者休息权的实现。② 有利于提高劳动效率。要正确处理这两种时间与劳动效率的关系，把工作时间的长度限定在足以保证劳动效率达到较高水平的限度之内，使劳动者有足够的休息时间来恢复劳动力和提高自身素质，从而提高劳动效率。③ 与经济发展和人民生活水平相适应。随着经济发展和人民生活水平的提高，各国的工作时间呈缩短趋势。我国工作时间长度的确定，应当从我国实际情况出发，在经济发展的基础上，不断满足人们日益增长的物质和文化生活需要。因而，国家规定的工作时间长度界限只具有相对意义，应允许地方、部门和单位根据需要和可能进一步缩短工作时间。

5.1.2 工时立法的起源和发展

工时立法，起始于工业革命以后，在其历史发展过程中，意义最为重大的就是8小时工作制的确立。

最早的工厂立法中，限制童工、女工最高工时是其主要内容之一，随后扩展到对成年男工工时的限制。但当时立法上所限定的工时都在8小时以上，如法国1848年规定为不得超过12小时，瑞士1877年、奥地利1885年规定为不得超过11小时。

8小时工作制是工人阶级长期争取的目标。英国空想社会主义者罗伯特·欧文早在1817年8月就把8小时工作制作为其设想的"理想社会"制度的一项重要内容。1833年，在欧文的支持下，具有同情心的工厂主约翰·菲尔登第一次提出了在现存制度下实行8小时工作制度的改良计划，甚至组织大规模请愿活动，呼吁工厂主、议会和政府推行8小时工作制。1866年第一届国际日内瓦代表大会，根据马克思的倡议，提出了"8小时工作、8小时自己支配、8小时休息"的口号，要求各国制定法律予以确认。1884年，美国和加拿大的8个国际性和全国性的工人团体在芝加哥城集会，决定举行总同盟罢工，以求实现8小时工作制。1886年5月1日，美国芝加哥20万工人举行大罢工，要求实现8小时工作制，经过流血斗争，终于获得了8小时工作制的权利。

关于8小时工作制的立法，最早出现在1908年的新西兰，当时提出了"8小时工作、8小时休息、8小时睡眠"的原则。到第一次世界大战以后，欧洲各国的劳工立法才大多以8小时工作制为原则，如德、奥、捷克、卢森堡等国于1918年采用，法、挪、丹、西、波、葡和瑞士于1919年采用。1919年的"国际劳动宪章"中规定，工厂的工作时间以每日8小时或每周48小时为标准、每周至少有一次连续24小时休息，并尽量以星期日为公休日。同年举行的第一届国际劳工大会通过了工业劳动一日8小时的公约。1921年的第三届国际劳动大会通过了工业实行每周休息公约。这两个公约得到许多国家批准。此后，8小时工作制才成为标准工时制度。在我国，自中华人民共和国成立以来一直实行8小时工作制。

从20世纪三四十年代开始，有些国家开始实行每周5日40小时工作制。1935年第19届国际劳工大会通过了每周工时减至40小时的第47号公约。许多工业发达国家先后实行了40小时或40小时以下的工作周制。据国际劳工局1985年统计，在150个成员国中，有80个国家的周工时不到48小时，其中大部分为40小时。近年来一些发达国家的周工时已减至35小时左右，最短的周工时在北欧等国只有30小时，据国际劳工局1984年统计，46个发展中国家有28个国家周工时为40～44小时，其余仍为48小时。在我国，工时立法一直是劳动立法的重要组成部分。现行工时立法主要有《劳动法》中的"工作时间和休息休假"专章和《国务院关于职工工作时间的规定》（1995年修订）及其《实施办法》（1995年劳动部、人事部分别制定）、《全国年节及纪念日放假办法》（1999年修订）、劳动部《关于企业实行不定时工作制和综合计算工时工作制的审批办法》（1994年）等项法规。

5.1.3 工时立法的任务和内容

关于工时立法的任务，有两种观点。"单一保护任务说"认为，工时立法的任务就在于限制工时长度，保护劳动者的休息权。"保护和管理双重任务说"认为，工时立法除了负有上述保护任务外，在现代国家还负有从管理的角度规范工时组织和安排，以提高工时利用效率的任务。本书认为，赋予工时立法以管理任务，在现代经济中确有一定必要性，但保护任务作为工时立法的传统任务，应当是现代工时立法的主要任务，管理任务只宜置于次要地位。

基于上述任务，工时立法的主要内容应当包括下述几方面：（1）规定最高工时标准，即规定工时上限，允许在集体合同和劳动合同中约定在此限度内缩短工时长度；（2）规定最低休息时间标准，即只规定休息时间的下限，允许在集体合同和劳动合同中约定在此基础上增加休息时间；（3）规定作息办法，为工作时间和休息时间的组织和安排提供规范；（4）规定工时延长制度，限制工时延长和设定工时延长补偿标准；（5）规定侵犯劳动者休息权的法律责任。

5.2 最高工时标准和工时形式

5.2.1 最高工时标准

最高工时标准，又称法定最长工时，是指法律规定的在一定自然时间（一日或一周）内工作时间的最长限度。它有法定日最长工时和周最长工时两种形式。

根据我国现行立法规定，日最长工时为8小时，即劳动者每日工作时间不得超过8小时；周最长工时为40小时，即劳动者平均每周工作时间不得超过40小时。最高工时标准是法定的强制性标准，其法律效力主要表现在：① 在全国范围内应当普遍执行最高工时标准，除了具备法定特殊情形外，用人单位不得突破法定最长工时的限制；② 对实行计件工资的劳动者，用人单位应当根据日或周最长工时，合理确定其劳动定额和劳动报酬；③ 企业因生产特点不能按照法定日和周最长工时的要求实行作息办法而采用其他工时形式的，必须符合法定条件，并且履行法定审批程序；④ 实行综合计算工时工作制的，其平均日（周）工时应当与法定日（周）最长工时基本相同；⑤ 用人单位不遵守最高工时标准、违法延长工时的，应当追究法律责任。

各国关于最长工时的立法表明，缩短法定最长工时，已成世界性趋势。

【知识拓展】

我国法定周最长工时，中华人民共和国成立后曾为48小时，从1994年3月1日起缩短为44小时，从1995年5月1日起又进一步缩短为40小时。实践表明，缩短工时，对于增加就业，发展第三产业乃至整个国民经济，提高劳动者自身素质和生活水平，提高劳动效率，都具有重要意义。

5.2.2 工时形式

1. 标准工时形式

标准工时形式，又称标准工时，是指法定的在正常情况下普遍适用的，按照正常作息办法安排的工作日和工作周，即标准工作日和标准工作周。其主要特点是：它以正常情况作为其适用条件；它普遍适用于一般职工；它是按正常作息办法安排工时，属于均衡工作制；它一般以法定最长工时作为其时间长度，我国规定为每周5个工作日，每个工作日8小时；它被作为确定其他工作日长度的基准。

2. 非标准工时形式

非标准工时形式，又称非标准工时制，是指法定只适用于特殊情形，并且工时长度和作息办法都不同于标准工时制的工时形式。我国立法对非标准工时形式规定了下述内容：

1）关于非标准工作日的类型和适用范围

（1）缩短工作日及其适用范围。缩短工作日，是指法定在特殊条件下实行的工作时间少于标准工作日长度的工作日。在我国，目前允许实行缩短工作日的情形限于下述几种：① 特定的岗位。从事矿山井下作业、高山作业、严重有毒有害作业、特别繁重和过度紧张的体力劳动的职工，每个工作日的时间要少于8小时。②夜班。实行三班制的企业，从事夜班工作的时间比白班减少1小时。在这里夜班一般是指在当日晚上10点至次日早晨6点之间当班。③哺乳期女工。哺乳未满周岁婴儿的女职工，每班工作时间内可哺乳两次（含人工喂养），每次30分钟；多胞生育的每多哺乳一婴儿，每次哺乳时间增加30分钟；一班内两次哺乳可以合并使用。哺乳时间和哺乳往返时间算作工作时间。④未成年工和怀孕女工。未成年工应实行少于8小时工作日制度。怀孕7个月以上女职工，在正常工作时间内应安排一定的休息时间。

（2）延长工作日及其适用范围。延长工作日，是指法定在特殊条件下实行的超过标准工作日长度的工作日。它适用于从事受自然条件或技术条件限制的季节性作业的职工，并且只能在一年中的某段时间（忙季）实行；以后应当以实行缩短工作日或者补休的方式，抵补超过标准工作日长度的工时，因而对实行缩短工作日者应当综合计算工时。

（3）不定时工作日及其适用范围。不定时工作日，又称不定时工作制，是指法定在特殊条件下实行的，每日无固定起讫时点，即不固定计算工作日长度的工作日。它可适用于下述几种职工：①高级管理人员、外勤人员、推销人员、部分值班人员和工作无法按标准工作时间衡量的其他职工；②长途运输人员、出租汽车司机和铁路、港口、仓库的部分装卸人员以及因工作性质特殊，需要机动作业的职工；③其他因生产特点、工作特殊需要或职责范围的关系，适合实行不定时工作制的职工。

（4）连续工作日及其适用范围。连续工作日，是指法定在特殊条件下实行的，两个以上工作日连续使用、相邻工作日之间无离岗休息时间的工作日。它只适用于交通、铁路、邮电、水运、航空、渔业等行业中，因工作性质特殊，需要连续作业的职工；它不是实行超过标准工作日长度的工作日，而是将两个以上标准工作日连续使用，即不间隔地连续两个以上工作日不离开岗位，其间应当享有的日常休息时间留在连续工作结束后集中享用，因而，对实行连续工作日者应当综合计算工时。

2）关于非标准工时形式的管理

为了加强对非标准工时形式的管理，我国作了下述规定：

（1）非标准工时形式只能在符合法定条件的情况下实行。现行法规对实行缩短工作日、不定时工作日、延长工作日和连续工作日，分别规定了各自必须具备的条件。另外，国家劳动和社会保障部规定，在市场竞争中由于外界因素影响而生产任务不均衡的企业，可以对部分职工参照实行非标准工时形式。

（2）实行非标准工时形式必须履行法定审批程序。中央直属企业实行标准工时形式，经国务院行业主管部门审核，报国务院劳动行政部门批准。地方企业实行延长工作日、不定时工作日、连续工作日的，按省级劳动行政部门制定并报请国务院劳动行政部门备案的审批办法，报请审批；实行缩短工作日的，经当地主管部门审核，报当地劳动行政部门批准。国家机关、事业单位实行非标准工时形式，由各省、自治区、直辖市和各主管部门按隶属关系提出意见，报国务院人事行政部门批准。

（3）实行非标准工时形式必须确保职工休息权的实现和生产、工作任务的完成。对实行除缩短工作日以外的其他非标准工时形式的职工，用人单位应当根据《劳动法》的有关规定，在保障职工身体健康并充分听取职工意见的基础上，可采用集中工作、集中休息、轮休调休、弹性工作时间等方式。

（4）实行非标准工时形式可综合计算工时。对实行延长工作日或连续工作的职工，以及其他适于综合计算工时的职工，可分别以周、月、季、年等为周期，综合计算工时，但其平均日工时和平均周工时应当与法定标准工时基本符合。

5.3　休　假

休假，即劳动者带薪休息，是法定的劳动者免于上班劳动并且有工资保障的休息时间。它是休息时间的重要组成部分。我国《劳动法》和有关法规所规定的休假，主要有下述几种。

5.3.1 法定节假日

法定节假日，是指根据国家、民族的传统习俗而由法律规定的在节日实行的休假。严格地说，法定节日并非专为劳动者规定的，但由于它涉及劳动者中断劳动以及用人单位得继续依法支付工资，所以，劳动法对此作了专门规定。

【知识拓展】

全体公民放假的节日：

元旦，放假1天（1月1日）。

春节，放假3天（农历正月初一、初二、初三）。

清明节，放假1天（清明当日）。

劳动节，放假1天（5月1日）。

端午节，放假1天（农历端午当日）。

中秋节，放假1天（农历中秋当日）。

国庆节，放假3天（10月1日、2日、3日）。

部分公民放假的节日及纪念日：

妇女节（3月8日），妇女放假半天。

青年节（5月4日），14周岁以上的青年放假半天（15～34岁的人为青年）。

儿童节（6月1日），不满14周岁的少年儿童放假1天。

中国人民解放军建军纪念日（8月1日），现役军人放假半天。

上述法定节假日中，凡属假日，如适逢星期六、星期日，应当在工作日补假。部分公民放假日，如果适逢星期六、星期日，则不补假。

5.3.2 年休假

年休假是指劳动者每年享有保留原职和工资的连续休假。许多国家的劳动法都明确规定，享受年休假是劳动者一项不容剥夺、也不许放弃的重要休息权；以支付经济补偿来代替年休假，被认为是违法行为；企业有义务根据职工要求和照顾生产需要适当安排年休假，一般不允许推迟到下一年享受；劳动者连续工作满1年，即有权享受年休假待遇；休假时间为6～30天，一般为20天左右，总的趋势是随着经济发展而逐步延长；对从事特别繁重或有害健康工作的劳动者，除按年限获得年休假外，还享有补加休假；年休假中，包括休假期间的周休日但不包括法定节假日；在年休假期内，一般不得被所在单位辞退或解除劳动合同。

我国在20世纪50年代初期，曾在部分职工中试行过假期为12天的年休假制度，但未能坚持贯彻。学校教职工的寒暑假制度，从事有害健康、特别繁重工作的工人每年集中一段时间休假的制度，实际上也是一种年休假制度。《劳动法》规定：国家实行年休假制度，劳动者连续工作满1年以上的，享受带薪年休假，具体办法由国务院规定。

年休假制度一般规定年休假的适用范围、享受条件、休假期限、工资待遇、具体使用办法等，其中最主要的是年休假的享受条件和休假期限。2007年国务院出台了《职工带薪年休假条例》，规定"职工累计工作已满1年不满10年的，年休假5天；已满10年不满20年的，年休假10天；已满20年的，年休假15天。

5.3.3 探亲假

探亲假，是指法定给予家属分居两地的职工，在一定时期内与父母或配偶团聚的假期。我国现行法规中关于探亲假的规定有下述主要内容：

1．享受探亲假的条件

凡工作满1年的职工，与配偶或父母不在一起居住，又不能在公休假日团聚的，可以享受探望配偶或父母的探亲假待遇。这里的"父母"，对已婚职工来说，仅限于职工本人的父母，而不包括职工配偶的父母（公婆或岳父母）。职工如果与父母一方能在公休假日团聚的，不能享受探望父母的探亲假待遇。

2．探亲假假期的分类

（1）职工探望配偶的，每年给予探亲假一次，假期为30天。

（2）未婚职工探望父母的，原则上每年给假一次，假期为20天；如果因工作需要，当年用人单位不能给假，或者职工本人自愿两年探亲一次的，可两年给假一次，假期为45天。

（3）已婚职工探望父母的，每4年给假一次，假期为20天。

（4）凡已实行周期性集中休假制度的职工（如学校教师），应在休假期间探亲，若休假较短，可由本单位适当安排，补足其探亲假天数。内地进藏职工在藏工作达1年半的，可回内地休假一次，其假期一般干部和工人为3个月，县级干部和八级以上工人为4个月，地级以上干部为5个月。

华侨、侨眷职工出境探望配偶，每4年以上一次的给假半年，不足4年的按每年给假1个月计算；未婚归侨、侨眷出境探望父母，每4年以上一次的给假4个月，每3年一次的给假70天，1年或两年1次的按国内其他职工同样处理。

5.3.4 其他假期

除了上述假期外，依规定还有女职工产假、职工婚丧假等。用人单位均应依法支付工资。例如《劳动法》第六十二条规定："女职工生育享受不少于九十天的产假"；根据原国家劳动总局、财政部发布的《关于国营企业职工请婚丧假和路程假问题的通知》的规定，职工的直系亲属(父母、配偶和子女)死亡时，可以根据具体情况，给予1~3天的婚丧假；等等。

5.4 延长工作时间

5.4.1 延长工作时间的概念和形式

延长工作时间，是指工作时间超出法定正常界限在休息时间范围内延伸，即职工在正常工作时间以外应当休息的时间内进行工作。它表现为两种形式：

1. 加班

加班是指职工在法定节假日或周休日进行工作。

2. 加点

加点是指职工在标准工作日以外又延长时间进行工作，即提前上班或推迟下班。可见，加班加点都是相对特定的工作日形式而言的，对实行标准工作日或缩短工作日者，才存在加班加点；对实行不定时工作日者，则不存在加班加点；对实行延长工作日或连续工作日者，在综合计算工时的结果是平均日（周）工时超过法定标准工时的情况下其超出部分应视为加班或加点，工作日正好是法定节假日的也应视为加班。

工作日的工时长度和上下班时间一般具有固定性，这虽然同生产、工作的常规需要相适应，却难以满足生产、工作的特殊需要，所以加班加点正是因为能够弥补这种不足而有存在的必要。但是，加班加点意味着挤占休息时间，与关于最高工时标准的规定相矛盾，因此，在工时立法中，对加班加点既允许又限制，并规定补充标准，以防止加班加点的滥用，保障劳动者休息权和有关权益的实现。

5.4.2 延长工作时间的限制

1. 延长工时的人员范围限制

我国立法规定，禁止安排未成年工、怀孕7个月以上的女工和哺乳未满周岁婴儿的女工加班加点。

2. 一般情况下延长工时的条件、程序和长度限制

1）延长工时的条件

在我国《劳动法》中，仅要求延长工时应当以"生产经营需要"为条件，但未明确规定"生产经营需要"的具体情形。在实践中，有必要由集体合同约定，或者由用人单位与工会共同界定"生产经营需要"的具体范围。

2）延长工时的程序

《劳动法》规定，用人单位由于生产经营需要而安排延长工时的，应当事先与工会和劳动者协商。即用人单位应当事先就加班加点的理由、工作量计算和所需职工人数，向工会说明，并征得工会同意。

3）延长工时的长度

《劳动法》规定，由于生产经营需要而延长工时的，一般每日不得超过1小时；因特殊原因需要，在保障劳动者身体健康的条件下每日不超过3小时，但每周不得超过36小时。

3. 延长工时不受程序、长度限制的特殊情形

根据《劳动法》和《国务院关于职工工作时间的规定》及其《实施办法》的规定，延长工时不受上述程序、长度限制的特殊情形有：① 发生自然灾害、事故或者因其他原因，使人民的安全健康和国家资财遭到严重威胁，需要紧急处理的；② 生产设备、交通运输线路、公共设施发生故障，影响生产和公众利益，必须及时抢修的；③ 必须利用法定节日或公休日的停产期间进行设备检修、保养的；④ 国家机关、事业单位为完成国家紧急任务或完成上级安排的其他紧急任务，以及商业、供销企业在旺季完成收购、运输、加工农副产品

紧急任务的；⑤ 为完成国防紧急任务，或者完成上级在国家计划外安排的其他紧急生产任务的；⑥ 法律、行政法规规定的其他特殊情形。

5.4.3 延长工时的补偿

立法关于延长工时补偿的规定，兼有职工利益补偿和限制延长工时双重功能。我国现行的延长工时补偿有两种形式，即补休和支付加班加点工资，对于法定节假日以外延长工时，应当优先采用补休形式。我国立法关于加班加点工资的规定，有下述主要内容：

1．加班加点工资的发放范围

国家机关、社会团体、事业单位的职工，企业中适用事假照发工资制度的职工，加班加点后只安排补休而不发放加班加点工资。企业中不适用事假照发工资制度的职工，在法定节假日以外休息时间加班加点后不能安排补休的，在法定节假日加班的，都应发给加班加点工资。劳动者在完成劳动定额或规定工作任务后参加用人单位安排的加班加点，才发给加班加点工资。企业由于生产任务不足或者未按计划完成生产任务，为了突击完成任务或者突击完成临时承揽的生产任务而加班加点的，不得发放加班加点工资。

2．加班加点工资的标准

《劳动法》规定，用人单位应当向职工支付高于正常工作时间工资的加班加点工资，其标准分别为：加点不低于正常工时工资的150%；周休日加班不低于正常工时工资的200%；法定节假日加班不低于正常工时工资的300%。

实行计件工资的劳动者在完成计件定额任务后的加班加点，分别按照不低于其本人法定工时计件单价的150%、200%、300%支付加班加点工资。在这里，作为计算加班加点工资基数的正常工作时间工资，有日工资和小时工资两种。日工资为本人月工资标准除以平均每月法定工作天数（实行每周40小时工作制的为21.16天）所得的工资额；小时工资为日工资标准除以8小时所得的工资额。

3．加班加点工资的管理

国家规定企业主管部门根据各企业的不同生产情况，应分别核定企业全年发放加班加点工资总额，并报当地劳动部门审批，同时还要抄送开户银行。企业发放的加班加点工资总额超过核定限额的部分，应从当年的奖金总额中予以扣除。凡未核定加班加点工资限额的，银行不得支付加班加点工资。企业主管部门、劳动行政部门对加班加点工资的发放必须加强监督，对滥发加班加点工资的单位和滥批加班加点工资的部门必须严肃处理并坚决纠正。

5.5 法律责任

工时法属于劳动基准法的一个重要组成部分，用人单位违反工时法必须依法承担相应的法律责任。《劳动法》规定："用人单位违反本法规定，延长劳动者工作时间的，由劳动行政部门给予警告，责令改正，并可处以罚款。"《违反〈中华人民共和国劳动法〉行政处罚办法》等法规对此作了进一步规定。用人单位违反工时法的法律责任主要有以下几类：

1．强迫延长工时的法律责任

用人单位未与工会和劳动者协商，强迫劳动者延长工作时间的，应给予警告，责令改正，并可按每名劳动者每延长工作时间1小时罚款100元以下的标准处罚。

2．超过法定时数延长工时的法律责任

用人单位在由于生产经营需要而延长工时的情况下，一日内延长工时超过3小时或一个月内延长工时超过36小时，应给予警告，责令改正，并可按每名劳动者每超过工作时间1小时罚款100元以下的标准处罚。

3．安排法定禁止延长工时人员延长工时的法律责任

用人单位安排在哺乳未满一周岁的婴儿期间的女职工和怀孕7个月以上的女职工延长工作时间和夜班工作的，应责令改正，并按每侵害一名女职工罚款3 000元以下的标准处罚。

4．拖欠、拒付加班加点工资或低于法定标准发放加班加点工资的法律责任

加班加点工资标准属于法定标准，用人单位无故拖欠，拒付加班加点工资或无故扣除而低于法定标准发放加班加点工资的，除应责令其在规定的时间内全额支付劳动者加班加点工资报酬、加发相当于加班加点工资报酬的25%的经济补偿金外，并可责令按相当于支付劳动者加班加点工资报酬、经济补偿总和的1～5倍支付劳动赔偿金。

思考题

1．工作时间规范的法律作用
2．简述最低工资的法律特点。
3．简要回答确定最低工资标准的原则是什么
4．简述最低工资标准的构成。
5．试述在社会主义市场经济条件下的工资制度的特点。

案例分析

1．丁某2014年进入上海某设计院工作，2015年7月23日结婚，其妻就职于深圳一家房地产公司，二人两地分居。2016年初，丁某向领导提出要休探亲假，领导未同意，两人发生争吵。2016年8月丁某再次提出休探亲假，领导劝其缓一段时间。同年11月丁某第三次提出休假探亲，恰逢设计院承接了一项紧急工程，工作十分紧张，因此又未获同意。丁某认为，个别领导故意刁难自己，按国务院的规定，其应当享有每年30日探望配偶的假期。加之探亲假一般不能跨年度使用，于是丁某留下一纸说明便赴深圳。因丁某的擅自出走，设计院的工程受到一定影响，未能在规定时间内完成。因此，设计院决定给予丁某行政警告纪律处分，并扣发探亲假期间的工资，探亲往返路费不予报销。对此，丁某不服，多次与单位交涉未果。2017年4月，丁某向当地劳动争议仲裁委员会申请仲裁。

试分析：

（1）劳动者因用人单位多次不批准自己探亲假，擅自离走探望的，是否可以享受探亲假待遇？

（2）本案应如何处理？

2. 黄某、李某和胡某是JL纺织厂的女工，三人均于2015年3月进入该厂并被录用为正式职工。2016年7月三人利用探亲假回安徽老家看望父母，假期结束后三人回厂上班，得知JL纺织厂由于效益低下，三人已经下岗在厂内待业。黄某、李某和胡某想离开JL纺织厂另谋出路，向纺织厂提出按照当地最低工资标准支付三人2016年7月以来的工资，遭到纺织厂的拒绝。三人便向当地劳动争议仲裁委员会提起申诉。当地劳动争议仲裁委员会在调查过程中发现，胡某在2016年6月底曾因为严重违反生产纪律受到了JL纺织厂留用察看一年的处分。

试分析：

（1）最低工资的含义。

（2）纺织厂是否应发给黄某等三人最低工资。

第6章 工 资

2010年6月，葫芦岛B建筑工程有限公司（简称B建筑公司）与A集团签订合同，由B建筑公司负责承建葫芦岛市龙港区某小区其中六栋住宅楼的工程。被告人王某作为某建筑公司项目负责人承建该小区15号楼的施工工程。王某先后找到刘某（力工）、岳某（放线工人）、乔某（散水工人）、田某（水暖工人）、满某（抹灰、砌砖工人）、于某（外墙保温）等人，随即开始施工。

该工程于2011年10月交工，交工前，B建筑公司负责人宋某多次以现金、转账等方式将工程款支付给王某20余笔，总金额达230万余元。在工程结束后，王某便更换电话号码失去联系，工人多次寻找王某，王某均以"现在手里没钱""甲方未结账"等言辞推脱工人，拒绝支付工资，后王某在给个别工人打下欠条后便再次失去联系。因A集团与B建筑公司（王某承建的15号楼工程）无法结算，为此A集团于2013年1月16日将上述情况公告于葫芦岛日报，但因未找到王某，造成工程无法结算。

经LG区劳动监察大队核实，王某共拖欠工人工资达50余万元。2014年1月13日，LG区人力资源和社会保障局劳动监察大队向某建筑公司下达了《劳动保障监察责令改正决定书》责令其支付工资，1月22日B建筑公司先后分别支付刘某、于某工资款10万元和5万元。被告人王某被抓获后对其通过更换电话号码、推脱等方式将工程款以隐匿、转移，拒不支付劳动者劳动报酬的犯罪事实供认不讳，但对欠款数额存在异议，后经过王某与上述工人逐一核对账目，欠刘某178 500元（B建筑公司已支付10万元），欠岳某某10 000元，欠乔某4 000元，欠田某30 000元，欠满某60 000元，欠于某65 000元（B建筑公司已支付5万元），应欠劳动者工资共计347 500元。2014年12月，葫芦岛B建筑公司将此款全部支付。

6.1 概 述

6.1.1 工资的概念和职能

工资又称薪金。其广义，即职工劳动报酬，是指劳动关系中，职工因履行劳动义务而获得的，由用人单位以法定方式支付的各种形式的物质补偿。其狭义，仅指职工劳动报酬中的基本工资（或称标准工资）。

工资较之其他劳动报酬或劳动收入（如农民劳动报酬、个体劳动收入、劳务报酬等），具有下述特征：① 工资是职工基于劳动关系所获得的劳动报酬；② 工资是用人单位对职工履行劳动义务的物质补偿，换言之，支付工资是用人单位必须履行的基本义务；③ 工资额的确定必须以劳动法规、劳动政策、集体合同和劳动合同的规定为依据；④ 工资必须以法定方式支付，即一般只能用法定货币支付，并且应当是持续的、定期的支付。

工资的基本职能包括：

1. 分配职能

工资是向职工分配个人消费品的社会形式，职工所得的工资额也就是社会分配给职工的个人消费品份额。

2. 保障职能

工资作为职工的生活主要来源，其首要作用是保障职工及其家庭的基本生活需要。

3. 激励职能

工资是对职工劳动的一种评价尺度和手段，对职工的劳动积极性具有鼓励作用。

4. 杠杆职能

工资是国家用来进行宏观经济调节的经济杠杆，对劳动力总体布局、劳动力市场、国民收入分配、产业结构变化等都有直接或间接的调节作用。

6.1.2 工资立法的模式

工资立法一直是劳动立法的重要组成部分。不仅各国的劳动法典和劳动标准基本法中都设有关于工资的专篇或专章，而且许多国家还制定专项工资法规，如《日本最低工资法》《美国联邦最低工资法》等。国际劳工组织也制定了若干项关于工资的公约和建议书，例如，1928年的第26号公约《确定最低工资办法的制订公约》和相应的第30号建议书，1949年的第95号公约《工资保障公约》和相应的第85号建议书，1970年的第131号公约《特别参照发展中国家情况确定最低工资公约》和相应的第135号建议书，等等。工资立法因其依存的经济体制是市场经济还是计划经济，而各具不同的模式。

随着经济体制由计划经济向市场经济转型，我国工资立法面临着模式转换问题。《劳动法》中关于工资制度的规定，以及《企业最低工资规定》（1993年）、《工资支付暂行规定》（1994年）和《工资集体协商试行办法》（2000年）等项工资法规的颁行，表明新的工资立法模式已在我国出台。该模式应当既适应市场经济的基本要求，又符合我国的基本国情，是工资保障立法与工资分配（管理）立法相结合（以工资保障立法为主）、统一工资立法与分别工资立法相结合（以统一工资立法为主）。为此，应当从以下几方面来完善我国的工资立法：① 加强工资保障立法，尤其要制定最低工资法。② 在工资分配（管理）立法中，由企业自主分配、市场调节分配、国家调控分配总量的工资分配（管理）制度，取代以往那种国家直接决定工资分配的工资分配（管理）制度。③ 逐步扩大统一工资立法的范围，相应缩小并严格限制分别工资立法的范围。制定统一适用于各种企业的工资法，允许各种企业按统一的法律规定自主选择工资制度；对于事业单位和社会团体，应当在立法中规定能适应其特点的工资制度，并允许事业单位在一定条件下实行企业工资制度。综合言之，在这种立法模式中，工资法主要由工资分配法、工资保障法和工资总量宏观调控法三大部分所构成。

6.1.3 工资立法的原则

《中共中央关于实行社会主义市场经济若干问题的决定》（1993年）指出，个人收入分配要体现效率优先、兼顾公平的原则。这表明在社会主义市场经济中，包括工资分配在内的个人收入分配，应当把效率与公平统一起来，在促进效率提高的前提下体现公平。根据此精神，我国《劳动法》规定："工资分配应当遵循按劳分配原则，实行同工同酬。""工资水平在经济发展的基础上逐步提高。国家对工资总量实行宏观调控。"这为我国工资立法确立了应当坚持的原则。

1．按劳分配原则

按劳分配，即按照劳动者提供的劳动量（数量和质量）分配个人消费品，实行多劳多得。为实现微观领域的按劳分配，在工资立法中，应当坚持把劳动的数量和质量作为工资分配的主要或唯一尺度，逐步减少和消除非劳动因素对工资分配的影响；正确把握潜在形态劳动、流动形态劳动和凝结形态劳动各自作为工资分配过程中的相互配合关系；确认熟练劳动和非熟练劳动之间、繁重劳动和轻便劳动之间、复杂劳动和简单劳动之间的工资差别，并理顺这三对不同劳动的工资比例关系；重视市场机制和科学手段对劳动的评价作用，使以劳动为尺度的工资分配立足于市场和具有科学性。为实现宏观领域的按劳分配，在工资立法中，应当要求国家对工资分配实行宏观调控之间的工资比例关系，调节非劳动因素所决定的不同职业、不同部门、不同地区、不同单位之间级差工资收入，使各职业、部门（行业）、地区、单位的工资水平主要取决于各自的劳动生产率。为实现按劳分配，在工资立法中，应当强调实行同工同酬，即要求在同一单位、同样劳动岗位、同样劳动条件下，不同性别、不同户籍或不同用工形式的职工之间，只要提供的劳动数量和劳动质量相同，就应给予同等的劳动报酬；禁止在工资分配中对职工的性别歧视和其他与身份相关的歧视，保障所有职工有平等的工资权。

2．工资水平随经济发展逐步提高原则

在国民收入分配和工资分配中，应当正确处理积累与消费的关系，保持工资水平与经济发展水平相协调，形成一种适应社会主义市场经济的，既符合社会主义生产目的，又能促进经济发展的工资增长机制。其中尤其应当明确：① 工资水平的提高必须以经济发展为前提，不能脱离经济发展所提供的实际可能而片面追求工资增长；② 在经济有所发展的条件下，工资水平应当有所提高，使广大人民群众能从经济发展中直接分享到实际利益；③ 工资水平提高与经济发展应当比例适当，切实做到工资总额增长幅度低于经济效益增长幅度、职工实际平均增长幅度低于劳动生产率增长幅度，使提高工资水平与增强经济发展后劲并行不悖，以保持国民经济的稳定、协调发展。

3．工资总量宏观调控原则

现代市场经济的实践表明，在市场调节工资的基础上，由国家对工资总量进行适度的宏观调控，有利于保护劳动者的经济权益和维护、制约企业的工资分配自主权，有利于控制

用人成本和消费基金的上升，保持经济总量平衡，以实现国民经济持续、稳定、协调发展。总之，工资分配的效率目标和公平目标只有通过工资总量宏观调控，才可能在全社会范围内实现。

6.1.4　工资制度中三方的权利（权力）

1. 劳动者的工资权

工资权是与劳动者的劳动给付义务相对应的一项权利，正因为劳动者有工资权，劳动才得以成为劳动者的谋生手段。按照许多国家的劳动法和国际劳工组织的有关公约和建议书规定，工资权的完整内容包括4个组成部分：

1）工资取得权

劳动者在履行劳动给付义务，以及合法免去劳动给付义务和因可归责于用人单位的事由而不能履行劳动给付义务的情况下，对用人单位有工资请求权和工资受领权。

2）工资支配权

劳动者对其取得的全部工资有权自由支配，而不受任何他人或组织的干预。

3）工资保障权

劳动者有权获得最低工资保障、工资支付保障和实际工资保障。

4）工资分配参与权

劳动者有权通过法定方式参与企业工资分配过程，使劳动者的共同意志体现于企业工资分配的制度和方案之中。

2. 用人单位的工资分配自主权

《劳动法》第四十七条规定："用人单位根据本单位的生产经营特点和经济效益，依法自主确定本单位的工资分配方式和工资水平。"这为用人单位享有工资分配自主权提供了法律依据。理解此项法律规定，需要明确下述几点：

1）工资分配自主权的主体范围

在社会主义市场经济中，享有工资分配自主权是市场主体依法自主经营、自负盈亏的必要条件和重要表现。因此，工资分配自主权的主体应限于从事生产经营活动和具有经济效益目标的用人单位，其中，主要是企业和个体经济组织以及实行企业化管理的事业组织，实行全额拨款和差额拨款的事业组织只对工资总额的一定部分享有工资分配自主权。一般来说，不同用人单位的工资分配自主权不尽相同，企业和个体经济组织较之事业组织，非国有企业较之国有企业，差额拨款事业组织较之全额拨款事业组织，享有更大程度的工资分配自主权。

2）工资分配自主权的内容

工资分配自主权作为经营管理自主权的重要组成部分，是指用人单位依法自主确定本单位工资分配的权利。其内容包括两部分：① 工资分配方式确定权。主要是自主选择基本工资制度，自主决定工资标准、工资形式，以及晋级增薪和降级减薪的办法、条件和时间。② 工资水平确定权，主要是按照法定原则自主确定工资总额和职工平均工资水平。

3）工资分配自主权的行使

用人单位行使工资分配自主权时，应当注意两点：① 这里的"自主"是法定范围内的自主，凡是以强行性法律规范规定的工资分配规则，用人单位必须严格遵守；凡是法律和政策所界定的工资分配权限，用人单位不得超越。② 这里的"自主"并不是指完全由单位行政单方决定工资分配，用人单位工资分配的制度和方案应当由职代会审议通过，或者经过与工会组织或职工代表协商一致，方能生效。

3. 国家的工资管理权

在现代市场经济条件下，国家拥有一定的工资管理权，对于保护劳动者的工资权和维护、制约企业的工资分配自主权，对于实现工资分配的效率目标和公平目标，都很必要。但是，国家在工资管理权限上应当适当，既要确保国家对工资分配实行有效的宏观控制，又不能与工资分配中的市场调节机制相冲突。

国家的工资管理权应当包括下述三方面的内容：

1）对全社会工资的一般管理

主要是制定工资政策和法规，控制工资总量，确定最低工资标准，管理工资基金，协调城乡居民收入比例关系和不同地区、行业、职业之间工资比例关系。

2）对企业工资的间接管理

主要是对企业工资总额进行动态的、适度的宏观调控，指导企业选择和完善工资制度，监督企业在工资分配过程中遵守工资政策法规。

3）对国家机关（包括部分事业单位和社会团体）工资的直接管理

主要是确定国家机关工资分配的制度和方案，根据经济发展状况并参照企业平均工资水平确定和调整国家机关工资水平。

6.1.5 工资分配制度确定的方式

工资分配制度，即用人单位内部工资分配规则的总称，其主要内容是对工资的构成、形式、等级和标准等所做的具体规定。确定工资分配制度的方式有下述几种：

1. 立法确定

立法确定即工资分配制度的内容，由立法以强行性规范具体规定。

2. 自主协商确定

自主协商确定又称谈判确定，即工资分配制度的内容，由用人单位或团体与工会通过谈判签订集体合同来具体规定。

3. 单方自主确定

单方自主确定即工资分配制度的内容，由用人单位依法制定内部规章来具体规定。在后两种方式中，立法关于基本工资制度的规定属于任意性规范，仅具有示范和参考意义。

【知识拓展】

在西方国家，国家机关的工资分配制度由立法确定，其他雇主的工资分配制度普遍由谈判确定。实践表明，以谈判方式确定工资分配制度，既与市场机制相适应，又有助于实现宏观经济目标和社会政策目标。

我国自实行市场取向的经济体制改革以来，逐步改变了以往普遍由立法确定工资分配制度的局面，初步形成了工资分配制度确立方式多样化和混合化的格局。具体言之，国家机关的工资分配制度由立法确立；事业单位的工资分配制度，则部分由立法确定、部分由单位自主确定。企业的工资分配制度现在统一应由工资集体协商确定，立法对此做出了相应的规定。

6.2 工资构成和工资形式

6.2.1 工资构成

工资作为劳动者支出劳动力的物质补偿，同劳动力的质量结构、支出状况和使用效果的复杂性相对应，而具有结构性。即工资因取决或受制于多种因素故而由若干部分（或称工资单元）所组成，各个组成部分都有其质和量的规定性以及特定的存在形式、作用对象和专门职能，且各个组成部分之间具有内在的逻辑关系，互相联系、制约和补充，共同使工资的职能得以充分发挥。各国立法所规定的工资单元不尽相同。例如，在巴西，工资中不仅包括固定的报酬，而且还包括佣金、年度利润分配额、额外报酬、旅行日津贴、补贴和必要的食物补助，以及从第三方收到的小费；在比利时，工资中不包括雇主作为假日津贴或劳动事故（职业病）后补充津贴而直接或间接支付的补偿，也不包括应看作各社会保障部门发给的补充津贴；在巴拿马，工资中不包括雇主给予的盈余分红。我国立法所规定的工资，一般由基本工资和辅助工资两类单元所构成。

1. 基本工资

基本工资，是指劳动者在法定工作时间内提供正常劳动所得的报酬，它构成劳动者所得工资额的基本组成部分。

在我国现行的工资分配制度中，基本工资有下述主要特征：

（1）常规性：基本工资所对应的是劳动者在法定工作时间内和正常条件下所完成的恒量劳动或定额劳动。

（2）结构性：基本工资一般可分解为若干个职能各自不同的工资单元，并且各个工资单元的计量规则不尽相同。

（3）等级性：基本工资的主要单元甚至各个单元都存在一定的等级差别和相应的多级标准，这种等级差别通常与劳动质量差别、技能水平差别或者岗位条件差别相对应。

（4）固定性：劳动者所享有的基本工资主要单元的等级和相应标准，在一定期限内一般固定不变或者说不具有浮动性，但这并不意味着基本工资不可变动。

（5）主干性：基本工资应当是劳动者所得全部工资额中的主干部分亦即占全部工资额的较大比重。但在现实生活中呈现出基本工资在全部工资额中所占比重逐步下降的趋势，这只能说明由于工资分配制度不合理，应当纳入基本工资的报酬而未纳入。

（6）基准性：基本工资可以成为确定辅助工资单元数额的计算基准。国家、用人单位内部劳动规则和集体合同关于工资标准的规定，一般只限于基本工资，因而，通常将基本工资称为标准工资。

【知识拓展】

根据我国现行立法，国家机关的基本工资制度，由法规和政策规定；企业的基本工资制度由企业内部劳动规则和集体合同规定；事业单位的基本工资制度，部分由法规和政策规定，部分由本单位自主规定。

2. 辅助工资

辅助工资通常是用人单位对劳动者支出的、超出正常劳动之外的劳动耗费所给予的报酬。常见的有奖金、津贴（补贴）、加班加点工资等。

1）奖金

奖金是指用人单位对劳动者的超额劳动或增收节支实绩所支付的奖励性报酬。较之基本工资，其主要特征有：

（1）非常规性：奖金所对应的是劳动者在完成正常劳动的基础上所提供的超额劳动。这里的"超额"主要表现为劳动质量、劳动成果上的超额，如超额完成劳动任务或取得超常劳动效果等；而工作时间上的超额，则一般可用加班加点工资或补休来补偿。

（2）浮动性：劳动者获得奖金与否或多少，所在单位是否发放奖金或奖金水平高低，都是经常变动的。

（3）非普遍性：即法律上既不要求每个劳动者都一定要支付奖金。换言之，奖金只适用于符合奖励条件的场合。

奖金有多种类型，可分为月度奖金、季度奖金和年度奖金；经常性奖金和一次性奖金；集体奖金和个人奖金；综合奖金和单项奖金（如超产奖、安全奖、节约奖、新产品试制奖等）。奖金发放的条件，除国有用人单位外，一般由用人单位内部劳动规则或集体合同规定。它可分为集体条件和个人条件两个层次，集体条件即职工所在用人单位或劳动组织（如车间、班组等）所必备的发放奖金的条件，凡不具备这种条件的用人单位工或劳动组织，其各个职工都无权获得奖金；个人条件即职工个人所必备的获取奖金的条件。如果对某种奖金规定了这两个层次的条件，那么在不具备集体条件的情况下，即使职工个人具备条件，也不能获得奖金。我国现行立法对国有用人单位的奖金分配规则作了专门规定。国有企业奖金分配规则的法定要点有：① 企业的奖金应从国家规定的财务渠道中开支，不能自开提取奖金渠道和滥支奖金。② 企业提取和发放奖金须具备有关法规和政策所规定的条件，例如，企业必须在完成和超额完成国家或投资者（所有者）规定的主要经济技术指标的条件下，才能提取和发放奖金；有政策性亏损的企业，减少核定亏损额视同盈利，可适当提取和发放奖金；实行计件工资或超额计件工资的企业，不得重复提取和发放奖金；关停企业、生产任务不足且无盈利的企业，都不得提取和发放奖金等。③ 企业向职工发放奖金，上不封顶，下不保底，应按劳动差别拉开奖金档次。

【知识拓展】

国家机关、事业组织和社会团体奖金分配规则的法定要点有：① 凡全面完成本单位工作任务的一般可按基本工资总额的一定比例，从结余留用的预算包干经费和增收节支留用经费（或单位基金）中提取奖励基金。② 结合年度考核，对优秀、合格的职工年终发给一次性重奖。③ 全年发放奖金的总额，一般不得超出国家规定的限额。

2）津贴和补贴

津贴是为了补偿职工在特殊劳动条件下所付出的额外劳动消耗和生活费用而支付给职工的劳动报酬。需说明的是，这里的津贴，与事业单位基本工资制度中被称之为"津贴"（如"专业技术人员津贴"等）的活动工资部分，不是同一概念。补贴，是为了保障职工的工资水平不受特殊因素的影响而支付给职工的劳动报酬。职工的劳动消耗和生活费用往往因客观条件不同而存在一定差别，而基本工资不能反映这种状况，所以，需要用津贴和补贴来补充。

津贴和补贴较之奖金，其特点如下：

（1）附加性：津贴和补贴属于附加劳动报酬；奖金则是一种超额劳动报酬。

（2）独立性：津贴和补贴除国家另有规定外不与标准工资挂钩，既不按标准工资的比率支付，也不随标准工资的提高比率而提高；奖金同标准工资往往有一种比率关系。

（3）稳定性：津贴和补贴确定后，比较稳定；奖金则有浮动性。

（4）有限性：发给职工的各种津贴和补贴一般不应超过本人的基本工资额；奖金在企业中则上不封顶、下不保底。

津贴根据其建立的目的和所起的作用，可分为：为补偿职工额外劳动消耗而建立的津贴，如高空津贴、高温津贴、夜班津贴；为保障职工身体健康而建立的津贴，如有毒有害岗位津贴，林区、高原、水下工作津贴等；为补偿职工生活费额外支出而建立的津贴，如外勤工作津贴、铁路乘务津贴；为保障职工的实际水平而建立的津贴，如主要副食品价格补贴；为补偿职工的特殊贡献而设立的奖励性津贴，如对做出突出贡献的专家、学者和科技人员的政府特殊津贴等。当然，作为工资辅助形式的津贴仅指工资性津贴，那些非工资性津贴如保健食品等，不包括在内。

津贴和补贴的项目设置、发放范围、支付标准、领取条件等，国家均有统一规定。凡实行法定基本工资制度的单位，均不得就津贴和补贴自行增设项目、扩大发放范围、提高支付标准、改变领取条件。在企业的津贴和补贴项目中，有的为法定必设项目；非国有企业支付给职工（外籍职工除外）的劳动报酬中，应当包括国家规定当地同行业国有企业职工享受的各种津贴和补贴。津贴、补贴的享受范围，有的是全体职工，有的是符合特定条件的部分或少数人员，还有的包括退休人员。它们多数由工资基金开支，有的直接摊入成本，有的在企业公益金中开支，有的由国家专项拨款开支。

6.2.2 工资形式

工资形式即计量劳动和支付工资的方式。它是以基本工资制度为基础，按照职工实际付出劳动量支付劳动报酬。也就是按照确定的劳动标准和报酬标准，计量每个劳动者的实际劳动量并计算其应得的工资，把劳动和工资有机地结合起来，以实现按劳分配的原则。当前，主要有计时工资和计件工资两种形式。

1. 计时工资

计时工资，是按照单位时间工资率（即计时工资标准）和工作时间支付给职工个人的劳动报酬。计时工资标准一般分为月工资标准、日工资标准和小时工资标准。其中，月工资标准是确定日（小时）工资标准的基础，即日工资标准为月工资标准除以月均法定工作日天数（实行周40小时工作制的为21.16天）所得之商，小时工资标准为日工资标准除以日均法定工作时数（8小时）所得之商。职工全勤，按月工资标准计发工资；职工缺勤或加班加点，按日工资标准或小时工资标准扣发或加发工资。计时工资在任何部门、用工单位和岗位（工种）都可适用。

在实行计时工资的条件下，职工完成法定工作时间和劳动定额后，按本人的工资等级和工资标准领取的工资数额，即为标准工资。它是工资的基本部分，可作为计算工资的其他组成部分、计件工资的计件单价以及某些项目的社会保险待遇的基础或依据。

2. 计件工资

计件工资，是在一定技术条件下，根据职工完成的合格产品数量或工作量，按计件单价支付的劳动报酬。其核心是计件单价，即生产某一单位产品或完成某一单位工作的应得工资额，即单位产品（工作）工资率。在正常条件下，计件单位可根据一定技术等级的职工的工资标准和劳动定额计算出来，即计件单价=单位时间的标准工资/单位时间的劳动定额。正是在此意义上，计件工资是计时工资的转化形式。计件工资在我国实践中有多种具体形式，一般可作如下分类：

（1）个人计件工资和集体计件工资。前者是按职工集体的劳动成果和计件单价计发工资，后者是按职工个人的劳动成果和计件单价计算集体应得工资总额，再在集体内职工之间进行合理分配。

（2）无限计件工资和有限计件工资。前者即无论职工完成或超额完成劳动定额多少，都按同一计件单价计发工资。后者对职工的计件超额工资加以一定限制，如对个人或集体超额工资规定最高限额；采用累进计件单价；实行浮动计件单价等。

（3）直接计件工资和间接计件工资。前者是按职工本人完成的产量，以计件单价计发工资；后者按辅助工人的服务对象所完成的产量，以计件单价计发工资。在这里，间接计件单价=辅助工人的工资标准/所服务工人的产量定额，间接计件工资额=间接计件单价×所服务工人的实际产量。

（4）超额计件工资和累进计件工资。前者是对完成的定额任务实行计时工资制，而对超过定额任务的部分按同一计件单价计发工资。后者是对完成的定额任务按基本计件单价计发工资，而对超过定额任务的部分则按递增计件单价计发工资。

（5）包工计件工资和提成计件工资。前者又称包工工资，是把一定数量和质量的生产或工程任务包给职工个人或集体，并预先规定应完成任务的期限和实得工资总额，只要包工方按规定完成任务，就可领取全部预定工资。后者又称提成工资，是按企业的营业额或纯利润的一定比例提取工资总额，然后根据职工的技能水平和实际工作量计发工资。

计件工资的适用范围不具有普遍性，一般只适用于劳动工序相对独立、产品量或工作量能精确计算、产品质量有明确标准并能科学测定、生产过程能正常进行、管理制度比较健全的企业。

3. 年薪

年薪，又称年工资收入，是指以企业财务年度为时间单位所计发的工资收入。在国外，它一般适用于企业的高级职员；在我国，目前仅适用于企业经营者。

年薪作为一种特殊的工资形式，其本质在于它所对应的劳动不只是一般意义的劳动力支出，而是一种经营活动。这种劳动对企业经济效益有关键性作用，其直接劳动成果只能由整个企业或经营单位的经营状况反映出来。由此决定了年薪具有以下特征：（1）年薪应当以企业经济效益的基本时间单位即财务年度，作为计发报酬的时间单位。（2）年薪只宜适用于对实际行使经营权并对企业经济效益负有职责的人员，即董事、经理等高级职员。（3）年薪的构成中，除了包括作为一般意义劳动力支出之补偿的基本劳动报酬外，还应当包括与行使经营权和承担经营责任从而对企业经济效益起关键性作用相对应的利润分享收入。

6.3　工　资　保　障

工资保障，是指法定的保障职工工资足以成为其生活主要来源和维持其基本生活需要的一系列措施。劳动立法中所规定的工资保障制度，一般包括以下三方面的基本内容。

6.3.1　最低工资保障

1. 最低工资的概念和组成

最低工资，是国家规定的，当职工在法定工作时间内提供了正常劳动的前提下，用人单位在最低限度内应当支付的足以维持职工及其平均供养人口基本生活需要的工资，即工资的法定最低限额。劳动关系双方当事人不得在劳动合同中约定在法定最低工资额以下的工资；只要职工按法定工作时间履行劳动给付义务或者被合法免予劳动给付义务，用人单位向职工支付的工资就不得少于法定最低工资额。最低工资额的形式，一般有小时最低工资额、日最低工资额、周最低工资额和月最低工资额。

最低工资额和起点工资是两个不同的概念。起点工资，是基本工资制度中各工种（岗位）的最低一级工资标准。确定起点工资，除了要考虑职工基本生活需要，还要更多考虑其他因素，如各工种（岗位）的技术业务、劳动强度、职工技能等，因而不同工种（岗位）的起点工资不尽相同。而最低工资仅与职工基本生活需要对应，与其他因素无关，并不因工种（岗位）的不同而有所不同。

还需明确的是，国家要求一定范围内的职工必须达到的最低工资水平，也不属于最低工资。例如，我国有关法规中关于外商投资企业职工的工资水平不得低于当地同行业同等条件国有企业职工实际工资的120%的规定，即非关于外商投资企业职工最低工资的规定。最低工资由法律所允许的若干种劳动报酬项目所组成。一般来说，只要是劳动者在法定工作时间内提供了正常劳动的情况下所获得各种劳动报酬项目，都应作为最低工资的组成部分。换言之，劳动报酬之外的收入、法定工作时间之外的劳动报酬以及法定工作时间内超出正常劳动部分的劳动报酬，都不应纳入最低工资的范围。因此，国家明确规定，加班加点工资和中班、夜班、高温、低温、井下、有毒有害等特殊工作环境（条件）下的津贴，以及劳动者保险、福利待遇，不作为最低工资的组成部分。从理论上说，最低工资的构成应当与基本工资的构成一致，但在我国的实践中，由于存在着把本应纳入基本工资范围的报酬却用奖金形式发放，以致基本工资在工资额中所占比重过低的现象，于是也把奖金列为最低工资的组成部分。

2．最低工资的立法概况

关于最低工资的立法，最早出现于19世纪末，新西兰1884年制定的《产业仲裁法》中，规定仲裁法庭有决定最低工资率的权力，但该法是关于劳动争议仲裁的一般法律，而不是专门的最低工资立法。作为专门最低工资立法开端的，是澳大利亚的维多利亚州1896年颁布的具有试行性的最低工资法令，它规定在6种行业中委托产业委员会决定最低工资率。该法经试行，收到较好效果，于1903年经修改后被州议会通过为正式法律，其他各州也相继通过了最低工资法。1909年，英国仿照澳大利亚制定了最低工资法。继英国之后，德国、法国、瑞士、意大利等国也先后进行类似的最低工资立法。第一次世界大战后，最低工资立法开始在各国盛行。

最低工资立法的发展，还表现在最低工资法适用范围的不断扩大，即从早期只包括女工、童工和非熟练工人，发展到后来包括所有行业、职业或工种的工人。但是，对残疾劳动者、试用期内工作者、受训人员和未成年工是否适用，各国规定有别。有的规定不适用；有的则对这部分劳动者规定"次最低工资"，即规定不得少于最低工资的1/3至1/2不等。

随着最低工资立法的重要性日益增强，国际劳工组织通过了若干项关于最低工资的公约和建议书，明确要求各成员国都应承担最低工资立法的任务。1928年第26号公约《确定最低工资办法的制订公约》规定，凡批准本公约的会员国方应承允制订或维持一种办法，以便为那些在无从用集体协议或其他方法有效规定工资，且工资特别低的若干行业或部门（特别是在家庭工作的行业）中工作的工人，确定最低工资率。1970年第131号公约《特别参照发展中国家情况确定最低工资公约》规定，凡批准本公约的成员国应承允制定一种最低工资制度，其适用范围包括其雇佣条件理应予以保护的各类工资劳动者；并且所包括的各类工资劳动者由各国主管机关决定，如有雇主和工人代表组织的，应与其取得协议，或事先充分征求意见。

在我国，1989年制定的《私营企业劳动管理暂行规定》中规定，私营企业职工的最低工资不得低于当地同行业集体企业同等条件工人的最低工资水平。1993年下半年，劳动部制定了《企业最低工资规定》，这是我国的第一部全国性最低工资法规。其后的《劳动法》的"工资"专章中，明确规定"国家实行最低工资保障制度"，并对最低工资标准的制定权限、制约因素和法律效力，做了原则性规定。

3．最低工资标准的制定

最低工资标准，又称最低工资率，是指国家依法规定的单位劳动时间的最低工资数额。最低工资标准的确定，是最低工资立法中的核心问题。最低工资标准的确定方式有两种：① 立法上直接规定最低工资标准，如加拿大、美国等。② 立法不直接规定最低工资标准，而只规定如何确定最低工资标准的原则和具体规则，并授权有关机构确定具体的最低工资标准。多数国家都采用这种方式，即使在有联邦一级法定最低工资标准的美国，各州也采用这种方式。

有权确定最低工资标准的机构有两种：① 多数国家法定由依法组成的专门机构来决定最低工资标准。例如，在澳大利亚、英国等，分别由各行业委员会决定本行业的最低工资标准，各行业委员会都由劳动大臣任命与该行业无关的若干人员和由劳资双方选派的同数代表组成；在美国各州，由州长任命3～5人组成州最低工资委员会（或州工资局），劳资双方也可派代表参加，州最低工资标准就由这种机构确定。② 有的国家还法定由劳工部行使制定最低工资标准的一定职权。例如，在日本，实行计件工资或包干工资的最低工资标准，由劳动省以命令形式规定。在我国现阶段，经济发展和生活水平的地区不平衡性还比较突出，由此决定了难以实行全国统一的最低工资标准。因此，《劳动法》第四十八条规定："国家实行最低工资保障制度。最低工资的具体标准由省、自治区、直辖市人民政府规定，报国务院备案。"由于最低工资标准直接涉及劳动关系双方当事人的利益，因而，省级政府应当组织同级的工会组织和用人单位方面代表，参与最低工资标准的制定过程。

关于确定最低工资标准的原则，各国有所不同。英国、美国、澳大利亚等国家曾采用生活工资原则，即以维持劳动者的最低生活水平为根据；法国、英国部分行业、美国（1929年后）等曾采用公平工资原则，即对熟练程度、劳动效果和劳动条件相同的劳动，报酬也应相同。由于这种原则各有侧重和利弊，现代各国在确定最低工资标准时都二者兼用。这具体表现在各国所选择的据以确定最低工资标准的各种因素中。

关于确定最低工资标准所应依据和考虑的因素，国际劳工组织1970年第131号公约《特别参照发展中国家情况确定最低工资公约》中，有两点规定：① 工人及其家庭的必需品，需考虑该国的一般工资水平、生活费、社会保障津贴，以及其他社会阶层的相应生活标准。② 经济因素，包括经济发展的要求，生产率水平，获得和维持高水平就业的需要。这两点规定，基本上为各国最低工资立法所接受，但各国立法关于制约最低工资标准之要素的规定也不尽相同。

关于工人及其家庭生活需要，有的国家（如菲律宾、伊拉克）只规定最低工资应能保障工人本人的生活需要，而不包括其家庭成员的生活需要，有的国家（如泰国）则规定最低工资要能维持本人及其家属（平均供养人员）的生活需要。关于工资水平，许多国家规定最低工资应参考可比性工资水平，如《日本最低工资法》规定应参照"同类工人的工资"。关于经济因素，许多国家立法所关注的，一是地区间经济发展的不平衡，最低工资标准也应有适当的地区差别，如也门、菲律宾有此规定；二是企业支付能力，最低工资标准不应超出企业支付能力，如日本有此规定；三是物价，最低工资标准应随物价变动而调整，如法国劳动法典规定，最低工资的增长应同"以法令为水准基点的国民消费价格指数的发展趋势联系起来加以考虑"，"如这个指数达到的水平比上一次确定最低工资标准时所记载的指数至少增长了相当于2%，最低工资标准也应以同样的比例增长。"

在我国，为了使最低工资标准的制定具有保障性、科学性和可行性，《劳动法》第四十九条对确定和调整最低工资标准所应综合参考的各种因素做了明确规定。其中包括：① 劳动者本人及平均赡养人口的最低生活费用。实行最低工资保障的直接目的，是确保劳动者所得工资足以维持基本生活需要。因此，最低工资标准不应低于劳动者本人及平均赡养人口的最低生活费用。需明确的是，这里的"最低生活费用"，从其组成项目来看，应当是各种基本生活需要项目的最低费用，即衣、食、住、行和子女教育所需的最低费用。② 社会平均工资水平。最低工资标准应当低于当地社会平均工资水平；对于社会平均工资水平有差别的不同地区来说，其最低工资标准可以有所不同。③ 劳动生产率。不同地区、不同行业之间，劳动生产率存在差别，也意味着各地区、各行业用人单位对支付最低工资的平均承受能力不一样，因此，其最低工资标准可以有所不同。④ 就业状况。这是一个同劳动者的劳动收入和生活负担相关联，并且影响劳动者的最低工资需求的因素。最低工资标准应当具有与现实失业率相适应的保障作用，并且有利于实现高水平的就业。⑤ 地区之间经济发展水平的差异。在经济发展水平不同的地区，最低工资标准应当有适当的地区差别。

上述各种因素的具体指标，都应当以政府统计部门的统计数据为准。当据以确定最低工资标准的上述因素发生变化后，对原确定的最低工资标准应当适时调整。

最低工资标准的具体测算方法，国际上通常采用的有8种，即比重法、恩格尔系数法、累加法、超必需品剔除法、平均数法、生活状况分析法、经济计量分析法、分类综合计算法。结合我国的实际情况，比较适用的是下述两种：

（1）比重法：即根据城镇居民统计调查资料，确定一定比例的最低人均收入户为贫困户，统计出贫困户的人均生活费用支出水平，乘以每一在业者的供养系数，再加上一个调整数。

（2）恩格尔系数法：即根据国家营养学会提供的年度标准食物谱及标准食物摄取量，结合标准食物的市场价格，计算出最低食物支出标准，除以恩格尔系数得出最低生活费用标准，再乘以每一在业者的供养系数，再加上一个调整数。以上方法计算出最低工资标准后，再考虑职工平均工资水平、社会救济金和失业保险金标准、就业状况、劳动生产率水平以及经济发展水平等，并进行必要的修正。

关于最低工资标准的制定程序，根据《企业最低工资规定》及其《补充规定》，包括以下环节：

（1）初步拟定。在劳动部的指导下，由省级劳动行政部门会同同级工会、企业家协会研究拟定最低工资标准。由于确定最低工资标准要综合参考多种因素，因此，拟定最低工资标准时，应向当地工商联合会、财政、民政、统计等部门咨询。

（2）征求意见。省级劳动行政部门必须将拟定的当地最低工资标准及其依据、详细说明和适用范围（包括地区、行业和人员）报劳动部征求意见。后者在收到各地拟定的最低工资标准后，应召集全国总工会、全国企业家协会共同确定；如果报送的最低工资标准及其适用范围有不妥之处，劳动部有权提出变更意见，并在15天之内以书面形式予以回复。

（3）批准备案。省级劳动行政部门在25日内未收到劳动部提出的变更意见，或者接到变更意见进行修改后，应当将最低工资标准及其适用范围，报国务院备案，同时抄送劳动部。

最低工资标准发布实施后，如制定最低工资标准所依据的因素发生变化，或本地区职工生活费用价格指数累计变动较大时，应适时调整，但每年最多调整一次。最低工资标准调整的程序与上述程序相同。

4. 最低工资标准的效力

最低工资标准的效力，一般只及于一定的产业范围和劳动者范围。按照国际劳工组织第131号公约和第135号建议书的规定，要求发展中国家把雇佣条件理应予以保护的各种产业都纳入最低工资标准的效力范围，而把不适用最低工资标准的产业限制在尽可能小的范围内。在国外的立法和实践中，被排除在最低工资标准的效力范围之外的情形通常有：

（1）国家公务员。因为国家公务员以政府为雇主，其工资水平实际上大大高于维护基本生活的水平，所以不存在给予最低工资保障的需要。

（2）某些公共团体（如宗教机构、慈善机构）的职员。因为这类机构的职员往往不是以获取报酬为目的，为这些机构工作，也就不需要最低工资保障。

（3）学徒工。因为在学徒期间不能提供正常劳动，也就不存在适用最低工资保障的前提。

（4）假期临时就业的学生。因为他们一般无供养责任，也就无须给予最低工资保障。

（5）残疾人。因为残疾人劳动能力低下，若实行最低工资保障，就有可能使用人单位在同等条件下倾向于雇用身体和精神正常者，从而增加残疾人就业的难度。在我国立法中，并未明确列举不适用最低工资保障的对象；但对乡镇企业是否适用最低工资标准，则授权省级政府决定，这就表明，在有的地方对乡镇企业有可能不适用最低工资标准。

最低工资标准依法制定即具有法律效力。我国《劳动法》第四十八条第二款规定："用人单位支付劳动者的工资不得低于当地最低工资标准。"劳动和社会保障部2003年出台的《最低工资规定》明确要求在劳动者提供正常劳动的情况下，用人单位应支付给劳动者的工资不得低于当地最低工资标准。这种法律效力具体表现在：

（1）集体合同和劳动合同中所规定的工资标准，都不得低于当地最低工资标准。

（2）劳动者只要在法定工作时间内提供了正常劳动，用人单位支付给劳动者的工资不得低于当地最低工资标准。

（3）劳动者因探亲、婚丧按规定休假期间，以及依法参加社会活动期间，视为提供了正常劳动，用人单位也不得向劳动者支付低于最低工资标准的工资。

（4）劳动者在法定工作时间内未提供正常劳动，如果不是由于本人原因造成的，用人单位也应当按照不低于最低工资标准的要求向劳动者支付工资。

（5）实行计件工资或提成工资等工资形式的用人单位，必须进行合理折算，其相应的折算额不得低于按时、日、周、月确定的最低工资标准。

（6）劳动行政部门负责对最低工资标准执行情况进行监督检查，对违反最低工资标准的用人单位及其责任人员依法追究法律责任。

（7）工会有权对最低工资标准执行情况进行监督，发现用人单位违反最低工资标准的，有权要求有关部门处理。

【知识拓展】

2017年以来，截至7月16日，上海、陕西、青海、深圳、山东、甘肃、天津、江苏、福建、贵州、湖南明确上调了最低工资标准。除上述地区外，北京市也将从9月1日起执行新的最低工资标准：由目前的每月1 890元调整为2 000元，增加110元。

最低工资标准，是指劳动者在法定工作时间或依法签订的劳动合同约定的工作时间内提供了正常劳动的前提下，用人单位依法应支付的最低劳动报酬。

从调整后的月最低工资标准来看，除北京以外，月最低工资标准超过2 000元的省市还有上海、天津、深圳，其中上海市以2 300元居首位。

自4月1日起，上海将月最低工资标准从2 190元上调至2 300元。自7月1日起，天津市月最低工资标准从每月1 950元上调为每月2 050元。

广东省（除深圳）今年尚未对月最低工资标准做出调整。目前，该省的月最低工资标准按地域分为四档，分别为1 895元、1 510元、1 350元、1 210元，其中省会广州的月最低工资标准为1 895元。6月1日，深圳单独将标准调整为2 130元，高出广东省第一档最低工资235元。

江苏省的月最低工资仅次于广东省。自7月1日起，江苏省各地的月最低工资标准为：一类地区1 890元；二类地区1 720元；三类地区1 520元。

上调月最低工资标准有利于保护底层劳动者的基本权益，同时也意味着企业将增加用工成本。

6.3.2　工资支付保障

工资支付保障，也就是对职工获得全部应得工资及其所得工资支配权的保障。它给劳动者所提供的保护，较之最低工资保障则更进一步，因为它所保护的客体已不只限于最低工资，而扩及全部应得工资；它所干预的对象，已由工资额的确定转到工资支付的行为。归纳言之，主要有以下几方面的内容。

1. 工资支付一般规则

用人单位支付工资的行为必须遵循下述规则：

（1）货币支付规则。工资应当以法定货币支付，不得以实物和有价证券替代货币支付。

（2）直接支付规则。用人单位，应当将工资支付给职工本人，但是，职工本人因故不能领取工资时可由其亲属或委托他人代领，用人单位或委托银行代发工资。为实施直接支付规则，我国还要求，用人单位必须书面记录支付工资的数额、时间、领取者姓名及其签字，并保存两年以上备查。

（3）全额支付规则。即法定和约定应当支付给职工的工资项目和工资额，必须全部支付，不得克扣。正是基于此规则，我国规定，用人单位在支付工资时应当向职工提供一份其个人的工资清单。

（4）定期支付规则。即工资必须在固定的日期支付。我国规定，工资必须在用人单位与职工约定的日期支付。如遇节假日或休息日，应提前在最近的工作日支付；工资至少每月支付一次，实行周、日、小时工资制的可按周、日、小时支付工资；对完成一次性临时劳动或某项具体工作的职工，用人单位应按协议在完成劳动任务后即行支付；劳动关系依法终止时，用人单位应在终止劳动关系时一次性付清工资；凡拖欠工资的，应当按拖欠日期和拖欠工资额向职工赔偿损失。

（5）优先支付规则。即企业破产或依法清算时，职工应得工资必须作为优先受偿的债权。

（6）紧急支付规则。即在职工因遇有紧急情况致不能维持生活时，用人单位必须向该职工预支其可得工资的相当部分。

有的立法例还规定了定地支付规则。例如，《俄罗斯劳动法典》规定，职工的工资一般应在其完成工作的地点支付;《越南社会主义共和国劳动法典》规定,工人的工资应在工作场所内支付。

2.特殊情况下工资支付

特殊情况下工资支付,是指在非正常情况下,按照国家规定应当按计时工资标准或其一定比例支付工资。其特点在于:

(1)它以存在某种法定非正常情况作为工资支付的依据。一般认为,因职工在法定工作时间内履行劳动给付义务而支付工资,是工资支付的正常情况,此外其他应支付工资的情况,即为非正常情况。至于哪些情况属于应支付工资的非正常情况,必须以法规和政策的明确规定为依据。

(2)它以职工本人计时工资标准作为工资支付的标准。或者按计时工资标准进行全额支付,即工资照发;或者按计时工资标准的一定比例进行支付;或按计时工资标准的一定倍数进行支付。各种支付方式分别适用于哪些正常情况,均由有关法规和政策具体规定。

在我国,法定的应当支付工资的特殊情况,主要有:

(1)职工在法定工作时间内依法参加社会活动,用人单位应视同其提供了正常劳动而支付工资。社会活动包括:依法行使选举权或被选举权;当选代表出席乡(镇)、区以上政府、党派、工会、青年团、妇女联合会等组织召开的会议;出任人民法院证明人、陪审员;出席劳动模范、先进工作者的大会;《工会法》规定的不脱产工会基层委员会委员因工会活动占用生产或工作时间;其他依法参加的社会活动。

(2)职工在法定休息日和年休假、探亲假、婚假、丧假期间,用人单位应按规定标准支付工资。

(3)非职工原因造成的停工、停产在一个工资支付周期内的,用人单位应按劳动合同规定的标准支付工资;超过一个工资支付周期的,若职工提供了正常劳动,则支付的劳动报酬不得低于当地最低工资标准;若职工未提供正常劳动,应按国家有关规定办理。

(4)职工在调动工作期间、脱产学习期间、被错误羁押期间、错判服刑期间,用人单位应当按国家规定或劳动合同规定的标准支付工资。

(5)职工被公派在国(境)外工作、学习期间,其国内工资按国家规定的标准支付。

(6)职工加班加点,应当依法定标准支付加班加点工资。

3.禁止非法扣除工资

只有在法定允许扣除工资的情况下,才可以扣除工资;在法定禁止扣除工资的情况下,不得作允许扣除工资的约定;即使在法定允许扣除工资的情况下,每次扣除工资额也不得超出法定限度。在许多国家,对某些扣除工资的行为,做了禁止性规定,例如,工资在一定金额之限度内,不得扣押;雇主除法律另有规定外,不得以自己对于受雇人之债权,与受雇人之不得扣押部分相抵销;雇主不得为自己利益从受雇人工资中扣存一定金额,也不得未经受雇人同意而为受雇人利益扣存其部分工资;雇主不得与受雇人订立预定受雇人应付违约金或赔偿金之数额的契约;等等。在有些国家,还对雇主克扣工资和罚款加以禁止和限制,例如,英国规定,对工人不得科以过多的不合理的罚金,如必须科以罚金,应根据契约的规定进行;法国规定罚金不得超过被罚工人一天工资的1/4,瑞士规定不得超过1/2;奥地利、德国、荷兰、比利时等国规定,除预先有契约或依照现行规则外,不得科以罚金;

美国有些州规定，除了工人故意或怠惰造成雇主的财产或货物损失以外，不得科以罚金。在我国现行法规中，则主要是从另一种角度就禁止非法扣除工资做出规定，即规定只有在哪些情况下才可扣除工资，未经法律许可不得扣除工资。按规定，用人单位可以从职工的工资中代扣的情况只限于：应由职工缴纳的个人所得税；应由职工负担的各项社会保险费用；法院判决、裁定中要求代扣的抚养费、赡养费；法定可以从工资中扣除的其他费用。还规定，职工违纪违章给用人单位造成经济损失而应予赔偿的，可从职工本人工资中扣除，但每月扣除的部分不得超过其当月工资的20%，并且，扣除后的剩余工资部分不得低于当地月最低工资标准。

4. 工资基金管理

这是我国特有的保障工资支付的一种手段。所谓工资基金，是指国家要求用人单位依法设置的用于一定时期内（通常为一年）给全体职工支付劳动报酬的一种专门货币基金。国家对各用人单位工资基金的提取、储存和使用实行统一管理，即工资基金管理。各企业、事业单位、机关和社会团体发给职工的劳动报酬，不论其资金来源如何，凡属于国家规定的工资总额组成范围的，均应纳入工资基金管理的范围。这样，工资基金就成了用人单位支付工资的唯一直接资金来源和可靠保障。

按现行规定，工资基金管理的主要措施有：

（1）建立工资基金专户。这是我国银行为各用人单位设立的唯一专存专支工资基金的账户。一个用人单位只能在一家银行建立一个工资基金专户；各用人单位凡是提取的工资总额都必须专项存入各自的工资基金专户，凡是工资总额组成范围内的支出，不论现金或转账，均应从工资基金专户中列支；工资基金专户中储存的资金，只能用作工资支付，不得挪作他用。

（2）计划管理。各用人单位应依法编制年度、季度和分月工资基金使用计划，其中的年度、季度计划，国家不直接下达工资总额计划的用人单位应报主管部门和劳动行政部门备案签章，国家直接下达工资总额计划的用人单位则应由主管部门和劳动、人事行政部门审批。在工资基金使用计划的执行过程中，可将本月或本季度节余的工资基金移到本年度的下个月或季度使用，但不得将下个月或季度的工资基金提前使用；工资基金应按计划规定的各种项目及其数额专项使用，不能串项挪用，即基本工资基金、奖励基金和津贴基金三者之间不能调剂使用。

（3）银行监督。银行有权对用人单位使用工资基金实行监督。国家下达到用人单位的工资总额计划、经审批的工效挂钩方案、经核定的工资总额包干数或工资总额基金，以及年度、季度、分月工资基金使用计划，都应抄送工资基金专户开户银行，由开户银行据此监督用人单位对于工资基金的支取。劳动行政部门和银行还向用人单位核发《工资基金管理手册》，以此作为用人单位向开户银行支取工资基金的法定凭证。对未经劳动、人事行政部门批准或审批手续不全的超计划支取工资基金的，开户银行一律拒付。用人单位向开户银行支取当月工资基金时，要将上个月的工资基金使用情况，报主管部门并抄送开户银行。

5. 欠薪支付保障

在许多国家的立法中，还规定了在雇主拖欠工资时保障劳动者取得所欠工资的特别措施。其要者有欠薪索赔特权制度和欠薪保障基金制度两种。

欠薪索赔特权，即劳动者依法享有的对欠薪雇主就其欠薪优先索赔的权利。法律赋予并保护劳动者欠薪索赔特权，旨在保障劳动者能够优先于其他债权人从欠薪雇主的财产（尤其是破产财产）中使其欠薪得到偿付。此项制度的基本内容，有下述要点：

（1）受特权保护的劳动者范围。原则上全体劳动者都享有此项特权，但立法也规定了某些例外。例如，有的国家在适用于国家公务员和公共团体或公营企业雇员的特别劳动法中从未授予这些劳动者此项特权；有的国家在法律或判例中拒绝给予高级职员、持有本公司股份或股票的雇员、与雇主有近亲属关系的雇员以此项特权。

（2）受特权保护的工资范围。法律上对通过行使此项特权获得偿付的工资有一定限制。例如，有的只限于一定金额以内的工资；有的只限于一定期限（最后或最近若干个月）的工资；有的只限于一定项目的工资（如基本工资、津贴）。

（3）特权的等级。主要有一般特权和专门特权之区分。专门特权优于一般特权，即针对欠薪雇主的某项财产，享有专门特权的欠薪可以从该项财产中优先受偿，尚有余额时才可偿付享有一般特权的欠薪。可以作为行使一般特权之对象的雇主财产，立法大多规定可以是动产或不动产，有的规定只限于不动产；而可以作为行使专门特权之对象的，立法上都只限于一定条件下的特定财产，例如，海员对其船舶就其最后一次航行的工资享有专门特权；建造、改建和修理建筑物、水渠或其他工程的工人对其建造、改建或修理的财产就其工资也享有专门特权。

（4）欠薪索赔特权与其他债权的关系。以欠薪雇主为债务人的欠薪索赔特权以外的债权有非特权债权和特权债权之分。在各国立法中，都把欠薪索赔权置于比非特权债权优先的地位，但对欠薪索赔权是否优先于特权债权则有不同的主张。特权债权包括有担保债权、税收债权、社会保障费债权、破产费用债权等。在各国立法中，有的将欠薪索赔权置于比一切特权债权都优先的地位，即成为超级特权或绝对特权；有的将欠薪索赔权仅置于比税收债权和社会保障费债权优先的地位；有的则将欠薪索赔权置于除有担保债权外都优先的地位，这意味着欠薪可以在拨付破产费用前得到偿付。为了协调欠薪索赔特权与特权债权的利益冲突，各国立法对优先于特权的欠薪索赔特权（尤其是超级特权）所保护的欠薪范围都做了一定限制，一般限制于欠薪中属于维持基本生活需要的部分，有的规定为最后一定期限劳动的欠薪，有的规定为一定限额以内的欠薪。

（5）欠薪索赔特权的加速偿付。由于欠薪索赔具有维持基本生活需要的性质，有些国家规定了加速偿付程序。有的规定，欠薪索赔，一旦查实，就可列为应当立即动用资金偿付的索赔；有的规定，正在进行的欠薪索赔程序，并不因欠薪雇主破产程序的开始而中止；有的规定，欠薪索赔可直接由劳工法院等劳资争议处理机构查实和裁定，而不必经过破产程序；有的规定，劳工法院（法庭）可直接扣押和变卖已成为破产者的欠薪雇主的财产，以偿付欠薪。

欠薪保障基金，即特定机构依法筹集建立的，专门用于雇主由于无力或故意而欠薪时，向劳动者垫付欠薪的基金。此项制度的基本内容有下述要点：

（1）基金的来源。立法大多规定，全部来源于雇主捐款；有的规定，部分由雇主捐款，部分由公款负担；有的规定全部由公款负担；还有的规定，由雇主和劳动者共同分担。

雇主向基金捐款具有强制性，并且不得低于规定标准。有的规定，各种雇主都应当向基金捐款；有的规定，一定范围的雇主才应当向基金捐款，例如，只限于参加国家劳动保险的雇主，或者不包括国家机关、公共团体、公营企业等不可能无偿付能力的雇主。

（2）基金的管理机构。基金具有独立于任何其他财产的地位，由具有法人资格的机构集中管理。这种机构，有的为劳动行政机构或社会保障行政机构，有的为特定的社会保障机构，有的为专门设置的机构。

（3）基金的受益对象。立法大多原则上规定，除法定特殊情形外，全体劳动者都可以从基金中受益，即成为基金援助的对象。被排除在基金受益范围之外的，通常是企业的高级职员、雇主的配偶和近亲属、已享受其他形式保障或者不以工资收入为生活主要来源的劳动者。

（4）基金保障的欠薪范围。关于可以用基金支付的欠薪，各国立法都做了一定限制。就可支付欠薪的构成而言，有的只限于欠薪中维持基本生活需要的部分；有的则允许包括欠薪中的大部分项目（如基本工资、津贴等）；有的还扩大到拖欠的解雇补贴。就可支付欠薪的数额而言，有的只限于一定期限（最后或最近若干个月）的欠薪；有的规定了最高限额。就可支付欠薪的产生原因而言，有的仅限于因企业倒闭或停业所产生的欠薪；有的只包括因雇主无力偿付所产生的欠薪；有的则扩大到因雇主逃匿或失踪、资产被扣押、故意拖欠所产生的欠薪。

（5）基金支出的程序。各国立法对动用基金向劳动者支付欠薪，都规定了严格的程序，其中的关键性环节有：劳动者向基金管理机构或雇主提出索赔请求；索赔得到雇主的承认或者受到劳动争议处理机构或司法机构的支持；雇主无力偿付的诉讼程序已经开始；索赔的正当性已经查实等。

（6）基金支出的法律后果。基金管理机构向劳动者支付欠薪后，即就所垫付的欠薪代位取得欠薪索赔特权。在我国的法律和国家政策中，对欠薪支付保障仅有零散的规定。例如，在破产财产的清偿程序中，欠薪被列为拨付破产费用后的第一清偿顺序；在追索劳动报酬的民事诉讼中，法院可以根据当事人的申请裁定先予执行；困难企业应当从其销售收入中按规定比例提取一定资金，用于支付所欠工资等。深圳市结合本市实际，于1996年10月制定颁布了《深圳经济特区企业欠薪保障条例》，这是我国第一个有关欠薪保障的法规。它规定欠薪保障实行缴费与共济、垫付与追偿相结合的原则；并且就欠薪保障机构、欠薪保障基金、欠薪的垫付和追偿做了明确规定。它将垫付欠薪的必备条件规定为：企业基于法院依法受理破产申请，依法整顿或经审计资不抵债且无力支付员工工资，投资者或经营者隐匿或逃跑而欠薪；员工个人被欠薪数额达150元以上；垫付欠薪申请期限前6个月以内的欠薪。它将垫付欠薪的数额限定为员工实际被拖欠的工资总额，并规定最高不超过上年度市职工年平均工资的20%。

目前，拖欠工资现象时有发生，因此，从我国实际出发并借鉴国外立法经验，完善欠薪支付保障制度，具有非常重要的意义。

6.3.3 实际工资保障

工资是分配个人生活消费品的主要形式，因此，对职工生活最具意义的应是实际工资，即职工所得货币工资所能购买到的生活资料和服务的数量。保障实际工资，就是要处理好工资与物价的关系，一方面力求把物价上升控制在较温和的程序之内，即力求避免物价较剧烈的、较大幅度的上升；另一方面力求使职工货币工资以至少不低于物价上涨的幅度上升，并尽可能使职工货币工资的增长率大于物价的上涨率。这后一方面，就是劳动法中的实际工资保障问题。

可见，保障实际工资较之保障最低工资和保障工资支付，是对劳动者更高水平的保护。在法律上就实际工资保障问题做出规定，表明了现代工资保障立法的发展。

在西方国家，处理工资与物价关系的法定方式，主要有两种：

（1）劳资双方工资谈判。许多国家对企业的工资一般不直接干预，而规定由劳资双方谈判自行解决。例如，日本自20世纪50年代中期以来，企业劳资双方每年定期谈判一次工资增长问题，物价上涨幅度是其考虑的因素之一。政府通过每年公布最低工资调整标准和公务员工资调整意见，对私人企业工资起导向作用。战后十几年，绝大多数年份工资的增长幅度都超过物价上涨幅度而低于劳动生产率增长幅度。美国与日本相仿，但谈判只在行业工会与行业雇主团体之间进行，政府主要采取说服方法，劝导劳资双方克制，适度提高物价和工资，而不要一次增长过猛。

（2）工资物价指数化。即工资随着生活消费品价格指数增加而提高。最早实行这种办法的是美国的通用汽车公司，1948年该公司与联合汽车工人工会签订了为期2年的集体合同，规定工人工资每季度按生活费变动情况而调整，以抵销价格上涨的影响。目前美国只有不足10%的就业人员受此办法的保护。意大利在第二次世界大战后，某些工业部门率先实行了物价工资指数化制度，1947年扩大到各经济部门，1995年底实行滑动工资加生活补贴的办法，滑动工资保持相对稳定，生活补贴随通货膨胀升降，每3个月调整一次。巴西1965年开始实施由政府法令颁布的工资物价指数化方案，此后多次作了大的改动，1987年起重新采取工资与物价同步上升的政策。上述两种方式，指数化方式曾为多数国家所采用，但近年来，多数国家采用谈判方式，仅有少数国家采用指数化方式。

在我国，处理工资与物价关系的基本方式有：

（1）工资调整：即国家在大幅度调价的同时，进行工资普调，以弥补职工因调价而受到的实际工资损失。

（2）物价补贴：在劳动法意义上，仅指在大幅度调价的同时，通过财政支出或企业支出渠道，以货币形式向职工发给补贴。它可以根据物价总水平的上涨幅度及居民生活费指数上涨幅度等因素给予补贴，属明补形式。至于明补以外以商品流通环节的暗补，则不属于劳动法的范围。

上述两种方式，都是在物价主要由国家调整的条件下所采用的。而按市场经济的要求，物价变动应由市场调节，这就大大增加了采用上述两种方式的局限性。为此，我国需要采用与市场经济相适应的新方式来处理工资与物价的关系。对此借鉴外国经验是完全必要的。

关于我国应否实行工资物价指数化制度的问题，目前认识不一致。本书认为，这种方式同市场经济具有一定的适应性，且较为规范，不失为保障实际工资的一种有效方式，但是，这种方式须以完备和科学的统计制度和统计数据为基础条件。它对实际工资的保障难免有滞后性，即工资增长滞后于物价上涨；它还有可能成为推动工资与物价轮番上涨的因素。所以，我国对这种方式的实行应当慎重，并且在实行这种方式的同时，还应采取一些弥补其缺陷的配套措施。

6.4　工资总量宏观调控

工资总量宏观调控，是指国家根据既定的宏观经济、社会目标，对地区、部门（产业）、单位工资总量的确定和互相关系，综合运用经济、行政和法律等多种手段进行调节和控制，以实现资源优化配置和国民经济协调发展。在社会主义市场经济中，工资总量宏观调控分别作为宏观经济调控体系和宏观劳动管理体系的重要组成部分而存在，它应当以企业自主分配、市场决定工资作为其微观基础，以工资水平及其增长速度作为其调控重点，间接调控与直接管理相配套，事前调控与事后调控相结合，实行分级调控、分类管理的体制。国家的宏观调控政策由中央统一制定，各地区、部门（行业）负责本地区、部门（行业）的工资管理，出台重大工资政策须报中央批准。对非国有企业以间接调控和事后调控为主；对关系国计民生、垄断性强而需要由国家统一管理的少数国有企业保持较多的直接管理；对参与市场竞争程度较高的多数国有企业，逐步转向以间接的、事后的调控为主。

我国现行法规和政策关于工资总量宏观调控的规定，集中在下列几方面：

6.4.1　界定工资总额

工资总额是指在一定时期（年度、季度或月度）和一定范围（全国、地区、部门或单位）内，用人单位支付给全体职工的各种形式劳动报酬的总额。它既可分为年度工资总额、季度工资总额和月度工资总额，又可分为全国工资总额、地区工资总额、行业工资总额和用人单位工资总额（企业工资总额）。作为宏观调控主要对象的是用人单位年度工资总额。国家界定工资总额的主要方式是用法规的形式明确规定工资总额的范围和组成项目，在全国范围内统一工资总额的统计口径。

用人单位支付给职工的各种形式的劳动报酬，不论计入成本与否，不论是否列入计税项目，也不论以货币或实物支付，均应列入工资总额之内。按国家统一规定，组成工资总额的项目有：计时工资（包括基本工资和奖金等）、计件工资、津贴和补贴、特殊情况下支付的工资。按国家规定，下列项目不列入工资总额的范围：根据国务院有关规定颁发的创造发明奖、自然科学奖、科技进步奖、支付的合理化建议和技术改进奖以及支付给运动员、教练员的奖金；有关劳动保险和福利方面的各项费用；离休、退休、退职人员的待遇和各项支出；劳动保护的各项支出；稿费、讲课费及其他专门工作报酬；出差伙食补助费、误餐补助费、调动工作的旅费和安家费；对自带工具、牲畜等来企业工作所支付的工具、牲畜等的补偿费用；租赁经营承租人的风险性补偿收入；对购买本企业股票、债券的职工所支付的股息（包括股金分红）、利息；解除劳动合同时支付的经济补偿金、医疗补助费等；因录用临时工而在工资以外向提供劳动力单位支付的手续费或管理费；支付给家庭工人的加工费和按加工订货办法支付给承包单位的发包费用；支付给参加企业劳动的在校学生的补贴；计划生育独立子女补贴。

6.4.2　调控地区、部门（行业）工资水平

国家对地区、部门（行业）工资水平的调控，是工资总量宏观调控体系的主要层次，对实现工资总量宏观调控的总目标和调控用人单位工资总额的效果，具有关键性意义。在体制转轨的过程中，其主要调控措施是弹性工资计划、工资指导线和工资控制线，后两种调控措施的地位和作用将日益重要，并呈现逐步取代弹性工资计划的趋势。

1．弹性工资计划

弹性工资计划又称工资总额（职工人数）弹性计划，是指由国家制定和组织实施的，对地区工资总额和部门（行业）工资总额，进而对职工人数，实行动态调控的指导性计划。它所调控的对象是在国家计划中单列的地区（包括省、自治区、直辖市和计划单列市）、部门（含计划单列的企业集团），地区、部门所属国有企业的工资总额和职工人数均在计划的调控范围之内，并且，将把调控范围扩大到城镇全部企业的工资总量。它从1993年起，在各地区、各部门（行业）普遍实行工资总额弹性计划制度。该制度的基本内容有下述要点：

（1）对工资总额实行分地区、部门（行业）控制。在国家或上一层次地区工资总额弹性计划之内，各部门（行业）工资总额弹性计划包括在国家或本地区工资总额弹性计划之内。

（2）对工资总额实行比例控制。它一般以增加值（或净产值）工资含量、资金利润率、劳动生产率等综合效益指标作为工资总额的相关经济指标，在工资总额指标与相关经济指标之间设置一定比例关系。

（3）对工资总额实行动态控制。弹性计划中，工资总额基数，第一年根据上年年报数进行审定。从第二年开始，原则上以上年末应达到数滚动计算。在弹性计划执行期间，结余的工资总额允许在年度之间自行调剂使用。地区和部门（行业）实发工资总额超过弹性工资总额计划的部分，要在弹性计划执行期末结算时，等额增加该地区或部门上缴中央财政的数额，并等额核减其下一个计划期的工资总额基数。

（4）间接约束企业工资总额。政府有关部门对企业工效挂钩方案的审批、对企业工资总额包干或企业工资总额基数的核定，都应依据弹性工资总额计划。各级劳动行政部门在汇总所属企业编报的年度预计发放的工资总额计划时，如汇总数超过地区、部门弹性工资总额计划的，应查找原因，及时调整工资总额包干企业的工资总额计划，建议工效挂钩企业相应调整当年预计发放的工资总额计划，多留工资储备金，以确保本地区、部门所属企业的工资总额控制在地区、部门弹性工资总额计划之内。

（5）间接调控职工人数。在对工资总额实行弹性计划的同时，年度职工人数也相应改为指导性计划指标，在计划期内坚持增人不增工资总额、减人不减工资总额的原则。这样，实施弹性计划后，国家就按照投入产出的综合效益指标调控工资总额，通过调控工资总额间接调控职工人数。

2．工资指导线

工资指导线是指政府为实现宏观经济社会目标，依据当前经济社会发展水平、城镇居民消费价格指数以及其他经济社会指标，确定年度工资增长的原则和水平，通过提出建议、提供信息等措施，指导企业合理增加工资的一种宏观调控方式。

（1）工资指导线的制定。在实行工资指导线的地区，组织以劳动行政部门为主，有计划、财政、经贸等有关行政部门和工会、用人单位团体以及有关专家、学者参加的工资指导委员会，经政府授权，在多方协商的基础上，依据劳动部当年全国工资增长指导意见，制定本地区工资指导线，送劳动部审核后，经地方政府批准，由地方政府（或其委托劳动行政部门）于每年3月底以前颁布。

（2）工资指导线的基本内容。一是经济形势分析，包括国家宏观经济形势和宏观政策简析；本地区上一年度经济增长、企业工资增长分析；本年度经济增长预测以及周边地区比较分析。二是工资指导意见，即工资指导线水平，包括本年度企业货币工资水平增长基准线、上线和下线。工资指导线水平的确定，应当以本地区年度经济增长率、社会劳动生产率、城镇居民消费品价格指数为主要依据，并综合考虑城镇就业状况、劳动力市场价格、人工成本水平和外贸状况等相关因素。三是工资指导线对企业的要求。

（3）工资指导线的实施。工资指导线适用于本地区城镇各类企业，但对不同类别的企业实行不同的调控办法。国有企业和国有控股企业应当严格执行工资指导线，在工资指导线所规定的下线和上线区间内，围绕基准线根据企业经济效益合理安排工资分配，工资增长不得突破指导线规定的上线。在工资指导线规定的区间内，对工资水平偏高，工资增长过快的国有垄断性行业和企业，按照国家宏观调控阶段性从紧的要求，根据有关政策，从严控制其工资增长。非国有企业应依据工资指导线进行集体协商确定工资，尚未建立集体协商制度的企业应依据工资导线确定工资分配。企业在生产经营正常的情况下，工资增长不应低于工资指导线所规定的基准线水平，效益好的企业可相应提高增长幅度。各企业应当在政府颁布工资指导线后30日内，依据工资指导线编制或调整年度工资总额使用计划。此计划国有企业应当报企业主管部门和劳动行政部门审核，非国有企业应当报劳动行政部门备案。劳动行政部门应当对工资指导线的执行情况进行监督检查。

3. 工资控制线

工资控制线是指政府对工资水平偏高、增长过快的行业、企业采取的一种阶段性从紧调控工资总额增长的具体措施。自1996年起，国家对部分行业、企业实行工资控制线办法。基本内容有下述要点：

（1）工资控制线的调控内容。即控制工资水平偏高、增长过快的工资发放；对部分行业（部门）、企业工资总额发放增长速度实行上限控制；调节行业、企业工资水平，逐步协调工资分配关系，缓解分配不公。

（2）工资控制线的控制对象。仅限于上年度平均工资水平达到全国工资平均水平180%以上的国务院各部门（含国务院直属公司）、国家计划单列企业集团，以及省、自治区、直辖市和计划单列市依法确定的本地区的行业、企业。

（3）工资控制线的制定和水平。劳动部、国家计委于每年4月底以前，针对国务院所属部门、企业具体情况，提出并确定年度工资控制线的控制对象和水平。地区控制线的控制对象和水平由省、自治区、直辖市和计划单列市劳动行政部门和计划部门确定。工资控制线的制定过程中，相关部门、企业须据实提供企业工资水平、人工成本、经济效益完成情况等有关资料、数据。工资控制线的水平，要根据控制对象的平均工资与全国平均工资的差距、经济效益完成情况等相关因素区别确定，其年度货币工资总额增长速度要低于全国企业货币工资总额计划增长速度。

（4）工资控制线的实施。国务院和各省、自治区、直辖市、计划单列市劳动行政部门、计划部门负责工资控制线的实施。实行工资控制线的国务院有关部门必须在工资控制线内将年度工资总额计划逐级分解落实到所属企业，同时抄送劳动部和企业所在地区的劳动行政部门。国家通过采用企业自查、劳动行政部门重点检查和由社会中介机构审计等办法，对工资控制线的落实情况，进行严格的监督检查，对超过工资控制线发放工资的部门、总公司、企业，依法给予经济处罚或通报批评，并追究当事人法律责任。

4．工资指导价位

工资指导价位是指各大中城市政府按照国家统一规范和制度要求，通过定期对各类企业中的不同职业（工种）的工资水平进行调查、分析、汇总、加工，形成各类职业（工种）的工资价位，向社会发布，用以指导企业合理确定职工工资水平和工资关系，调节劳动力市场价格的重要措施。它对于建立与现代企业制度相适应的企业工资收入分配制度，充分发挥劳动力市场对企业工资分配的基础性调节作用，引导企业根据社会平均工资水平和本企业经济效益自主决定工资水平，加强国家对企业工资水平的宏观指导和调节，具有重要的意义。

（1）以中心城市为依托，广泛覆盖各类职业（工种），由国家、省（自治区）、市多层次汇总发布的劳动力市场工资指导价位。

（2）严格按照《劳动力市场工资指导价位调查和制订方法》和《企业在岗职工工资调查表》的要求进行统计调查，职业（工种）要按国家的职业分类大典和劳动力市场职业分类与代码确定，使收集的数据资料准确、真实、具有可比性。

（3）在对有关数据资料进行科学的整理和分析的基础上制订工资指导价位，将对同一职业（工种）所调查的全部职工工资收入从高到低进行排列，按照规定办法分别确定本职业（工种）的工资指导价位的高、中、低位数，以保证工资指导价位在不同地区之间具有可比性。

（4）工资指导价位在每年6月底以前发布，每年发布一次，并且在公共职业介绍机构专项公布，有条件的城市还应当输入计算机，通过劳动力市场信息网络发布，供企业、劳动者和其他需要者查询。

（5）工资指导价位发布后，应当利用多种渠道收集市场、企业和劳动者等方面的反映，以对工资指导价位的作用、科学性和代表性等方面进行正确评价，不断修改、完善工资指导价位的调查和分析方法。

6.4.3 调控用人单位工资总额

国家对用人单位工资总额的宏观调控，包括工资总额与经济效益挂钩、工资总额包干、工资总额计划指标控制、工资总额考核控制等方式，允许针对不同的用人单位分别选择适用；但是，也有一些共同的管理制度，如《工资总额使用手册》管理制度和工资总额联合审核制度。

1．工资总额与经济效益挂钩

工资总额与经济效益挂钩，简称"工效挂钩"，又称工资总额包干浮动，一般指企业工资总额随企业生产经营状况，按一定比例上下浮动。它是在体制转轨时期对国有企业工资总额实行调控的一种重要措施；城镇集体企业也可实行。

有关法规关于工效挂钩的规定，主要有下述几方面的内容：

1）经济效益指标及其基数

（1）经济效益指标。在这里是指由企业选择并报财政、劳动行政部门审核确定的，与企业工资总额挂钩的经济指标。按规定，应以能够综合反映企业经济效益和社会效益的指标作为挂钩指标，一般以实现利税、实现利润、上缴税利为主要挂钩指标，因企业生产经营特点不同，也可将实物（工作）量、业务量、销售收入、创汇额以及劳动生产率、工资利税率、资本利税率等综合经济效益指标作为复合挂钩指标。要建立能够全面反映企业综合经济社会效益的考核指标体系，其中应包括承包合同完成情况、资产保值增值状况以及质量、消耗、安全等；国有资产保值增值应作为否定指标，达不到考核要求的不能提取新增效益工资；其他考核指标达不到要求的，要扣减一定比例的新增效益工资。

（2）经济效益指标基数。即用以计算上述指标增长幅度的基数。它应按照鼓励先进、鞭策落后的原则核定，既对企业自身经济效益高低、潜力大小进行纵向比较，又进行企业间横向比较。该基数一般以企业上年实际完成数为基础，剔除不可比因素或不合理部分，并参照本地区同行业平均水平进行核定。

2）工资总额基数

工资总额基数即经劳动、财政部门核定的，用以计算企业年度工资总额提取量的基数。应将职工全部工资收入逐步纳入挂钩工资总额基数，取消挂钩工资总额以外提取和列支的各种工资项目。该基数原则上以企业上年度统计年报中的工资总额为基础确定，实行增人不增工资总额、减人不减工资总额的办法。对已实行工效挂钩的企业和新实行工效挂钩的企业来说，确定工资总额基数的规则应有所不同。

3）浮动比例

浮动比例即工资总额随挂钩经济指标变化而浮动的比例系数或工资含量系数。比例系数，即表示挂钩指标增减比例与工资总额增减比例之关系的系数，例如，上缴利税增或降1%，工资总额则上浮或下浮一定百分比。这种浮动比例，一般应按1∶0.3~0.7核定，少数特殊企业经批准可适当提高，但最高按低于1∶1核定。工资含量系数，即表示完成一定单位数量的产品、产值或工作量应提取一定工资额的系数，如吨煤工资含量、百元产值工资含量等。采用这种比例的企业，经济指标完成核定基数和超过基数一定幅度以内的，按核定的工资含量提取含量工资，超过基数一定幅度以上的一般按不超过核定工资含量的70%提取含量工资。无论哪种浮动比例，都应根据挂钩指标高低和潜力大小，按纵比和横比相结合的办法确定。工资总额应根据挂钩指标当年实际完成情况，严格按核定的浮动比例计算提取，经济效益增长或下降时应按核定比例增提或减提。

4）工效挂钩管理

劳动、财政部门会同计划等部门对工效挂钩实施综合管理，主要职责是：

制定工效挂钩政策、法规和实施办法；审核确定企业的工效挂钩方案；核定工资总额基数、经济指标基数和挂钩浮动比例，并进行年终工资清算；监督检查企业的工效挂钩执行情况。企业编报的工效挂钩方案，按管理体制经劳动、财政部门会同计划部门审批后执行；企业的工效挂钩执行情况，应按国家统一制定的工效挂钩年度清算表，依工资管理体制进行清算；企业自行调整挂钩的工资总额基数、经济效益基数和浮动比例，或超过核定浮动比例提取工资总额的，劳动、财政、计划部门应予纠正并扣回。

2．工资总额包干

工资总额包干，即企业工资总额依法由劳动行政部门和有关部门依法核定后，原则上不因职工人数增减，企业按核定的工资总额包干数提取工资总额并自主使用。企业必须保证完成国家下达或核定的年度生产、上缴利税、劳动生产率等指标，凡未完成指标的，应按一定比例核减包干工资总额。企业提取工资总额超过核定包干数的部分，应予扣回。

3．工资总额指令性控制

这是一种行政制约力度最大的宏观调控方式，即由国家直接对用人单位下达指令性工资计划指标或者核定年度工资总额计划，用人单位对这种计划指标或计划必须严格执行而不得突破。这种控制方式只适用于机关、事业单位和社会团体，以及垄断性国有企业。实行工资总额由国家指令性控制的单位，其工资总额超过计划指标或核定数的部分，应予扣回。

4．工资总额考核控制

按照这种控制方式，企业在坚持工资总额增长幅度低于经济效益增长幅度、职工实际平均工资增长幅度低于劳动生产率增长幅度，以及保证公积金、公益金提留的前提下，自主决定年度工资总额；劳动行政部门仅核定企业提出的工资总额基数，并以经济效益和劳动生产率增长幅度为标准考核企业的增资幅度；企业提取工资总额高于经济效益和劳动生产率增长幅度的部分，劳动行政部门应予扣回。按规定，外商投资企业和自我约束机制基本建立、资产经营责任基本落实的其他企业，可适用这种宏观控制方式。

5．《工资总额使用手册》管理制度和工资总额联合审核制度

由各级劳动行政部门会同统计、财政、银行等部门，于每年年初对本地区企业上年度工资总额的提取和发放情况进行联合审核。在联合审核的基础上，由劳动行政部门和银行核发《工资总额使用手册》。在联审中，发现多提或超额发放工资的，要如数扣回。

所有企业都要使用《工资总额使用手册》。实行工效挂钩或者自主确定工资总额的企业，根据自行编制的工资总额计划如实填写《手册》，于年初报主管部门或劳动行政部门一次性备案签章；实行工资总额包干的企业，按照劳动行政部门下达的工资总额包干数填写《手册》，于年初报主管部门或劳动行政部门一次性审核签章。对未备案签章、审核签章或超额支取工资的企业，银行一律拒付。

6.5　法律责任

工资法是劳动基准法的一个重要组成部分，根据《劳动法》和《违反〈中华人民共和国劳动法〉行政处罚办法》规定，用人单位违反工资法的行为主要有：一是克扣工资，即用人单位对履行了劳动合同所规定的义务，保质保量完成生产工作任务的劳动者，不支付或未足额支付其工资；二是无故拖欠工资，即用人单位无正当理由在规定时间内故意不对劳动者支付其有义务支付的工资；三是拒付延长工时工资报酬，即用人单位拒绝向延长工时的劳动者按法定延长工时工资报酬标准支付工资报酬；四是支付工资低于最低工资标准，即用人单

位对在法定工作时间内提供了正常劳动的劳动者所支付的基本工资、资金、津贴和补贴之总额，低于当地最低工资标准。

用人单位如实施了上述行为，其法律责任为，用人单位必须按照劳动者要求或劳动行政部门责令，全额发给违法未付的工资报酬或最低工资，并按违法未付工资报酬额或最低工资的25%支付经济补偿金，用人单位拖欠或者未足额支付劳动报酬的，劳动者可以依法向当地人民法院申请支付令，人民法院应当依法发出支付令。

思考题

1. 简述最低工资的法律特点。
2. 简要回答确定最低工资标准的原则是什么。
3. 简述最低工资标准的构成。
4. 试述在社会主义市场经济条件下工资制度的特点。

案例分析

工作年限（俗称"工龄"）作为计算解除（终止）劳动合同补偿金的重要标准，已引起劳动者与用人单位的双重重视。但实践中某些用人单位为防止劳动者原工作年限计入新工作单位，往往通过迫使劳动者辞职后重新与其签订劳动合同，或者通过设立关联企业，在与劳动者签订合同时交替变换用人单位名称等手段，迫使劳动者"工作年限清零"，而在此情况下，劳动者的工作年限应当连续计算。

金某于2010年12月25日入职甲公司，双方连续签订五份固定期限劳动合同，最后一份劳动合同期限至2015年12月24日止，其中"工作内容"部分约定为"甲公司聘任金某担任超市公司××店防损组长"。该劳动合同到期后，甲公司未与金某就双方的劳动关系做出任何处理，亦未向金某支付经济补偿金。次日，金某与乙公司签订为期两年的劳动合同，其中"工作内容"部分约定"乙公司聘任金某担任防损组长"，但金某的工作地点及工作内容均未发生变化。2016年7月29日，乙公司对金某工作岗位进行调整，并降低了其薪资，金某认为乙公司行为违法，故于2016年9月27日以公司未经其同意单方变更劳动合同并克扣工资为由向乙公司、甲公司同时邮寄送达了解除劳动合同通知书，并提起仲裁申请，要求乙公司支付解除劳动合同经济补偿金，仲裁委员会支持了金某的请求。乙公司不服仲裁裁决起诉，认为金某在甲公司的工作年限不应并入该公司。庭审中，当事人均认可乙公司是甲公司的子公司，二公司之间存在关联关系。法院经审理后认为，金某从甲公司到乙公司的工作岗位变动系"非因劳动者本人原因从原用人单位被安排到新用人单位"，故认定金某在甲公司的工作年限应与乙公司的工作年限合并计算，判令乙公司向金某支付2010年12月25日至2016年9月27日期间的解除劳动合同经济补偿金31 196元。

试回答：法院审判的依据是什么？

第7章 劳动保护

曹某2015年8月到某加工厂应聘，当时曹某只有14岁，但发育较好，自报16岁。加工厂未进行认真核实就予以录用，后了解到此情况也并未追究，仍让其在该厂工作。2016年4月，曹某在操作过程中违反了操作规程，被刨床刨掉了三根手指，经治疗后再植失败，成为残疾。曹某到县劳动鉴定委员会确认其为工伤，要求加工厂对其给予劳保待遇。加工厂认为曹某是合同制工人，按国务院的有关规定，曹某治疗期满后仍然不能从事原工作的，企业可以解除劳动合同。所以，加工厂只能承担一点医疗费，并按规定给予曹某每年一个月的标准工资作为生活补助费。曹某不服向县劳动争议仲裁委员会申诉，请求维护其合法权益。经县劳动争议仲裁委员会调解，双方达成如下调解协议：① 某加工厂承担曹某在治疗期间的全部医疗和生活费用，实报实销。② 厂方一次性付给曹某致残抚恤费15 000元。③ 厂方与曹某签订的劳动合同无效，由厂方将曹某送回原居住地，其费用由厂方承担。

7.1 概　　述

7.1.1 劳动保护的概念和特征

劳动保护，其广义是指对劳动者各方面合法权益的保护，即通常所称的劳动者保护；其狭义仅指对劳动者在劳动过程中的安全和健康的保护，又称劳动安全卫生或职业安全卫生。本章阐述狭义的劳动保护。其特征表现为：

（1）受保护者是劳动者，保护者是用人单位。当劳动者将其劳动力的使用权有期限地让渡给用人单位后，仍拥有对劳动力的所有权，用人单位在使用劳动者的劳动力时就应当对劳动者的劳动力实施保护。因而，劳动保护是劳动者的权利和用人单位的义务。

（2）保护的对象是劳动者的安全和健康。因为劳动力以劳动者人身为载体，劳动者只有在其人身处于安全和健康的状况下，其劳动力才能正常存续和发挥，所以，保护劳动者的安全和健康即保护劳动者的劳动力。

（3）保护的范围只限于劳动过程。劳动保护是基于劳动关系产生的，因而，用人单位只对劳动者在劳动过程中的安全和健康负有保护义务，而对劳动者在劳动过程之外的安全和健康则无此义务。

7.1.2 劳动保护法的概念和立法概况

劳动保护法，又称劳动（或职业）安全卫生法，是指以保护劳动者在劳动过程中的安全和健康为宗旨，以劳动安全卫生规则为内容的法律规范的总称。在劳动法体系中，它作为组成部分之一，较之其他部分具有明显特征。主要表现在：

1．其保护对象具有首要性

在劳动法所保护的劳动者利益的总体结构中，安全和健康无疑居于特别重要的地位，是劳动法保护的首要对象，由此决定了劳动保护法在劳动法体系中无可争辩地处于首要地位。劳动法的历史告诉我们，劳动法对劳动者的保护是从保护劳动者的安全和健康开始的，或者在一定意义上说，劳动法起源于对劳动者安全和健康的保护。例如，被视为现代劳动立法开端的1802年英国颁布的《学徒健康与道德法》，就其内容而言，实际上是一部劳动保护法规，至于其他国家最先颁布的也是专门性劳动保护法规，或者是以劳动保护为主要内容的劳动法规。

2．其内容具有技术性

劳动过程中客观存在的各种职业危害因素，都是由自然规律支配的。为了避免职业危害因素对劳动者人身造成现实伤害，通常都以技术手段（还有组织管理措施）作为最基本的劳动保护手段。在劳动保护法的内容中，包含有大量的技术性法律规范，其中有许多直接由技术规范所构成。这种技术性法律规范直接反映自然规律的要求，使劳动安全卫生的技术措施和技术要求规范化和法定化，是劳动保护法规的基本内容。正因为如此，劳动保护法规具有跨越国界的共同性和跨越历史阶段的稳定性，我国的劳动保护立法，应当大胆地借鉴外国的立法成果，并且力求使之同国际劳工组织的劳动安全卫生公约趋于一致。

3．其法律约束力具有强行性

在劳动法中，既有强行法律规范，也有任意性法律规范。就劳动保护法律规范而言，一般属于强行性法律规范，具有必须严格遵循的法律约束力。之所以如此，是由劳动者的安全和健康的特殊性决定的。只有法律用绝对肯定的形式给予规定，才有可能确保劳动者安全和健康作为首要和最基本的权益而存在。

4．其适用范围具有普遍性

我国各种用人单位不论其所有制形式如何，都应遵守劳动保护法；各种职工不论其用人形式如何，都应受到劳动保护法的保护。此外，劳动保护法的许多内容，还应当超越劳动法的调整范围，适用于未列入此范围的某些劳动者和用人单位。例如，从事劳动的劳改或劳教人员和使用劳改或劳教人员从事生产的单位，同样必须参照适用劳动保护法的有关规定。之所以如此，这是由劳动保护法规的保护对象的特殊性所决定的。一方面，安全和健康对劳动者来说，不论其所处的劳动关系如何，也不论是否处在劳动关系中，都具有同等重要的意义；另一方面，劳动过程中的职业危害因素对劳动者安全和健康的潜在危险和现实伤害并不因劳动者所在劳动关系不同或者是否处在劳动关系中而有任何差别。所以，各种劳动者的安全和健康在法律上应当受到同等的重视和保护。劳动保护立法在劳动法体系中一直处于非常突出的地位，其数量之多，远非劳动法体系的其他部分可比。

【知识拓展】

在世界上已有的70多部劳动法典中，都设置专门篇章规定劳动保护的基本要求。许多国家还制定了劳动保护基本法，如美国的《职业安全与卫生法》、日本的《劳动安全与卫生法》等。在国际劳工组织1919—1992年所制定的170多项国际劳动公约和建议书中，以劳动保护为主要内容的占一半左右。各国劳动保护立法都有一个显著特征，即制定了分门别类、为数众多、内容详细的劳动安全标准和卫生标准，从而成为劳动保护法的一种重要渊源。

在我国，1949年制定的临时宪法（即《共同纲领》）和以后的历次宪法中都对劳动保护做了原则性规定。在1990年出版的《中华人民共和国劳动政策法规全书》中，关于劳动保护方面的政策法规，约占该《全书》篇幅的三分之一强。在已有的劳动保护立法中，除《劳动法》、《矿山安全法》（1992年）、《职业病防治法》（2001年）和《安全生产法》（2002年）外，影响较大的有：1956年制定的"三大规程"，即《工厂安全卫生规程》《建筑安装工程安全技术规程》和《工人职员伤亡事故报告规程》，1963年制定、1979年修订的《工业企业设计卫生标准》，1982年制定的《矿山安全条例》《矿山安全监察条例》和《锅炉压力容器安全监察条例》，1985年制定的关于工会实施劳动保护监督检查的3个条例，1987年制定的《职业病范围和职业病患者处理办法的规定》和《尘肺病防治条例》，1988年制定的《关于生产性建设工程项目职业安全卫生监察的暂行规定》和《女职工劳动保护规定》，1990年制定的《女职工禁忌劳动范围的规定》和《厂长、经理职业安全卫生管理资格认证规定》，1991年制定的《企业职工伤亡事故报告和处理规定》，1994年制定的《未成工特殊保护规定》和《矿山建设工程安全监督实施办法》，1995年制定的《劳动安全卫生监察员管理办法》，1996年制定的《矿山安全法实施条例》，等等。

7.1.3　劳动保护的任务和方针

1. 职业伤害与劳动保护任务

劳动保护的任务是同职业伤害相联系的。所谓职业伤害，是指职业危害因素对劳动者人身造成的有害后果，它既可能表现为急性伤害，即劳动者伤亡事故，也可能表现为慢性伤害，即劳动者患职业病或身体早衰。所谓职业危害因素，是指劳动过程中的物质因素（劳动对象、劳动工具、劳动环境等）固有的物理、化学或生物性能所含的危险性或危害性。它的存在，只表明劳动过程中存在发生职业伤害的客观基础，但并非一定都会造成职业伤害。尤其是随着科学技术的进步，防护手段会越来越多且越来越有效。因而，职业伤害既具有客观现实性，又具有可避免性。由此才提出了劳动保护的要求。职业伤害的客观现实性表明劳动保护具有必要性；职业伤害的可避免性则表明劳动保护具有可行性。

一般言之，潜在的职业危害因素转化为职业伤害，必须具备一定的诱发或激发条件。这种条件包括：物质条件的不良状态，主要指原材料、燃料的质量不合格，机器设备不符合运转、使用要求，物资存放、包装不合要求，以及劳动场所存在问题等；人的错误行为，主要指企业管理者的违章管理行为、劳动者的违章操作行为；人们对自然规律的认识不足和应付手段欠缺。

劳动保护的任务在于，通过多种手段控制潜在职业危害因素向职业伤害转化的条件，使职业伤害不致发生。也就是说，劳动保护的任务，就是在职业伤害发生之前积极采取组织管理措施和工程技术措施，尽可能地消除职业伤害所赖以发生的条件，从而有效地保护劳动者的安全和健康。

2．劳动保护的方针

为了实现劳动保护的任务，我国的立法要求劳动保护工作必须坚持"安全第一、预防为主"的方针。"安全第一"，这是处理生产与安全的关系所应遵循的原则。当生产与安全发生矛盾时，应当优先满足安全的需要，即安全重于生产，而不允许以生产压安全。"预防为主"，即防重于治，这是处理职业伤害的预防与治理关系所应遵循的原则，它要求把劳动保护的重点放在防患于未然，要求尽量采用直接安全技术，制造和使用无害设备和无害工艺，而不要在不安全、不卫生因素形成之后，甚至造成职业伤害之后，再进行治理和补救。

7.1.4　劳动保护关系中各方主体的权利和义务

1．政府的劳动保护职责

根据宪法的规定，政府及其有关部门对劳动者的安全和健康在宏观上负有保护职责。具体包括：制定劳动保护法规和劳动安全卫生标准，并监督用人单位执行；政府职能部门应当把劳动安全卫生管理和服务工作，纳入各自的日常职责范围，通过日常的审批、鉴定、考核、认证、事故查处职能活动等，督促用人单位做好劳动保护工作；通过劳动保护监察活动，监督、检查用人单位遵守劳动保护法，制止、纠正并制裁劳动保护中的违法行为；组织和推动劳动保护科研工作及其成果开发、推广和应用；向企业直接提供或支持提供巨型劳动保护设施。

2．用人单位的劳动保护义务

用人单位必须按照劳动保护法的要求，对本单位劳动者承担劳动保护义务。其中主要有：向劳动者提供符合劳动安全卫生标准的劳动条件；对劳动者进行劳动保护教育和劳动保护技术培训；建立和实施劳动保护管理制度；保障职工休息权的实现；为女工和未成年工提供特殊劳动保护；接受政府有关部门、工会组织和职工群众的监督。

3．劳动者的劳动保护权利和义务

劳动者是劳动保护关系中的受保护者，其劳动安全卫生权利的内容，主要包括：有权获得符合标准的劳动安全卫生条件；有权获得法定的休息休假待遇；有权获得本岗位安全卫生知识、技术的学习和培训；有权拒绝单位行政负责人提出的违章操作要求，在劳动条件恶劣、隐患严重的情况下，有权拒绝作业和主动撤离工作现场；有权对单位行政负责人执行劳动保护法的情况进行监督并提出建议。同时，职工负有学习和掌握劳动保护知识、技术，严格遵守操作技术规程的义务。

7.1.5　劳动保护法的体系

劳动保护法体系，是指由众多的劳动保护法律规范，按照劳动保护工作所需要的结构，分类组合而成的有机整体。其结构如表7-1所示。

根据上述设计，劳动保护法体系的结构，应包括相互联系的横向结构、纵向结构两方面。

表7-1 劳动保护法体系结构表

纵向结构	横向结构																							
（1）宪法	《宪法》中有关劳动保护的规定																							
（2）劳动法典	《劳动法》中有关劳动保护的规定																							
（3）综合性基本法	《安全生产法》、《职业病防治法》																							
（4）专门性基本法（法律或行政法规）（5）单项法规（部门规章）（6）劳动安全卫生标准	劳动安全技术法					劳动卫生技术法					劳动保护管理法											特殊主体保护法		劳动保护监督法		
	矿山安全	特种设备安全	建筑安装工程安全	危险性产品、材料安全	特定劳动场所安全	粉尘危害防护	职业性毒物危害防护	噪声危害防护	电磁辐射危害防护	其他职业危害防护	劳动保护综合管理						劳动保护专项管理					女职工特殊劳动保护	未成年工特殊劳动保护	矿山安全监察	特种设备安全监察	其他劳动保护监察
											劳动保护计划	劳动保护教育	劳动保护设施同时	劳动保护认证和考评	劳动保护检查	其他综合性劳动保护管理措施	安全生产责任	生产安全事故调查处理	职业病危害项目申报	职业健康监护	其他专项劳动保护管理措施					

（1）横向结构：即按照劳动保护法调整的对象（或规定的事项）进行分类而形成的劳动保护法体系结构。除宪法和《劳动法》中关于劳动保护的规定，以及可能制定的《劳动保护法》外，对其他劳动保护法规可大致分为劳动安全技术法规、劳动卫生技术法规、劳动保护管理法规、特别主体劳动保护法规和劳动保护监察法规五大类，各大类又都可以进一步划分为若干小类。这种结构与劳动保护工作所应包括的各个部门内容相对应，它昭示为建立完备的劳动保护法体系，应制定哪些方面的法规。

（2）纵向结构。即按照劳动保护法各种形式的效力层次进行分类而形成的劳动保护法体系结构。《宪法》关于劳动保护的规定，居于最高层次；《劳动法》关于劳动保护的专章规定，居于第二层次。综合性基本法属于第三层次，包括《安全生产法》等。此外，《劳动法》在内容的复杂程度和地位的重要程度上是不尽相同的，其中，有的部分内容非常复杂、地位非常重要，宜于制定专门性基本法（即第四层次），对该部分的基本问题予以集中规定，以统率本部分的各个单项法规（即第五层次）。例如，《矿山安全法》，就属于第四层次。当然，作为第四层次的法规，并非都要采用法律的形式，有的只需采用行政法规的形式即可。但是，横向结构中有的部分，内容相对简单或地位相对次要，就不宜分别设置第四和第五两个层次，而只需采用这两个层次中某一层次的法规即可。此外，还有依据标准化法规和劳动保护法规所制定的劳动安全卫生标准。它以技术规范为基本内容，分为国家标准和行业标准两个层次，与相应的单项规章具有同等效力。

7.2 劳动安全卫生技术规程

7.2.1 劳动安全技术规程

劳动安全技术规程，是指以防止和消除劳动过程中伤亡事故的技术规则为基本内容，旨在保护劳动者安全的法律规范。它具体规定安全技术措施规定和相应的安全组织管理措施。主要有：《安全生产法》《工厂安全卫生规程》《建筑安装工程安全技术规程》《矿山安全条例》《矿山安全法》及其《实施条例》，以及劳动安全方面的国家标准和行业标准。

由于各行业的生产特点、工艺过程不同，需要解决的安全技术问题不同，规定的安全技术规程也有所不同。按产业性质分，有煤矿、冶金、化工、建筑、机器制造等安全技术规程；按机器设备性质分，有电器、起重、锅炉和压力容器、压力管道、焊接、机床等安全技术规程。

我国各行各业需要共同遵守的劳动安全技术规程，主要有下述几部分：

1. 工厂安全技术规程

其内容主要包括下列几方面：

（1）厂房、建筑物和通道的安全要求。建筑物（厂房）必须坚固，以防垮塌，如有损坏或危险的迹象则应立即修理；动力间、锅炉房、瓦斯发生室应与其他工作间隔开，其屋顶要求轻便，楼房应设置安全梯和其他便于脱险设备。厂院内交通要道必须平坦、畅通；夜间要有足够的照明设备；道路和轨道交叉处须有明显的警告标志、信号装置或落杆；为生产需要所设的坑、壕、池，应有围栏或盖板。

（2）工作场所的安全要求。机器和工作台等设备的布置，必须科学、合理，便于安全操作；原材料、成品、半成品的堆放必须不妨碍生产活动的正常进行和通行；工作地点局部照明的光度应符合操作要求；爆炸危险场所，应当选择物质危险性小、工艺较缓和并较成熟的工艺路线，对爆炸性混合物的生产、使用、储存和装卸要采取预防性措施。

（3）生产设备的安全要求。其总的要求是：设备的设计、制造、安装必须符合劳动安全法、标准的要求；所用设备对人体有危害的，应采取有效防护措施；对容易发生危险的特种设备，必须严格管理，操作人员应经过专门培训考核，持证上岗操作。机器设备的安全要求是，应当根据各种机器设备的性能和特点分别采取相应的安全措施，如防护装置、保险装置、信号装置、防摩擦加油或蓄油装置、危险牌示、识别标志等。电器设备的安全要求是，各种电气设备都要有熔断器和自动开关，带电导体要设安全遮拦或警告标志；行灯电压不能超过36伏，在金属容器内或潮湿处所不能超过12伏；发生蒸汽、气体、粉尘的工作场所要使用密闭电气设备，有爆炸危险的工作场所要使用防爆型电气设备。锅炉压力容器的安全要求是，动力锅炉必须装有准确、有效的安全阀、压力表和水位表；各种气瓶的存放和使用，都必须距离明火10米以上；锅炉的运行操作，要由经过专门训练并考试合格的专职人员担任。此外，还有起重机械、厂内机动车辆等特种设备都有各自特定的安全要求。

（4）个人防护用品的安全要求。企业必须对处于可能危害劳动者安全岗位上的劳动者提供安全帽、呼吸护具、眼防护具、听力护具、防护鞋、防护手套、防护坠落具、护肤品等相应的防护用品，对特种劳动防护用品、用具的效能，应定期检验和鉴定并且按规定报废和更新，失效的一律不准使用。

2. 建筑安装工程安全技术规程

其内容主要有下列几方面：

（1）施工现场的安全要求。在现场周围和悬崖、陡坎处所，应该用篱笆、木板或铁丝网等围设栅栏；工地的沟、坑应填平或设围栏、盖板。施工现场要有交通指示标志，危险地区应悬挂"危险"或者"禁止通行"的明显标志，夜间应有红灯示警；架设高压线、材料存放、爆炸物存放等应按规定采取有安全措施；施工现场的附属企业、机械装置等临时工程设施的位置、规格都应在施工组织设计时详细规定等。

（2）脚手架的安全要求。凡是承载机械或超过15米高的脚手架，必须先行设计，经批准后才可搭设。搭设好的脚手架经施工负责人验收后，才能使用，使用期间应经常检查。

（3）土石方工程和拆除工程的安全要求。进行土石方工程之前，应做好必要的调查和勘察工作。拆除工程应在施工之前对建筑物现状进行详细调查，并组织设计，经总工程师批准后才可动工。

（4）高处作业的安全要求。对于从事高处作业的职工，必须进行身体检查，不能使患有高血压、心脏病、癫痫病的人和其他不适于高处作业的人从事高处作业；遇有六级以上强风气候，禁止露天进行起重工作和高空作业。

（5）防护用品等其他方面的安全要求。

3．矿山安全技术规程

其内容主要有下述两方面：

（1）矿山建设的安全要求。矿山建设工程的设计文件必须符合矿山安全规程和行业技术规范，其主要设计项目包括矿井通风系统、供电系统、提升运输系统、防火灭火系统、防水排水系统、防瓦斯系统、防尘系统等。每个矿井必须有两个以上能行人的安全出口，出口之间的水平距离必须符合矿山安全规程和行业技术规范。矿山必须有与外界相通的、符合安全要求的运输和通信设施。

（2）矿山开采的安全要求。矿山开采必须具备保障安全生产的条件，应按开采的矿不同分别遵守相应的矿山安全规程和行业技术规范。矿山使用有特殊安全要求的设备、器材、防护用品和安全测试仪器，必须符合国家标准或行业安全标准，否则，不得使用。矿山企业必须对机电设备及其防护装置、安全检测仪器进行定期检查、维修，保证使用安全；必须对冒顶、边坡滑落和地表塌陷，瓦斯、煤尘爆炸，地面和井下火灾、水灾、爆破作业等危害安全的事故隐患采取严密的预防措施。

7.2.2 劳动卫生技术规程

劳动卫生技术规程，是指以防止和消除职业病急性中毒等慢性职业伤害的技术规则为基本内容，旨在保护劳动者健康的法规。它包括各种工业生产卫生、医疗预防、职工健康检查等技术措施和组织管理措施的规定。

我国各行各业的劳动卫生规程很多，除了在《工厂安全卫生规程》中规定了一般性的基本要求外，还针对某些劳动卫生问题制定了专门规定，如《关于防止厂矿企业中矽尘危害的决定》《关于防止沥青中毒办法》《工业企业噪声标准》《关于加强防毒工作的决定》《尘肺病防治条例》《放射性同位素与射线装置放射防护条例》等。此外，还制定了一些关于劳动卫生的国家标准和行业标准。它们关于劳动卫生基本的要求，概括起来主要有以下几方面：

1．防止有毒物质危害

凡散发有害健康的蒸汽、气体的设备应加以密闭，必要时应安装通风、净化装置；有毒物品和危险物品应分别储藏在专设处所，并严格管理；对有毒或有传染性危险的废料，应在卫生机关的指导下进行处理；对接触有毒有害气体或液体的职工应供给有关防护用品；等等。

2．防止粉尘危害

凡是有粉尘作业的用人单位，要努力实现生产设备的机械化、密闭化和自动化，设置吸尘、滤尘和通风设备，矿山采用湿式凿岩和机械通风；对接触粉尘的工人发给防尘口罩、防尘工作服和保健食品，并定期进行健康检查；等等。

3．防止噪声和强光危害

对产生强烈噪声的生产，应尽可能在设有消声设备的工作房中进行，并实行强噪声和低噪声分开作业。在有噪声、强光等场所操作的工人，应供给护耳器、防护眼镜等；要用低噪声的设备和工艺代替强噪声的设备和工艺，从声源上根治噪声危害；等等。

4．防止电磁辐射危害

凡是存在电磁辐射的工作场所，应当设置电场屏蔽体或磁场屏蔽体将电磁能量限制在所规定的空间内；实行远距离控制作业和自动化作业；用能吸收能量的材料与屏蔽材料叠加一起，吸收辐射能量和防止透射；对作业人员采取必要的个人防护措施。

5．防暑降温、防冻取暖和防潮湿

工作场所应当保持一定温度和湿度，不宜过热、过冷和过湿。室内工作地点的温度经常高于35摄氏度的，应当采取降温措施；低于5摄氏度的，应当设置取暖设备；对高潮湿场所，应当采取防潮措施。

6．通风和照明

工作场所的光线应当充足，采光部分不要遮蔽；工作地点局部照明应符合操作要求，但也不宜强光刺目；通道应有足够的照明。生产过程温度和风速要求不严格的工作场所应保证自然通风；有瓦斯和其他有毒害气体集聚的工作场所，必须采用机械通风。通风装置必须有专职或兼职人员管理，并应定期检修和清扫，遇有损坏应立即修理或更换。

7．卫生保健

为增强从事有害健康作业的职工抵抗职业性中毒的能力，应满足其特殊营养需要，免费发给保健食品。对高温作业的职工，应免费供给降温饮料，以补充水分和盐分。另外，用人单位应根据需要，设置浴室、厕所、更衣室、妇女卫生室等生产辅助设施，并经常保持设施完好和清洁卫生。

7.3 劳动保护管理制度

劳动保护管理制度是法律所规定或确认的国家和用人单位为保护劳动者在劳动过程中的安全和健康而采取的各项管理措施的统称。其中，既包括宏观劳动保护管理，也包括微观劳动保护管理；既包括劳动保护综合管理，也包括劳动保护专项管理。本节仅介绍几种主要的劳动保护管理制度。

7.3.1 一般劳动安全卫生管理制度

1．安全卫生技术措施计划制度

安全卫生技术实施计划制度是指用人单位在编制年度生产、技术、财务计划的同时必须编制安全卫生技术措施计划，对改善劳动条件、防止工伤事故和职业病的一切技术措施，实行计划管理的制度。该计划的项目包括：安全技术措施、劳动卫生措施、辅助性设施等措施和劳动保护宣传教育措施等。安全卫生技术措施所需资金，应按计划专款专用，专户储存，在更新改造基金中予以安排；安全卫生技术措施所需设备、材料，应列入物资供应计划；对每项措施应确定现实的期限和负责人。企业应把安全卫生技术措施计划与生产计划置于同等地位，同时应建立对执行安全卫生技术措施计划的监督检查制度。

2. 安全卫生教育制度

安全卫生教育制度是指为了增强职工的安全卫生意识，提高其安全卫生操作水平，而对职工进行教育、培训和考核的制度。其内容包括安全卫生知识教育和遵守安全卫生制度教育两方面。

安全卫生教育可采用多种形式，主要有：

（1）对新职工必须实行三级安全卫生教育，即入厂教育、车间教育、班级教育，经考试合格后方可进入操作岗位。

（2）对特种作业人员进行生产技术和特定的安全卫生技术培训，并经考核取得合格证，方准上岗；此外对生产管理人员、特种设备检验人员、救护人员也应进行相关的安全卫生教育。

（3）凡采用新技术、新工艺、新设备、新材料的，应对职工重新进行相应的生产和安全卫生技术教育；对调任新工作职务的管理人员进行与新业务相应的安全卫生教育。

（4）坚持经常性的安全卫生教育。

（5）职业培训实体应开设劳动安全卫生方面的理论和操作技能课程。

3. 安全卫生设施"三同时"制度

安全卫生设施"三同时"制度是指为确保劳动者在生产过程中的安全和健康，而要求新建、改建、扩建工程的劳动安全卫生设施必须与主体工程同时设计、同时施工、同时投产和使用的一种劳动保护制度。它要求：

（1）各级经济管理部门和行业管理部门在编制和审批建设项目计划任务书和下达投资计划时，必须同时提出安全卫生设施要求，并将此项设计所需经费物资纳入总投资计划和年度计划之中。

（2）建设单位首先应当提出安全卫生设施的具体要求；验收前认真填写《建设项目职业安全卫生项目验收审批表》；并进行试生产，就试生产中安全卫生设施的运行情况、措施效果、检测数据、存在问题、解决办法写出专题报告，以供验收审查。

（3）设计单位在设计主工程项目时应同时编制《职业安全卫生篇》，详细说明可能产生的职业危害和应采取的措施及其预期效果等；严格按照有关法律规定和标准进行设计，并与主设计同时提交审查、论证。

（4）施工单位对安全卫生设施要同主体工程同等对待、严格按照设计要求和图纸施工，保证工程质量。

（5）建设单位、设计单位、施工单位都无权变更或削弱已经会审确定的安全卫生项目；确需变更或削减的部门，必须事前征得有关各方同意，并重新履行审批手续。

（6）对建设项目的设计、验收，均应由同级劳动部门、当地卫生部门、工会组织会审同意，方可施工和验收投产，未经会审同意的工程项目不得施工、不予验收、不得投产。建设单位应于会审前将有关文件、资料、图纸送有关部门进行审查。

4．安全卫生认证制度

安全卫生认证制度是指通过对安全卫生的各种制约因素是否符合安全卫生要求进行严格审查并对其中符合要求者正式认可而允许其进入生产过程的制度。按其认证对象，可分为：

（1）对与安全卫生联系特别密切的某些人员的资格认证，包括企业领导人安全卫生管理资格、特种设备操作人员安全资格、安全卫生检测检验人员执业资格等的认证。

（2）对与安全卫生联系特别密切的某些单位的资格认证，包括矿山、建筑等企业的安全资格认证；安全卫生设备设计制造、安装、维修单位，劳动防护用品设计、生产、维修、经营单位，安全卫生检测检验机构的资格认证等。

（3）对与安全卫生联系特别密切的物质技术要素的质量认证，包括安全卫生设备和工程、劳动防护用品、安全卫生技术等的质量认证。

凡是纳入认证范围的对象，都实行强制认证。经认证符合安全卫生要求的，颁发相应的资格证书或合格证书；经认证不符合安全卫生要求的，不得从事相应的职业活动或者投入使用。

5．个人防护用品管理制度

个人防护用品俗称"劳保用品"，是工业生产领域中劳动者个人使用的劳动保护用品。分为一般防护用品（也称通用品）和特种劳动防护用品（也称专用防护用品）。生产特种劳动防护用品的企业须事先取得劳动部颁发的专项生产许可证。国家授权职业安全卫生监察机构行使防护用品质量监督职能，并设立国家劳动保护用品质量监督检验站担任质量监督检验技术工作。生产企业必须依国家标准和行业标准进行生产。用人单位应当根据个人防护用品的使用需求和使用频率、损耗的一般状况，规定个人防护用品的发放制度、建立定期检查、修理制度，经检查失效的防护用品必须禁用；建立防护用品知识和操作技能教育制度，以保证防护用品充分发挥对操作人员及有关人员的保护作用。

7.3.2 安全生产管理制度

1．安全生产责任制度

安全生产责任制度是指企业各级负责人、职能科室人员、工程技术人员和生产工人在劳动过程中，对各自职务或业务范围内的安全生产负责的制度。它是企业经济责任制的重要组成部分，也是企业劳动保护管理制度的核心。《安全生产法》第四条规定："生产经营单位必须遵守本法和其他有关安全生产的法律、法规，加强安全生产管理，建立、健全安全生产责任制和安全生产规章制度，改善安全生产条件，推进安全生产标准化建设，提高安全生产水平，确保安全生产。"该项制度，从组织体系上规定企业各类人从上到下对安全卫生各负其责，使各个层次的安全责任与管理或生产责任合一。其中，企业主要负责人（厂长、经理、矿长）对本单位安全生产负全面责任；分管安全生产的负责人和专职人员对安全生产负直接责任；总工程师负安全生产技术领导责任；各职能部门、各级生产组织负责人在各自分管的工作范围内对安全生产负责任；工人在本岗位上承担严格遵守生产操作规程和安全技术规程的义务。

【知识拓展】

《安全生产法》第十八条规定，生产经营单位的主要负责人对本单位安全生产工作负有下列职责：

（一）建立、健全本单位安全生产责任制；

（二）组织制定本单位安全生产规章制度和操作规程；

（三）组织制定并实施本单位安全生产教育和培训计划；

（四）保证本单位安全生产投入的有效实施；

（五）督促、检查本单位的安全生产工作，及时消除生产安全事故隐患；

（六）组织制定并实施本单位的生产安全事故应急救援预案；

（七）及时、如实报告生产安全事故。

2. 安全生产审批、验收制度

安全生产审批、验收制度是指负有安全生产监督管理职责的部门对涉及安全生产的事项依照法律、法规和法定劳动安全标准，以批准、核准、许可、注册、认证、颁发证照等方式进行审查批准，或者验收的制度。

【知识拓展】

《安全生产法》第六十条规定：

负有安全生产监督管理职责的部门依照有关法律、法规的规定，对涉及安全生产的事项需要审查批准（包括批准、核准、许可、注册、认证、颁发证照等，下同）或者验收的，必须严格依照有关法律、法规和国家标准或者行业标准规定的安全生产条件和程序进行审查；不符合有关法律、法规和国家标准或者行业标准规定的安全生产条件的，不得批准或者验收通过。对未依法取得批准或者验收合格的单位擅自从事有关活动的，负责行政审批的部门发现或者接到举报后应当立即予以取缔，并依法予以处理。对已经依法取得批准的单位，负责行政审批的部门发现其不再具备安全生产条件的，应当撤销原批准。

第六十一条规定：

负有安全生产监督管理职责的部门对涉及安全生产的事项进行审查、验收，不得收取费用；不得要求接受审查、验收的单位购买其指定品牌或者指定生产、销售单位的安全设备、器材或者其他产品。

3. 安全生产检查制度

它是指通过对企业遵守有关安全生产的法律、法规和国家标准或行业标准的情况进行监督检查，总结安全生产经验，揭露和消除事故隐患，并用正反两方面的事例推动劳动保护工作的制度。安全检查必须贯彻领导、专门机构和群众相结合，自查和互查相结合，检查和整改相结合的原则。

【知识拓展】

《安全生产法》中规定了严格的安全生产检查制度，具体包括：

第六十二条 安全生产监督管理部门和其他负有安全生产监督管理职责的部门依法开展安全生产行政执法工作，对生产经营单位执行有关安全生产的法律、法规和国家标准或者行业标准的情况进行监督检查，行使以下职权：

（一）进入生产经营单位进行检查，调阅有关资料，向有关单位和人员了解情况；

（二）对检查中发现的安全生产违法行为，当场予以纠正或者要求限期改正；对依法应当给予行政处罚的行为，依照本法和其他有关法律、行政法规的规定作出行政处罚决定；

（三）对检查中发现的事故隐患，应当责令立即排除；重大事故隐患排除前或者排除过程中无法保证安全的，应当责令从危险区域内撤出作业人员，责令暂时停产停业或者停止使用相关设施、设备；重大事故隐患排除后，经审查同意，方可恢复生产经营和使用；

（四）对有根据认为不符合保障安全生产的国家标准或者行业标准的设施、设备、器材以及违法生产、储存、使用、经营、运输的危险物品予以查封或者扣押，对违法生产、储存、使用、经营危险物品的作业场所予以查封，并依法做出处理决定。

监督检查不得影响被检查单位的正常生产经营活动。

第六十三条　生产经营单位对负有安全生产监督管理职责的部门的监督检查人员（以下统称安全生产监督检查人员）依法履行监督检查职责，应当予以配合，不得拒绝、阻挠。

第六十四条　安全生产监督检查人员应当忠于职守，坚持原则，秉公执法。

安全生产监督检查人员执行监督检查任务时，必须出示有效的监督执法证件；对涉及被检查单位的技术秘密和业务秘密，应当为其保密。

第六十五条　安全生产监督检查人员应当将检查的时间、地点、内容、发现的问题及其处理情况，做出书面记录，并由检查人员和被检查单位的负责人签字；被检查单位的负责人拒绝签字的，检查人员应当将情况记录在案，并向负有安全生产监督管理职责的部门报告。

第六十六条　负有安全生产监督管理职责的部门在监督检查中，应当互相配合，实行联合检查；确需分别进行检查的，应当互通情况，发现存在的安全问题应当由其他有关部门进行处理的，应当及时移送其他有关部门并形成记录备查，接受移送的部门应当及时进行处理。

第六十七条　负有安全生产监督管理职责的部门依法对存在重大事故隐患的生产经营单位做出停产停业、停止施工、停止使用相关设施或者设备的决定，生产经营单位应当依法执行，及时消除事故隐患。生产经营单位拒不执行，有发生生产安全事故的现实危险的，在保证安全的前提下，经本部门主要负责人批准，负有安全生产监督管理职责的部门可以采取通知有关单位停止供电、停止供应民用爆炸物品等措施，强制生产经营单位履行决定。通知应当采用书面形式，有关单位应当予以配合。

负有安全生产监督管理职责的部门依照前款规定采取停止供电措施，除有危及生产安全的紧急情形外，应当提前二十四小时通知生产经营单位。生产经营单位依法履行行政决定、采取相应措施消除事故隐患的，负有安全生产监督管理职责的部门应当及时解除前款规定的措施。

4. 安全生产举报、报告制度

安全生产举报、报告制度是指各种单位和个人对生产经营单位存在的有关安全生产的问题向有关部门举报或报告，以加强安全生产监督管理的制度。《安全生产法》第七十至七十三条规定了下述要点：

（1）负有安全生产监督管理职责的部门应当建立举报制度，公开举报电话、信箱或者电子邮件地址，受理有关安全生产的举报；受理的举报事项经调查核实后，应当形成书面材料；需要落实整改措施的，报经有关负责人签字并督促落实。

（2）任何单位或者个人对事故隐患或者安全生产违法行为，均有权向负有安全生产监督管理职责的部门报告或者举报。

（3）居民委员会、村民委员会发现其所在区域内的生产经营单位存在事故隐患或者安全生产违法行为时，应当向当地人民政府或者有关部门报告。

（4）县级以上各级人民政府及其有关部门对报告重大事故隐患或者举报安全生产违法行为的有功人员，给予奖励。具体奖励办法由国务院负责安全生产监督管理的部门会同国务院财政部门制定。

5. 生产安全事故应急救援制度

生产安全事故应急救援制度是指发生生产安全事故时，政府、有关部门、有关单位和个人采取应急救援措施的制度。《安全生产法》第七十七至八十二条规定了下述要点：

（1）县级以上地方各级人民政府应当组织有关部门制定本行政区域内特大生产安全事故应急救援预案，建立应急救援体系。

（2）危险物品的生产、经营、储存单位以及矿山、建筑施工单位应当建立应急救援组织，生产经营规模较小，可以不建立应急救援组织的，应当指定兼职的应急救援人员；应当配备必要的应急救援器材、设备，并进行经常性维护、保养，保证正常运转。

（3）生产经营单位发生生产安全事故后，事故现场有关人员应当立即报告本单位负责人；单位负责人接到事故报告后，应当迅速采取有效措施，组织抢救，防止事故扩大，减少人员伤亡和财产损失，并按照国家有关规定立即如实报告当地负有安全生产监督管理职责的部门，不得隐瞒不报、谎报或者拖延不报，不得故意破坏事故现场、毁灭有关证据。

（4）负有安全生产监督管理职责的部门接到事故报告后，应当立即按照国家有关规定上报事故情况；负有安全生产监督管理职责的部门和有关地方人民政府对事故情况不得隐瞒不报、谎报或者拖延不报。

（5）有关地方人民政府和负有安全生产监督管理职责的部门的负责人接到重大生产安全事故报告后，应当立即赶到事故现场，组织事故抢救。

（6）任何单位和个人都应当支持、配合事故抢救，并提供一切便利条件。

6. 生产安全事故调查处理制度

生产安全事故调查处理制度是指生产安全事故发生后，有关部门和单位依照法定的权限和程序，调查事故的后果和原因并对责任单位和个人依法进行处理的制度。

【知识拓展】

《安全生产法》中制定了严格的生产安全事故调查处理制度，具体包括：

第八十三条事故调查处理应当按照科学严谨、依法依规、实事求是、注重实效的原则，及时、准确地查清事故原因，查明事故性质和责任，总结事故教训，提出整改措施，并对事故责任者提出处理意见。事故调查报告应当依法及时向社会公布。事故调查和处理的具体办法由国务院制定。

事故发生单位应当及时全面落实整改措施，负有安全生产监督管理职责的部门应当加强监督检查。

第八十四条生产经营单位发生生产安全事故，经调查确定为责任事故的，除了应当查明事故单位的责任并依法予以追究外，还应当查明对安全生产的有关事项负有审查批准和监督职责的行政部门的责任，对有失职、渎职行为的，依照本法第八十七条的规定追究法律责任。

第八十五条任何单位和个人不得阻挠和干涉对事故的依法调查处理。

第八十六条县级以上地方各级人民政府安全生产监督管理部门应当定期统计分析本行政区域内发生生产安全事故的情况，并定期向社会公布。

此外，国家就生产安全事故的调查处理还制定了专门法规，如《企业职工伤亡事故报告和处理规定》（1991年）、《特别重大事故调查程序暂行规定》（1989年）等。

7.3.3　职业病防治管理制度

1．职业病危害项目申报制度

职业病是指企业、事业单位和个体经济组织的劳动者在职业活动中，因接触粉尘、放射性物质和其他有毒、有害物质等因素而引起的疾病。职业病危害，是指对从事职业活动的劳动者可能导致职业病的各种危害。职业病危害因素包括：职业活动中存在的各种有害的化学、物理、生物因素以及在作业过程中产生的其他职业有害因素。用人单位设有依法公布的职业病目录所列职业病的危害项目的，应当及时、如实向卫生行政部门申报，接受监督。申报的项目范围，是《职业病防治法》第二条规定的列入职业病的分类和目录中的职业病的项目。

2．建设项目职业病危害预评价制度

建设项目（新建、扩建、改建建设项目和技术改造、技术引进项目的统称）职业病危害预评价，是指在建设项目前期，应用职业病评价的原理和方法，对建设项目可能产生的职业病危害进行预测性评价。其工作内容是根据建设项目可行性研究报告或者初步设计报告的内容，运用科学的评价方法，依据国家法律、法规及标准，分析、预测该建设项目存在的有害因素和危害程度，提出科学、合理和可行的职业病防治技术措施和管理对策。建设项目可能产生职业病危害的，建设单位在可行性论证阶段应当向卫生行政部门提交职业病危害预评价报告。卫生行政部门应当自收到职业病危害预评价报告之日起30日内，做出审核决定并书面通知建设单位。职业病危害预评价报告应当对建设项目可能产生的职业病危害因素及其对工作场所和劳动者健康的影响做出评价，确定危害类别和职业病防护措施。它是建设单位进行职业卫生设计、卫生行政部门对建设项目进行职业病防治管理时的主要依据。未提交预评价报告或者预评价报告未经卫生行政部门审核同意的，有关部门不得批准该建设项目。

3．工作场所职业病危害因素监测、检测和评价制度

职业病危害因素监测，是指通过建立一套完整的监测系统，对工作场所存在的职业病危害因素进行监测，以便于及时了解有害因素产生、扩散、变化的规律，鉴定防护设施的效果，并为采取防护措施提供依据。职业病危害因素检测、评价，是指由具有一定资质的职业卫生技术服务机构对工作场所的职业病危害因素进行检查、测定，并通过对各种数据的总结

和分析，对工作场所的职业病危害因素进行评价，确定危害类别，其检测、评价结果是用人单位采取防护措施的主要依据。用人单位应当实施由专人负责的职业病危害因素日常监测，并确保监测系统处于正常运行状态；应当按照国务院卫生行政部门的规定定期对工作场所进行职业病危害因素检测、评价，检测、评价结果存入用人单位职业卫生档案，定期向所在地卫生行政部门报告并向劳动者公布。职业病危害因素检测、评价由依法设立的取得省级以上人民政府卫生行政部门资质认证的职业卫生技术服务机构进行，其所做的检测、评价应当客观、真实。发现工作场所职业病危害因素不符合国家职业卫生标准和卫生要求时，用人单位应当立即采取相应治理措施，仍然达不到国家职业卫生标准和卫生要求的，必须停止存在职业病危害因素的作业；职业病危害因素经治理后，符合国家职业卫生标准和卫生要求的，方可重新作业。

4. 职业病危害告知制度

职业病危害告知，是指用人单位或者其他单位，对可能产生职业病危害的作业或者设备、材料，应履行如实告知的义务，以保障劳动者的知情权。其中包括：

（1）作业场所危害告知。产生职业病危害的用人单位，应当在醒目位置设置公告栏，公布有关职业病防治的规章制度、操作规程、职业病危害事故应急救援措施和工作场所职业病危害因素检测结果；对产生严重职业病危害的作业岗位，应当在其醒目位置设置警示标识和中文警示说明，警示说明应当载明产生职业病危害的种类、后果、预防以及应急救治措施等内容。

（2）设备、材料危害告知。向用人单位提供可能产生职业病危害的设备的，应当提供中文说明书，并在设备的醒目位置设置警示标识和中文警示说明，警示说明应当载明设备性能、可能产生的职业病危害、安全操作和维护注意事项、职业病防护以及应急救治措施等内容；向用人单位提供可能产生职业病危害的化学品、放射性同位素和含有放射性物质的材料的，应当提供中文说明书，说明书应当载明产品特性、主要成分、存在的有害因素、可能产生的危害后果、安全使用注意事项、职业病防护以及应急救治措施等内容；产品包装应当有醒目的警示标识和中文警示说明；储存上述材料的场所应当在规定的部位设置危险物品标识或者放射性警示标识。国内首次使用或者首次进口与职业病危害有关的化学材料，使用单位或者进口单位按照国家规定经国务院有关部门批准后，应当向国务院卫生行政部门报送该化学材料的毒性鉴定以及经有关部门登记注册或者批准进口的文件等资料。进口放射性同位素、射线装置和含有放射性物质的物品的，按照国家有关规定办理。

（3）劳动合同告知。用人单位对采用的技术、工艺、材料，应当知悉其产生的职业病危害。用人单位与劳动者订立劳动合同时，应当将工作过程中可能产生的职业病危害及其后果、职业病防护措施和待遇等如实告知劳动者，并在劳动合同中写明，不得隐瞒或者欺骗；劳动者在已订立劳动合同期间因工作岗位或者工作内容变更，从事与所订立劳动合同中未告知的存在职业病危害的作业时，用人单位应当依法向劳动者履行如实告知的义务，并协商变更原劳动合同相关条款。用人单位未履行上述法定告知义务的，劳动者有权拒绝从事存在职业病危害的作业，用人单位不得因此解除或者终止与劳动者所订立的劳动合同。

5. 职业健康监护制度

职业健康监护，是指为及时发现劳动者的职业性健康损害，根据劳动者的职业接触史，对劳动者进行有针对性的定期或不定期的健康检查和连续、动态的医学观察，记录职业接触史及健康变化，评价劳动者健康变化与职业病危害因素的关系。其主要内容有：

（1）职业健康检查。对从事接触职业病危害的作业的劳动者，用人单位应当按照国务院卫生行政部门的规定组织上岗前、在岗期间和离岗时的职业健康检查，将检查结果如实告知劳动者，并承担职业健康检查费用。根据职业健康检查的不同情况，用人单位应当分别采取相应的措施：对未经上岗前职业健康检查的劳动者，不得安排其从事接触职业病危害的作业；对有职业禁忌的劳动者不得安排其从事其所禁忌的作业；对有与所从事的职业相关的健康损害的劳动者，应当调离原工作岗位，并妥善安置；对未进行离岗前职业健康检查的劳动者不得解除或者终止与其订立的劳动合同。职业健康检查应当由省级以上人民政府卫生行政部门批准的医疗卫生机构承担。

（2）职业健康监护档案。用人单位应当为劳动者建立职业健康监护档案，并按照规定的期限妥善保存。这种档案应当包括劳动者的职业史、职业病危害接触史、职业健康检查结果和职业病诊疗等有关个人健康资料。劳动者离开用人单位时，有权索取本人职业健康监护档案复印件，用人单位应当如实、无偿提供，并在所提供的复印件上签章。

6. 急性职业病危害事故救援和控制制度

在劳动过程中，如果发生急性职业病危害事故，用人单位应当立即采取应急救援和控制措施，控制住危害事故的发生，不使危害扩散；对于尚未发生但有可能发生的事故，也要积极地采取措施，避免危害事故的发生。同时，用人单位还应当及时向用人单位所在地的当地卫生行政部门和有关部门报告。接到报告的卫生行政部门，应当及时会同有关部门进行调查处理。如果有必要，可以采取临时控制职业病危害事故的措施，如责令暂停导致职业病危害事故的作业、封存造成或者可能导致职业病危害事故的材料和设备等。对遭受职业病危害的劳动者，用人单位应及时将其送至医疗卫生机构救治；对有可能遭受职业病危害的劳动者，用人单位应当为其定期提供健康检查和医学观察。上述所需费用由用人单位承担。

7.4　女职工和未成年工特殊劳动保护

7.4.1　女职工的特殊劳动保护

女职工特殊劳动保护制度，是针对女职工的生理特点和抚育后代的需要，对女职工在劳动过程中的安全和健康依法加以特种保护。其主要法律依据是《劳动法》第七章和《女职工劳动保护规定》《妇女权益保障法》《女职工禁忌劳动范围的规定》等法规。其主要内容包括下述几方面：

1. 禁止安排女职工从事有害妇女健康的劳动

禁止安排女职工从事以下劳动：矿山井下；森林采伐作业（归楞、流放）；《体力劳动强度分级》中第四级强度的体力劳动作业；建筑业脚手架的组装和拆除，电力、电讯等行业中的高处作业；连续负重（每小时负重6次以上）每次超过20千克的作业，间断负重超过25千克的作业。

2. 对女职工的"四期"保护

在女职工经期，不得安排从事高处、低温、冷水作业和国家规定的第三级体力劳动强度的劳动。在女职工孕期，不得安排从事以下劳动：国家规定的第三级体力劳动强度的作业；作业场所空气中有毒物质浓度超过国家卫生标准的作业；制药行业中从事抗癌药物及乙烯雌酚雌酚生产的作业；作业场所放射物质超过规定剂量的作业；人力进行的土方和石方作业；伴有全身强烈震动的作业；工作中需要频繁弯腰、攀高、下蹲的作业；高处作业。对怀孕7个月以上的女职工，不得安排其延长工作时间和夜班劳动。另外，已婚待孕女职工禁忌从事铅、汞、镉等作业场所属于《有毒作业分级》标准中第三、四级的作业。在女职工产期，享受不少于90天的产假；劳动和社会保障部还对产前、产后假以及难产、多胞胎者分别规定了相应的假期。

在女职工哺乳期，即哺乳未满1周岁婴儿的期间，不得安排从事以下劳动：国家规定的第三级体力劳动强度的作业；作业场所空气中有毒物质浓度，或者锰、氟、溴、甲醇、有机磷化合物、有机氯化合物浓度超过国家卫生标准的作业；延长工作时间和夜班劳动。《女职工劳动保护规定》还对女职工在每班劳动时间内的哺乳时间和次数等做了规定。

【知识拓展】

国家要求女职工比较多的单位应当按国家有关规定，以自办或者联办的形式，逐步建立女职工卫生室、孕妇休息室、哺乳室、托儿所、幼儿园等设施，并妥善解决女职工在生理卫生、哺乳、照料婴儿等方面的困难。

女职工劳动保护的权益受到侵害时，有权向所在单位的主管部门或者当地劳动部门提出申诉。受理申诉的部门应当自收到申诉书之日起30日内做出处理决定；女职工对处理决定不服的，可以在收到处理决定书之日起15日内向人民法院起诉。另外，还规定了对特殊保护规定及相关法规的监督和检查。

7.4.2 未成年工的特殊劳动保护

所谓未成年工是指年满16周岁，未满18周岁的劳动者。未成年工的特殊保护是指针对未成年人处于生长发育期的特点，以及接受义务教育的需要，依法采取的特殊劳动保护措施。对未成年工特殊保护的立法有：《未成年人保护法》《劳动法》《未成年工特殊保护规定》。其主要内容包括：

1. 未成年工禁忌劳动范围

《劳动法》规定，不能安排未成年工从事矿山井下、有毒有害、国家规定的第四级体力劳动强度的劳动和其他禁忌从事的劳动。劳动部更具体地规定，用人单位不得安排未成年工从事国家标准中第一级以上的接尘作业、有毒作业；第二级以上的高处作业、冷水作业；第三级以上的高温作业、低温作业；第四级体力劳动强度的劳动作业；矿山井下及矿山地面采石作业；森林业中的伐木、流放及守林作业；工作场所接触放射性物质的作业；有易燃易爆等危险性的作业；地质、资源勘探的野外作业；潜水、涵道、涵洞作业以及海拔3 000米以上的高原作业；连续负重每小时超过在6次以上并每次超过20千克，间断负重每次超过25千克的作业；使用凿岩机、捣固机、汽镐、电锤等的作业；工作需长时间保持低头等强迫体位和动作频率每分钟高于50次流水线作业；锅炉、司炉等共17种作业。另外，还规定：未成年工患有某种疾病或具有某些生理缺陷（非残疾型）时，用人单位不得安排其从事国家标准中第一级以上高处作业；第二级以上高温或低温作业；第三级体力劳动强度的作业以及接触铅、苯、汞、甲醛、二硫化碳等易引起过敏反应的作业。国家还规定，禁止安排未成年工延长工作时间和进行夜班作业。

2. 未成年工定期健康检查制度

《劳动法》规定，用人单位应当对未成年工定期进行健康检查。根据劳动部具体规定，用人单位应当在未成年工安排工作岗位之前、工作满一年时、年满18周岁距前一次体验时间已超过半年进行健康检查。未成年工的健康检查应按《未成年工特殊保护规定》所附《未成年工健康检查》所列项目进行。用人单位应根据未成年工的健康检查结果安排其从事适当的劳动，对不能胜任原劳动岗位的，应根据医务部门的证明，予以减轻劳动量或安排其他劳动。

3. 未成年工使用和特殊保护登记

用人单位招收使用未成年工，除符合一般的用工要求外，还须向所在地县级以上劳动行政部门办理登记。劳动行政部门根据《未成年工健康检查表》《未成年工登记表》以及劳动部的有关规定，审核体检情况和拟定安排的劳动范围，核发国务院劳动行政部门统一印制的《未成年工登记证》。未成年工须持《未成年工登记证》上岗。未成年工体检和登记，由用人单位统一办理并承担所需费用。

7.5 法 律 责 任

劳动安全卫生法在劳动法体系中是一个法规最多、内容最复杂的子系统，与此相应，违反劳动安全卫生法的法律责任非常庞杂，几乎在每一项劳动安全卫生法律法规中都有关于法律责任的专门章节或若干条款。

7.5.1 《劳动法》规定的法律责任

在《劳动法》中，对用人单位违反劳动安全卫生法的法律责任做了原则性规定。其要点包括：

（1）用人单位的劳动安全设施和劳动卫生条件不符合国家规定或者未向劳动者提供必要的劳动防护用品和劳动保护设施的，由劳动行政部门或者有关部门责令改正，可以处以罚款；情节严重的，提请县级以上人民政府决定责令停产整顿；对事故隐患不采取措施，致使发生重大事故，造成劳动者生命和财产损失的，对责任人员依照《刑法》第一百八十七条的规定追究刑事责任。

（2）用人单位强令劳动者违章冒险作业，发生重大伤亡事故，造成严重后果的，对责任人员依法追究刑事责任。

（3）用人单位违反本法对女职工和未成年工的保护规定，侵害其合法权益的，由劳动行政部门责令改正，处以罚款；对女职工或者未成年工造成损害的，应当承担赔偿责任。

（4）用人单位无理阻挠劳动行政部门、有关部门及其工作人员行使监督检查权，打击报复举报人员的，由劳动行政部门或者有关部门处以罚款；构成犯罪的，对责任人员依法追究刑事责任。

7.5.2 其他立法规定的法律责任

在《安全生产法》、《矿山安全法》及其实施条例、《职业病防治法》、《企业职工伤亡事故报告和处理规定》、《特别重大事故调查程序暂行规定》等项立法中，关于法律责任的规定尤为具体。以《安全生产法》为例，其规定的法律责任包括：

1. 生产经营单位及其责任机构和责任人员的法律责任

（1）生产经营单位有下列行为之一的，责令限期改正；逾期未改正的，责令停产停业整顿，可以并处2万元以下的罚款：①未按照规定设立安全生产管理机构或者配备安全生产管理人员的；②危险物品的生产、经营、储存单位以及矿山、建筑施工单位的主要负责人和安全生产管理人员未按照规定经考核合格的；③未按照本法规定对从业人员进行安全生产教育和培训，或者未按照本法规定如实告知从业人员有关的安全生产事项的；④特种作业人员未按照规定经专门的安全作业培训并取得特种作业操作资格证书，上岗作业的。

（2）生产经营单位有下列行为之一的，责令限期改正；逾期未改正的，责令停止建设或者停产停业整顿，可以并处5万元以下的罚款；造成严重后果，构成犯罪的，依照刑法有关规定追究刑事责任：①矿山建设项目或者用于生产、储存危险物品的建设项目没有安全设施设计或者安全设施设计未按照规定报经有关部门审查同意的；②矿山建设项目或者用于生产、储存危险物品的建设项目的施工单位未按照批准的安全设施设计施工的；③矿山建设项目或者用于生产、储存危险物品的建设项目竣工投入生产或者使用前，安全设施未经验收合格的；④未在有较大危险因素的生产经营场所和有关设施、设备上设置明显的安全警示标志的；⑤安全设备的安装、使用、检测、改造和报废不符合国家标准或者行业标准的；⑥未对安全设备进行经常性维护、保养和定期检测的；⑦未为从业人员提供符合国家标准或者行业标准的劳动防护用品的；⑧特种设备以及危险物品的容器、运输工具未经取得专业资质的机构检测、检验合格，取得安全使用证或者安全标志，投入使用的；⑨使用国家明令淘汰、禁止使用的危及生产安全的工艺、设备的。

（3）生产经营单位有下列行为之一的，责令限期改正；逾期未改正的，责令停产停业整顿，可以并处2万元以上10万元以下的罚款；造成严重后果，构成犯罪的，依照刑法有关规定追究刑事责任：①生产、经营、储存、使用危险物品，未建立专门安全管理制度、未采取可靠的安全措施或者不接受有关主管部门依法实施的监督管理的；②对重大危险源未登记建档，或者未进行评估、监控，或者未制定应急预案的；③进行爆破、吊装等危险作业，未安排专门管理人员进行现场安全管理的。

（4）生产经营单位将生产经营项目、场所、设备发包或者出租给不具备安全生产条件或者相应资质的单位或者个人的，责令限期改正，没收违法所得；违法所得5万元以上的，并处违法所得1倍以上5倍以下的罚款；没有违法所得或者违法所得不足5万元的，单处或者并处1万元以上5万元以下的罚款；导致发生生产安全事故给他人造成损害的，与承包方、承租方承担连带赔偿责任。生产经营单位未与承包单位、承租单位签订专门的安全生产管理协议或者未在承包合同、租赁合同中明确各自的安全生产管理职责，或者未对承包单位、承租单位的安全生产统一协调、管理的，责令限期改正；逾期未改正的，责令停产停业整顿。

（5）两个以上生产经营单位在同一作业区域内进行可能危及对方安全生产的生产经营活动，未签订安全生产管理协议或者未指定专职安全生产管理人员进行安全检查与协调的，责令限期改正；逾期未改正的，责令停产停业。

（6）生产经营单位有下列行为之一的，责令限期改正；逾期未改正的，责令停产停业整顿；造成严重后果，构成犯罪的，依照刑法有关规定追究刑事责任：①生产、经营、储存、使用危险物品的车间、商店、仓库与员工宿舍在同一座建筑内，或者与员工宿舍的距离不符合安全要求的；②生产经营场所和员工宿舍未设有符合紧急疏散需要、标志明显、保持畅通的出口，或者封闭、堵塞生产经营场所或者员工宿舍出口的。

（7）生产经营单位与从业人员订立协议，免除或者减轻其对从业人员因生产安全事故伤亡依法应承担的责任的，该协议无效；对生产经营单位的主要负责人、个人经营的投资人处2万元以上10万元以下的罚款。

（8）生产经营单位不具备本法和其他有关法律、行政法规和国家标准或者行业标准规定的安全生产条件，经停产停业整顿仍不具备安全生产条件的，予以关闭；有关部门应当依法吊销其有关证照。

（9）生产经营单位发生生产安全事故造成人员伤亡、他人财产损失的，应当依法承担赔偿责任；拒不承担或者其负责人逃匿的，由人民法院依法强制执行。生产安全事故的责任人未依法承担赔偿责任，经人民法院依法采取执行措施后，仍不能对受害人给予足额赔偿的，应当继续履行赔偿义务；受害人发现责任人有其他财产的，可以随时请求人民法院执行。

（10）生产经营单位的决策机构、主要负责人、个人经营的投资人不依照本法规定保证安全生产所必需的资金投入，致使生产经营单位不具备安全生产条件的，责令限期改正，提供必需的资金；逾期未改正的，责令生产经营单位停产停业整顿。该违法行为，导致发生生产安全事故，构成犯罪的，依照刑法有关规定追究刑事责任；尚不够刑事处罚的，对生产经营单位的主要负责人给予撤职处分，对个人经营的投资人处2万元以上20万元以下的罚款。

（11）生产经营单位的主要负责人未履行本法规定的安全生产管理职责的，责令限期改正；逾期未改正的，责令生产经营单位停产停业整顿。该违法行为，导致发生生产安全事故，构成犯罪的，依照刑法有关规定追究刑事责任；尚不够刑事处罚的，给予撤职处分或者处2万元以上20万元以下的罚款。生产经营单位的主要负责人依此规定受刑事处罚或者撤职处分的，自刑罚执行完毕或者受处分之日起，5年内不得担任任何生产经营单位的主要负责人。

（12）生产经营单位主要负责人在本单位发生重大生产安全事故时，不立即组织抢救或者在事故调查处理期间擅离职守或者逃匿的，给予降职、撤职的处分，对逃匿的处15日以下拘留；构成犯罪的，依照刑法有关规定追究刑事责任。生产经营单位主要负责人对生产安全事故隐瞒不报、谎报或者拖延不报的，也依照此规定处罚。

2. 安全生产监督管理部门及其责任人员的法律责任

（1）负有安全生产监督管理职责的部门的工作人员，有下列行为之一的，给予降级或者撤职的行政处分；构成犯罪的，依照刑法有关规定追究刑事责任：①对不符合法定安全生产条件的涉及安全生产的事项予以批准或者验收通过的；②发现未依法取得批准、验收的单位擅自从事有关活动或者接到举报后不予取缔或者不依法予以处理的；③对已经依法取得批准的单位不履行监督管理职责，发现其不再具备安全生产条件而不撤销原批准或者发现安全生产违法行为不予查处的。

（2）负有安全生产监督管理职责的部门，要求被审查、验收的单位购买其指定的安全设备、器材或者其他产品的，在对安全生产事项的审查、验收中收取费用的，由其上级机关或者监察机关责令改正，责令退还收取的费用；情节严重的，对直接负责的主管人员和其他直接责任人员依法给予行政处分。

（3）有关地方人民政府、负有安全生产监督管理职责的部门，对生产安全事故隐瞒不报、谎报或者拖延不报的，对直接负责的主管人员和其他直接责任人员依法给予行政处分；构成犯罪的，依照刑法有关规定追究刑事责任。

3．从业人员的法律责任

生产经营单位的从业人员不服从管理，违反安全生产规章制度或者操作规程的，由生产经营单位给予批评教育，依照有关规章制度给予处分；造成重大事故，构成犯罪的，依照刑法有关规定追究刑事责任。

4．其他主体的法律责任

（1）未经依法批准，擅自生产、经营、储存危险物品的，责令停止违法行为或者予以关闭，没收违法所得，违法所得10万元以上的，并处违法所得1倍以上5倍以下的罚款，没有违法所得或者违法所得不足10万元的，单处或者并处2万元以上10万元以下的罚款；造成严重后果，构成犯罪的，依照刑法有关规定追究刑事责任。

（2）承担安全评价、认证、检测、检验工作的机构，出具虚假证明，构成犯罪的，依照刑法有关规定追究刑事责任；尚不够刑事处罚的，没收违法所得，违法所得在5 000元以上的，并处违法所得2倍以上5倍以下的罚款，没有违法所得或者违法所得不足5 000元的，单处或者并处5 000元以上2万元以下的罚款，对其直接负责的主管人员和其他直接责任人员处5 000元以上5万元以下的罚款；给他人造成损害的，与生产经营单位承担连带赔偿责任。对有该违法行为的机构，撤销其相应资格。

思考题

1．简述劳动保护的概念和特征。
2．简述劳动保护任务。
3．试述劳动保护关系中各方主体的权利和义务。
4．试述未成年工的特殊劳动保护。

案例分析

1．冬天到了，冰天雪地，东北某采石场职工仍然要到野外作业。职工觉得像是做苦工似的，要求单位提供防寒服。但是场长说，由于今年采石场没有营利，场领导决定把防寒用品给取消了。要求大家将就一年，明年效益好了再补发。

试分析:

该做法违反了《劳动法》的哪些规定?

2. 桑某于2016年8月入职深圳市福田区某制造公司,双方签订劳动合同,她的工作岗位是行政主管,每月工作5000元。2016年9月,桑某发现自己怀孕,并向公司说明此事。2016年10月,公司以进行职务调整为名,通知桑某要将她降为一般文员,月工资也降低到2 000元。桑某表示以自己的学历和经验不能接受这样的安排,公司的这种行为是在逼迫她辞职。2017年2月,公司发出书面通知,表示桑某在过去的半年工作不能满足公司的需要,宣布解除劳动合同。桑某找到公司反复协商无果。她认为,自己被降职是对怀孕女职工的歧视,被解雇也不符合相关规定。于是申请仲裁。

试分析:本案中的企业是否侵害了女职工在孕期的劳动权利。

第8章 劳动就业与职业培训

【开篇案例】

江某是宣城人，2013年6月毕业于安徽师范大学法学专业。2013年4月8日，她在网站上看到××市人力资源社会保障局（以下简称人社局）下属的××市人力资源和社会保障电话咨询中心在对外招录10名"12333"电话咨询员，看到这个消息，她非常高兴，打算报名。结果在报名过程中，江某发现自己不是××市户籍，不符合招聘要求。江某认为遭遇户籍歧视，投诉到省人社厅，但一直没收到任何回复消息。

江某投诉××市人社局的消息一经媒体传播，立刻引发了众多关注，对于为何拒绝外地户口报考，江某告诉记者，人社局并没有给出明确的正面解释。经过江某的多方了解，××市人社局给出了一些解释，这次招聘的电话咨询员没有单位编制，待遇也很低。如果是外地人来应聘，包括租房在内的生活成本很高，是没有办法干下去的。好多学生留不住，干一段时间走的很多。另外一个原因是人社局认为外地人听不懂当地方言。江某认为，用人单位应该关注的是求职者本身的工作能力，至于能不能承受生活成本，听不听懂方言，这些应该由求职者本人来选择。

2013年5月，江某将××市人社局告上法庭，但令她没有想到的是，这个案子竟然耗时15个月。

5月15日上午，江某与许律师一同前往JY区人民法院提交诉讼材料，起诉××市人社局。当天下午，许律师得到法院消息，该案被告所在地是XW区，议将诉讼材料移交到XW区人民法院。

5月24日，XW区法院并没有立案，江某经过和律师商议，决定将诉讼材料再次提交到法院，请求再次审查立案。

5月31日，XW区人民法院出具了民事裁定书，认为，该纠纷系劳动争议纠纷，应先行劳动争议仲裁前置程序，现上诉人未向劳动争议仲裁委员会申请仲裁，即向该院起诉，不符合人民法院受理劳动争议案件的起诉条件，因而裁定不予受理。2013年7月12日，××市中级人民法院维持了一审XW法院不予受理的裁定。

7月23日，江某委托律师正式向××市劳动仲裁委员会递交了《劳动仲裁申请书》申请劳动仲裁，请求裁决由被申请人对申请人书面赔礼道歉，赔偿经济损失24元及精神损害抚慰金50 000元。2013年7月29日，劳动仲裁被驳回，理由是没有提供足够的证明双方存在劳动关系的基本证据。2013年8月7日，江某和律师被告知人社局已迁址JY区，于是携带材料到

JY区人民法院提起诉讼。案件最终由JY区法院受理。2013年9月30日上午在××市JY区人民法院开庭审理。2013年11月13日，××市JY区人民法院做出裁定，××市人社局不是本案适格被告，依法驳回原告的起诉。

2013年11月20日，江某委托许律师另案起诉，将××人力资源服务中心作为被告向GL区法院提起诉讼。12月2日，代理律师收到GL区法院一审裁定，裁定书称起诉人与GL人力资源服务中心无直接利害关系，裁定不予受理。

2014年1月20日，江某接到××市中级人民法院的终审裁定书，裁定由GL区人民法院依法受理此案。1月22日下午，诉GL人力资源服务中心侵权，终于在GL区人民法院正式立案。

2014年7月30日，这起全国首例户籍歧视案终于迎来了变更被告后的第一次开庭审理。在法院的调解下，江某与被告××人力资源服务中心达成调解协议，"由被告于七日内一次性支付原告11 000元，本起人格权纠纷一次性解决，双方无其他争议。"

8.1 劳动就业

8.1.1 劳动就业的概念

在不同的学科中有不同的解释：在劳动经济学中，劳动就业指的是劳动力与生产资料相结合生产社会物质财富并进行社会分配的过程；在社会学中，劳动就业是劳动者个人的谋生手段，对全社会而言则指劳动力和生产资料两大资源得到合理利用的过程；在劳动法中，劳动就业指具有就业资格的公民从事某种有劳动报酬或劳动收入的职业，其实质是实现劳动力与生产资料的结合。从法律上把握此概念应明确下述要点：

1. 公民的就业资格

此即国家所确认的公民有权实现就业的资格。它包括两个必备条件：

（1）在法定劳动年龄范围（始于最低就业年龄，止于退休年龄）内，并且具有劳动能力。这是公民取得劳动权利能力和劳动行为能力的最基本条件，不具备此条件，当然无就业资格。

（2）具有就业愿望。即使具备上述条件的公民，若无就业愿望，国家也无须保障其就业。公民办理失业或求职登记，就是有就业愿望的表示。

2. 实现就业的界限

此即国家确认的、公民已经实现就业的界限，也是国家据以确定就业人口范围和统计就业人口数量的标准。它一般要求公民从事的劳动必须具备3个特征：

（1）具有合法性。凡从事不合法的活动，不能被视为就业。

（2）限于国民经济领域。即公民在国民经济的某个部门（行业）从事劳动，才可视为就业；如果从事的劳动不在国民经济领域之内，则不属于就业。

（3）在一定期间内达到一定量。通常以一定期间内的劳动时间和劳动所得来衡量。国际劳工组织统计会议规定，从事规定时间有酬（或收入）工作的和在规定时间内正规从事

1/3以上时间工作的，才可视为已经就业。在我国，应当以公民在一定期限内参加社会劳动所取得的劳动报酬和劳动收入足以构成其生活主要来源，作为实现就业的一种标志。若公民在一定期限内虽从事零星劳动，但其劳动所得不能成为其生活主要来源的，就不认为已实现就业。

综上所述，劳动就业是指处于法定劳动年龄范围内，具有劳动能力和就业愿望的公民，参加国民经济中某个部门的社会劳动，从而获得有劳动报酬或劳动收入作为其生活主要来源的状况。

8.1.2　失业的概念

失业我国又称待业，是一个与就业对称的概念。它是指在法定劳动年龄范围内并且有劳动能力和就业愿望的公民未能实现就业的状态。国际劳工组织在1988年的《促进就业和保护失业公约》中将失业划分为全失业和半失业。全失业是指凡能够工作、可以工作并确实在寻找工作的劳动者不能得到适当职业而没有收入的状态；半失业是指因暂时停工引起临时解雇而使收入中止，尤其是由于经济、技术结构和类似性质的原因中止收入而没有中断就业关系的状态。我国由于一直存在着城乡二元就业机制，政策法规中的失业（待业）概念仅指城镇失业，而将乡村中的未就业者称为农村剩余劳动力。

失业作为一个法律概念，具有下述特征：

（1）失业者仅限于依据有关法规和政策应当保证其就业的公民。不满或超过法定劳动年龄者、完全丧失劳动能力者和无就业愿望者，以及在校学生、现役军人和其他依法无须保障其就业的人员，均不存在失业问题。

（2）失业必须是处于未获得就业岗位的状态。既包括从未获得就业岗位，也包括失去原有就业岗位后未获得新就业岗位。已有就业岗位确因故暂时未能在岗劳动的状态则不属于失业；但是，虽有就业岗位，却在较长时间只能得到非全日工作从而未能领取全额劳动报酬的，也应视为失业。

（3）失业不以未能获得就业岗位的原因为限。无论是在市场上有就业机会而不接受可获得的就业岗位，还是因无就业机会而无法获得就业岗位，均属于失业。即法律意义上的失业，既包括自愿失业，也包括非自愿失业。

（4）失业的表现形式仅以显性（或称外在性）失业为限。经济学意义上的隐蔽性（或称潜在性）失业不包括在内。例如，企业中出现的"冗员"，劳动者被迫从事不能充分使用其劳动能力的工作，在经济学上被认为是隐蔽性失业，但这不属于作为法律概念的失业。

8.1.3　劳动就业的立法概况

劳动关系的存续须以就业为前提，就业也意味着公民实现其劳动权。因而，在劳动立法中，关于就业的法律规定占有首要地位，甚至在一定意义上可以说，整个劳动法就是公民实现就业的保障法。

综观各国就业立法，有三个主要组成部分：

（1）宪法中关系公民劳动权的规定。例如，《委内瑞拉宪法》规定，人人有劳动的权利；《朝鲜民主主义人民共和国宪法》规定，一切有劳动能力的公民按照希望和才能选择就业，由国家保障安定的工作和劳动条件；《墨西哥宪法》规定，不分性别和国籍，一律同工同酬。我国《宪法》第四十二条规定，中华人民共和国公民有劳动的权利和义务；劳动是一切有劳动能力的公民的光荣职责。国家通过各种途径，创造劳动就业条件；国家对就业前的公民进行必要的劳动就业训练。

（2）劳动基本法中关于就业的规定。各国劳动法典中，几乎都有就业法的内容。例如，《法国劳动法典》第三卷为《安置和雇用》，对安置、雇用、职业介绍所、劳动力保护、失业工人都分别设专篇予以具体规定；《菲律宾劳工法》的第一部为《就业前》，其内容就是关于招募和安置的规定；《尼日利亚联邦共和国劳工法》的第二章为《招募》，不仅规定招募的一般规则，而且还分别就招募工人在本国就业和到境外作业做了专门规定。在我国《劳动法》中，设有《促进就业》专章，对国家促进就业职责做了原则性规定。

（3）关于就业的专项法规。例如，英国1980年、1982年的《就业法》；日本1947年的《职业安定法》。中华人民共和国成立以来，制定了大量的就业法规和政策；尤其是党的十一届三中全会以后，为建立适应社会主义市场经济的新型就业制度，制定了许多重要法规和政策，对就业方针、就业形式、职工招用、劳动力流动、就业服务、就业管理和特殊就业政策等问题做了明确规定。在《劳动法》颁布后，制定了《就业登记规定》（1995年）、《职业指导办法》（1994年）、《农村劳动力跨省流动就业管理暂行规定》（1994年）、《劳动就业服务企业管理规定》（1990年）、《职业介绍服务规程（试行）》（1998年）、《劳动力市场管理规定》（2000年）等一系列配套法规。根据立法规划，我国还将制定《促进就业法》。

由于就业问题历来是世界各国的普遍性社会问题，国际劳工组织非常重视关于就业问题的立法。其中主要有：1919年第2号公约《失业公约》和第1号同名《建议书》，1944年第71号建议书《国家计划公共工程建议书》、1948年第88号公约《职业介绍所组织公约》和第83号同名《建议书》，1958年第111号公约《歧视（就业与职业）公约》和第111号同名《建议书》，1964年第122号公约《就业政策公约》和第122号同名《建议书》，等等。

8.1.4　劳动就业的基本原则

1. 国家促进就业的原则

劳动就业权是每个公民都享有的使自己劳动力与生产资料相结合实现职业劳动的权利。劳动就业权的权利主体是具有劳动能力和就业愿望的公民，其相对义务主体是国家和社会。受劳动过程实现的客观规律制约，劳动就业权的实现有着与其他权利实现不同的特殊要求，即公民劳动就业权的实现，不完全是由人的主观意志决定的，它在很大程度上依赖于社会客观条件的存在。因此，国家作为劳动就业权的相对义务主体，负有的不仅仅是不妨碍权利主体行使权利的不作为的义务，而且要采取一切措施，发展经济，创造和扩大就业机会，以积极的作为促进和保障公民就业权利的实现。第二次世界大战以后，各国的失业问题都比较严重，几乎各国的经济政策都致力于解决就业问题，减少失业、促进就业是世界各国共同努力的目标。我国《劳动法》对促进就业也做了专章规定。

2．平等就业和双向选择的原则

《劳动法》第十二条规定："劳动者就业，不因民族、种族、性别、宗教信仰不同而受歧视。"由此可见，国家保障劳动者享受平等的就业权，任何用人单位不得以任何借口在就业方面歧视劳动者。平等就业意味着公民在就业过程中均享有平等竞争的机会，即社会对公民的劳动能力要以同一尺度和标准衡量；通过公平竞争择优吸收劳动力就业。平等就业是国家对公民生存权平等保护的要求在劳动就业上的反映，它客观上要求打破工人和干部、农民和市民的身份界限，冲破地区封锁，消除条块分割，在全国范围内形成统一的劳动力市场，建立劳动力平等就业的竞争机制。

双向选择是指劳动者有权根据个人主观愿望和自身条件，自由选择职业的，用人单位有权根据本单位的实际需要自主选择劳动者。在劳动力市场上，劳动者和用人单位的法律地位是平等的。通过相互选择，可以最大限度地发挥雇佣双方的积极性和能动性，推动社会主义市场经济的发展。

3．照顾特殊群体就业的原则

《劳动法》第十三条规定："妇女享有与男子平等的就业权利。在录用职工时，除国家规定的不适合妇女的工种或者岗位外，不得以性别为由拒绝录用妇女或者提高对妇女的录用标准。"我国的《妇女权益保护法》《女职工特殊劳动保护规定》等法律法规对妇女的劳动就业保护做了具体的规定。《劳动法》第十四条规定："残疾人、少数民族人员、退出现役的军人的就业，法律、法规有特别规定的，从其规定。"《残疾人保障法》《兵役法》等法律法规对残疾人和退役军人的就业做了具体的规定。对由于生理、健康、文化、历史和社会等原因而在劳动力市场上处于劣势的特殊群体进行就业照顾是人类进步和社会文明程度提高的标志。

8.1.5　劳动就业制度的模式

劳动就业制度，是指国家规定的劳动者如何实现就业以及国家如何促进和保障就业的一系列制度。就其基本功能而言，即劳动力资源配置制度。由于劳动力资源配置方式不同，劳动就业制度形成不同的模式。

在传统的社会主义计划经济体制中，实行的是劳动力资源行政配置的劳动就业制度，城镇劳动者由国家运用行政手段实行统一计划、统一招收、统一调配，用人单位在提供就业岗位和招用职工方面没有自主权，劳动者只是被动地依赖和接受国家的安置就业。

在社会主义市场经济体制中，一方面，劳动力是一种特殊商品，劳动力资源只有通过劳动力市场供求双方的选择，在价值规律和竞争机制的作用下，才能够得到优化配置；另一方面，以市场调节作为劳动力资源配置的手段，虽然能自发地倾向于效率和鼓励强者，却不能自发地实现公平和保护弱者，因而需要国家运用劳动政策进行引导和调节，以保障社会公平和保护弱者。因此，社会主义市场经济体制中劳动就业制度的模式，应当是国家政策指导下的劳动力资源市场配置模式。在此模式中，包含下述主要内容：① 国家宏观调控。即由国家依法运用政策、计划、经济杠杆、行政监督等手段，对劳动力资源市场配置实行间接调控为主的宏观调控，力争充分实现就业目标以及与其他宏观目标相协调。② 城乡协调发展。即在就业问题上，实行城乡统筹，既保证城镇就业稳定发展，又积极开拓农村劳动力的就业途径，使城镇就业与农村剩余劳动力向非农产业和城镇转移相协调。③ 企业自主用工。即企业有权在合法的前提下自主招用和辞退职工。④ 劳动者自主择业。即劳动者有权自主地选择职业和用人单位，平等地参与就业竞争。⑤ 市场调节供求。即劳动力供求双方均受市场调节，使市场调节成为劳动力资源配置的基础性手段。⑥ 社会提供服务。即建立以职业介绍、就业训练、失业保险和生产自救等为主要内容的就业服务体系，充分发挥其对劳动力资源配置的综合服务功能，为劳动力供求双方提供主动、全面、便捷的服务。

8.1.6　国家促进就业的职责

国家促进就业，是指国家通过促进经济和社会发展，创造就业条件，扩大就业机会。它构成国家就业政策的主要内容，体现为国家在就业问题上的基本职责。

1. 促进就业的目标

国际劳工组织在1946年就明确指出，各会员国应当以"充分的、生产性的和自由选择的就业"作为就业政策的主要目标，并将其内容规定为：为一切有能力工作并寻找工作的人提供工作；此工作应尽可能是生产性的；有选择职业的自由，每个人有资格享受最充分发挥其技能和才能的机会，获得最适合的工作，而不分其种族、肤色、性别、宗教、政见、民族、血统或社会出身。

我国现阶段，劳动力供求矛盾突出，就业压力大，这已成为影响经济发展和社会稳定的一个重要因素。国内外经济社会发展和解决就业问题的实践表明，将实现"充分的、生产性的和自由选择的就业"确立为我国促进就业的目标，有利于制定和实施适应社会主义市场经济的就业政策，有利于实现就业目标和其他经济和社会目标的协调、就业政策同改革和发展的协调。因此，我国《劳动法》把该目标的精神贯彻于就业法律规定中。

2. 促进就业的主要任务

根据我国《劳动法》的规定，为实现宏观的就业目标，国家所承担的促进就业的任务，主要有下述各项：

（1）扩大就业机会。既国家通过促进经济和社会发展为提供更多就业岗位和增加劳动力需求创造必要条件，从而扩大就业机会。市场经济条件下，应当改变仅靠国家投资解决就业问题的单一就业途径，形成多种经济成分并存的多种就业渠道。为此，国家鼓励企业、事业组织、社会团体在法定范围内兴办产业或者拓展经营，增加就业机会；并支持劳动者自愿组织起来就业和从事个体经营实现就业。

（2）提供就业服务。在劳动力资源充裕，劳动力市场欠发达的情况下，开发、利用和合理配置劳动力资源，培育和发展劳动力市场，是解决就业问题的必要措施。这就要求地方各级政府建立完善的就业服务体系，尤其是发展职业介绍机构。

（3）保障公平就业。国家应当保障劳动者享有平等就业和自由选择职业的权利，使其就业不因民族、种族、性别、宗教信仰不同而受歧视。其中，特别重要的是，保障妇女享有与男子平等的就业权利，保障残疾人、退役军人等特殊群体获得就业照顾。

8.2　劳动就业的形式

劳动就业形式，是指国家在政策和法规中确认的劳动者实现就业的方式（或渠道）。它包括职业介绍机构介绍就业、自愿组织就业、自谋职业、国家安置就业4种。其中，国家安置就业，在改革前的劳动制度中，被作为主要的甚至是唯一的就业形式。自劳动制度改革以来，它的适用范围逐渐被限制和缩小。

8.2.1　职业介绍机构介绍就业

职业介绍机构介绍就业，是指职业介绍机构在国家劳动计划指导下，将求职的劳动者推荐给用人单位，由用人单位择优录用。其特点是：① 适合于介绍就业的劳动者范围非常广泛，包括城镇失业人员、国家允许招用的农村劳动力、技校毕业生、不在国家统一分配范围内的高校和中专毕业生，以及自愿放弃由国家安置就业的劳动者、符合流动条件的职工和符合法定条件的其他求职人员。② 介绍就业的去向不以用人单位的所有制性质为限。只要是有用工需求的单位，均可向其推荐、介绍在其合法招工范围内的劳动者。③ 劳动者和用人单位之间双向选择的自主程度较大。对于劳动力供求双方来说，职业介绍机构的介绍只具有推荐性，至于是否缔结劳动关系，还需由双方当事人协商确定。④ 经介绍就业的用工方式灵活多样。既可以是合同制工也可以是临时工，既可以是全日性用工也可以是非全日性用工或小时用工。

8.2.2　自愿组织就业

自愿组织就业，是指城镇失业人员、企业富余职工和农村剩除劳动力，在国家和社会的扶持下，根据社会的需要和本人的专长，按照自愿原则组织起来，举办各种类型的集体经济组织，以实现就业。国务院制定的《城镇集体所有制企业条例》《乡村集体所有制企业条例》和《劳动就业服务企业管理规定》，是自愿组织就业的劳动者兴办集体经济组织的主要法律依据。按国家规定，大中城市的失业人员、特别是有技术和经营能力的人员，还可保留大中城市户籍到小城市、集镇或农村兴办集体经济组织。

8.2.3　自谋职业

自谋职业，是指城镇失业人员、企业富余人员和农村剩余劳动力，从事个体劳动经营以实现就业。国家制定的有关城乡个体工商户的法规和政策，是从事个体劳动的主要法律和政策依据。国家允许保留城市户籍到外地集镇开办个体工商户；但对农村剩余劳动力进城开办个体工商户则予以一定控制。国家鼓励和支持自谋职业，保护自谋职业者的合法权益，并要求给予自谋职业者同其他劳动者平等的社会和政治地位。

8.2.4　国家安置就业

国家安置就业又称国家分配就业或政策性安置就业，是指根据国家劳动计划，劳动人事行政部门和有关部门将符合政策和法规所规定条件的劳动者分配或安排到一定范围内的用人单位就业。其主要特点是：

（1）适用国家安置就业的劳动者范围仅限于国家规定应当或可以由国家安置就业的某几种劳动者。

（2）适用国家安置就业的用人单位范围，仅限于依法有义务接受国家安置就业任务的某几种用人单位，如全民所有制单位、县区级以上城镇集体所有制单位等。对于接受安置人员的企业，国家除在政策和法规中明确规定其在特定条件下应当录用属于国家安置就业的人员以外，还可由有关部门以协议方式确定其承担的安置任务。

（3）劳动者与用人单位之间双向选择的自主程度较小。被安置的劳动者必须服从国家的统一分配，否则就失去要求国家安置就业的资格；用人单位对国家分配来就业的劳动者，只要符合录用条件，一般不得拒绝接收。

（4）国家安置就业对其适用范围内的劳动者来说不具有强行性，国家鼓励和支持这些劳动者自愿选择其他就业形式。

（5）经国家安置就业的均属正式工，可用作合同制工，也可根据有关规定可用作固定工。

按照现行法规和政策的规定，列入国家安置就业范围的劳动者主要有下述几种：原是城镇户口的退伍义务兵；原是农业户口的退伍义务兵，仅限于服役期间荣立二等功或以上等级的立功者和因战因公致残的二等、三等伤残军人；退出现役的志愿兵，但在服役期间因严重违反纪律或无正当理由坚持要求提前退出现役者应按退伍义务兵处理；军队转业士官；按国家统一招生计划招收的高校毕业生；农村户籍的烈士子女（仅限一名）；在内地定居的归侨、侨眷和港澳台同胞及其内地眷属；按国家规定可以由国家安置就业的其他劳动者。

8.3　劳动力市场管理

8.3.1　劳动力市场管理的概念

劳动力市场是指劳动力流动和交换的场所，同时也是运用价值规律和市场供求规律、市场竞争规律对劳动力资源进行调节和配置的一种机制。在整个国民经济运行过程中，产品市场和劳动力市场是连接企业和社会成员的两个环节，二者缺一不可。但劳动力市场和产品市场存在着很大差别。劳动力市场管理的基本特征有以下几点：

（1）劳动力市场的调节机制为劳动力价格机制，即劳动力市场是以劳动力价格为杠杆，通过供求状况来实现总量平衡。

（2）劳动力市场交易对象具有特殊性。作为劳动力市场交易对象的劳动力是为人所具有的并在生产使用价值时运用的体力和脑力的总和。它天然以劳动者的人身为载体，劳动力的使用过程就是劳动力的消耗过程。由于劳动力具有形成的长期性、存储的短期性、再生产的不可间断性以及支出的可重复性和不可回收性等特征，决定了劳动力供求关系不仅有经济关系，还直接发生人身关系。

（3）劳动力市场上的合约关系具有相对稳定性。在产品市场上，买卖双方每天都可能调整或更换交易对象。但在劳动力市场上，由于频繁地调整人员和更换工作都要付出一定的成本，因而劳动力供求双方的合约通常期限较长，劳动关系相对稳定。

（4）劳动者和工作的非匀质性。劳动者作为一个整体具有很多共性，但作为个体又彼此不同。由于劳动力供求双方都存在着多样性与复杂性，在交易过程正式进行前，双方都要花费一定精力和财力收集有关信息，交易成本比较昂贵，且提高交易获得的效用和满意程度也不如产品市场。

8.3.2　劳动力市场管理体制

我国劳动力市场管理实行劳动行政部门管理的管理体制，即主要由劳动行政部门实施对劳动力市场的管理。劳动行政部门对劳动力市场进行综合和统一管理，在劳动力市场管理中具有最重要的地位。在我国，县级以上地方劳动保障行政部门主管本行政区域内的劳动力市场管理工作。县级以上地方劳动保障部门还可以委托其所属的就业服务机构，具体办理本行政区域内的劳动力市场管理有关事务。

8.3.3　劳动力市场准入管理

1．劳动者进入劳动力市场的法律规定

根据我国有关劳动立法的规定，劳动者年满16周岁，有劳动能力，且有就业愿望，符合法律规定条件，可以凭本人身份证件和接受教育、培训的相关证明，通过职业介绍机构介绍或直接联系用人单位等渠道求职。

为了提高劳动者的职业素质和技能水平，缓解城镇就业压力的难题，根据我国有关立法的规定，劳动者在就业前，应当接受必要的职业教育和职业培训。城镇初、高中毕业生就业前还应当参加劳动预备制培训，即新生劳动力在进入劳动力市场前，必须经过1～3年的相关职业培训或职业教育。

2．用人单位进入劳动力市场的法律规定

1）用人单位招用人员的一般规定

用人单位招用人员，应当面向社会，公开招收，公平竞争，择优录用。用人单位在招用职工时，除国家规定不适合从事的工种或者岗位外，不得以性别、民族、种族、宗教信仰为由拒绝录用或者提高录用标准。

用人单位可以通过下列途径自主招用人员：委托职业介绍机构；参加劳动力交流洽谈活动；通过大众传播媒介刊播招用信息；利用互联网进行网上招聘；法律、法规规定的其他途径。

用人单位委托职业介绍机构招用人员时，应当出示单位介绍信、营业执照（副本）或其他法人登记文件、招用人员简章和经办人身份证件。招用人员简章应包括用人单位基本情况、招用人数、职业工种、岗位要求、录用条件、劳动报酬、福利待遇、劳动保护等内容。用人单位通过报刊、广播、电视等大众传播媒介发布招用人员广告，经当地劳动保障行政部门审核后，按国家有关规定办理。2002年3月29日，北京市人大常委会对1997年10月实施的《北京市人才市场管理条例》做出修改。按照新修改的《条例》，新闻单位刊登、播放人才招聘单位的人才招聘启事无须再经过北京市人事局的批准，从而为北京市实现多年的人才招聘广告审批制度画上了句号。

用人单位应当接受当地劳动保障行政部门组织的空岗调查，并主动报告空岗情况。

【知识拓展】

用人单位招用人员时禁止有下列行为：提供虚假招聘信息；招用无合法证件的人员；向求职者收取招聘费用；向被录用人员收取保证金或抵押金；扣押被录用人员的身份证等证件；以招用人员为名牟取不正当利益或进行其他违法活动。

用人单位招用人员后，应当自录用之日起30日内，到当地劳动保障行政部门办理录用备案手续，并为被录用人员办理就业登记。

2）招用农村劳动者的特殊规定

全民所有制企业招收农民工必须在国家下达的劳动工资计划内，用于国务院劳动行政部门确定的需要从农村中招用劳动力的生产岗位的工种，即企业招用农民工仍然要取得有关部门的批准。其中，矿山企业招用农民工须报经省、自治区、直辖市人民政府或其授权的设区的市或相当于设区的市一级人民政府批准，其他企业招用农民工须报省、自治区、直辖市人民政府批准。用人单位应就近就地和选择群众生活困难、劳动力富余的地区招收农民工。这是对招用农民工范围的原则规定。因为农民工一般不转户粮关系，从农民工的生活便利出发，要求企业就地就近招收农村劳动力。用人单位只有在规定的范围和期限内，无法招到或招足所需人员时，经劳动就业机构核准后，才能跨省招收农民工。

用人单位可通过如下途径招收农民工：派员前往应招对象所在地直接招收；委托应招对象户口所在地劳动部门职业介绍机构或其他具备相应资格的职业介绍机构招收；委托本地劳动部门职业介绍机构或其他具备相应资格的职业介绍机构招收。

按照劳动者享有的平等就业权的内在要求，农村富余劳动力应该与城镇劳动力一样，享有就业的平等竞争权。但受生产力发展水平和城市承受的巨大就业压力的制约，我国对用人单位招用农民工的条件、程序等做了比招用城镇劳动者更严格的规定，这是不公平的。相信随着经济的发展，我国政府对招用农民工的特殊规定会逐渐取消。

3）招用外国劳动者的特殊规定

为了满足我国特殊岗位的需要，劳动部、公安部、外交部、对外贸易经济合作部于1996年1月联合颁布了《外国人在中国就业管理规定》，对用人单位招收外国劳动者的条件和程序做了有别于招收本国劳动者的规定。

【知识拓展】

用人单位聘用外国人从事的岗位应是有特殊需要，国内暂缺适当人选，且不违反国家有关规定的岗位。

招收的外国人应具备下列条件：年满18周岁，身体健康；具有相应的专业技能和工作经历；无犯罪记录；持有有效护照或身份证件。

需要聘请外国人的用人单位，须填写聘用外国人就业申请表，向与劳动行政主管部门同级的行业主管部门提出申请，并提供法律规定的有关文件。经行业主管部门批准后，用人单位应持申请表到本单位所在地区的省、自治区、直辖市劳动行政部门或其授权的地、市级劳动行政部门办理核准手续。由省、自治区、直辖市劳动行政部门或其授权的地、市级劳动行政部门指定的专业机构负责签发外国人就业许可证。其中外商投资企业聘请外国人，无须行业主管部门审批，可凭有关文件直接到劳动行政部门申领许可证书。用人单位在聘任的外国人入境后五日内，持许可证、与被聘任的外国人签订的劳动合同及其有效护照或能代替护照的证件到原发证机关为外国人办理就业证，并填写外国人就业登记表。

3．劳动力流动就业管理制度

劳动力流动就业又称劳动者流动就业，是指劳动者由一个用人单位流入另一个用人单位，或者由一个地区流入另一个地区就业。我国现行立法仅对职工有组织流动就业和社会劳动力跨地区流动就业做了专门规定。其主要内容有：

（1）地区内劳动力流动就业管理。本地区劳动力进入劳动力市场流动就业，需持居民身份证及有关劳动就业证件，包括学历证书、职业培训证书、下岗证、劳动关系终止证书等。选择国家规定实行就业准入职业的，应当提供相应的职业证书。需要通过职业介绍机构介绍就业的，要在职业介绍机关进行登记。已在职业介绍机关进行失业登记的，视为要求职业介绍机构介绍就业。

（2）跨地区劳动力流动就业管理。跨地区劳动就业的劳动者除具备本地区劳动力流动就业的条件外，还须持户口所在地劳动和社会保障行政部门发放的《外出人员就业登记卡》。一旦有了用人单位，用人单位须凭《外出人员就业登记卡》领取当地劳动行政部门颁发的《外来人员就业证》，证、卡合一生效，简称流动就业证，作为流动就业的有效证件。

8.3.4　劳动力市场中介管理

在自发的劳动力市场上，劳动者和用人单位通过竞争相互选择具有很大的盲目性。这就必然要求出现一种中介组织，来沟通劳动力供需双方，提供市场信息，节约交易成本和时间，引导劳动者按社会的需求提高自己的文化水平和培养自己的职业技能，以期尽快实现就业和再就业。但是，中介机构大量出现并为人们带来方便快捷服务的同时，人员素质不高、收费混乱、中介合同文本不规范、故意欺诈服务对象等问题也随之而来。因此，了解中介机构的基本知识，掌握相关的法律法规对求职者来说非常必要。一般来说，实现职业中介职能的组织是以职业介绍机构为龙头的就业服务机构。它主要包括就业登记机构、职业介绍机构等，主要从事就业登记、就业指导、职业介绍、信息咨询、组织失业人员生产自救、为失业人员提供失业救济等项就业服务活动。以下着重对职业介绍机构的法律规定作重点阐述。

1．对职业介绍机构的管理

职业介绍机构总体上来说分为两类：一类是公共职业介绍机构；另一类是非公共职业介绍机构。政府劳动、人事行政部门开办的公共职业介绍机构，是公益性的事业单位。县级以上劳动行政部门开办的职业介绍机构为职业介绍所或职业介绍服务中心，县级劳动行政部门开办的乡镇、街道一级的为"劳动就业服务站"，人事行政部门开办的职业介绍机构为人才交流中心。社会团体、企事业单位开办的职业介绍机构可以是公益性的，也可以是非公益性的。私人开办的职业介绍机构为非公益性职业介绍机构。

职业介绍机构开办应当具备以下条件：符合当地劳动力市场发展规划；有符合规定的名称、章程、业务范围和管理制度；有与业务规模相适应的固定场所、办公设施和开办经费；有一定数量以上持有省劳动和社会保障行政部门颁发的《职业介绍资格证书》的专职人员；

法律、法规规定的其他条件。

职业介绍机构设立的程序为：设立公益性职业介绍机构的，应当持相关证明文件向所在地县级以上人民政府的劳动和社会保障行政部门提出申请，经审查批准，领取《职业介绍许可证》后，从事职业介绍活动。设立经营性职业介绍机构，除履行前款规定的手续外，还应当依法到工商、税务行政管理部门申请办理企业、税务登记手续，方可从事职业介绍活动。职业介绍机构需变更或者终止的，应按原申请开办程序办理变更或者终止手续。

2．对职业介绍行为的管理

劳动和社会保障行政部门监督和管理职业介绍机构的日常活动，打击非法职业中介行为。

职业介绍机构禁止实施下列行为：提供虚假的劳动力供求信息；为劳动就业证件不全的求职者或证明文件不全的用人单位进行职业介绍；为未满16周岁的未成年人介绍职业；介绍求职者从事法律、法规禁止从事的职业；采取欺诈、胁迫或者暴力等手段进行职业介绍；超越劳动和社会保障行政部门批准的业务范围进行职业介绍；擅自增加收费项目或提高收费标准的。

8.4 劳动就业服务

8.4.1 劳动就业服务的概念

劳动就业服务，是指就业服务主体为劳动者实现就业和用人单位招用劳动者提供的社会服务，在劳动力市场的运行机制中和国家劳动政策的实施体系中，它都是一个重要的组成部分。

劳动就业服务的对象，是劳动力供求双方。按照市场经济的要求，凡是有劳动力供给愿望的各种劳动者和有劳动力需求欲望的各种用人单位都在服务对象的范围之内。就劳动力供给主体来说，它既包括城镇劳动者，又包括农村剩余劳动力；既包括失业人员，又包括要求流动的在业人员；既包括在劳动年龄内的劳动者，又包括超过劳动年龄后仍有求职愿望的劳动者；既包括本地区、本部门的劳动者，又包括要求在本地区、本部门就业的外地区、外部门的劳动者；既包括境内劳动者，又包括允许在境内就业的境外劳动者。就劳动力需求方来说，应不受用人单位的所有制和所属地区和部门的限制，并且应当既包括境内用人单位还包括对境内劳动力有需求的境外雇主。

【知识拓展】

劳动就业服务的主要内容包括就业登记、职业指导、职业介绍、就业前培训、失业保险、组织生产自救和以工代赈等多方面。

8.4.2 劳动就业服务的管理体制

我国的劳动就业服务管理，已形成一整套对就业服务实行统一领导和分级分部门（行业）管理的体制。其基本框架主要由下述三部分构成：

1．国家就业服务管理机构

劳动和社会保障部是全国就业服务的主管部门，其设置的就业服务管理职能机构，负责研究就业服务工作的政策，拟订就业服务发展规划，协调与有关部门的业务关系，对全国就业服务管理机构的工作进行指导和监督，并维护其履行职责过程中的权利，组织推动就业服务系统的干部培训工作。

2．地方就业服务管理机构

地方就业服务管理机构是各级地方劳动行政部门设置的并在其直接领导下实现就业服务任务的工作机构，县级以上的一般称为就业服务局，它在全面开展就业服务工作的同时，负责本地区各类就业服务机构的管理。省级劳动就业服务机构，主要负责本地区就业服务工作和就业服务机构管理工作，拟定本地区就业服务工作的规划、方针和政策，对本地区就业服务机构的业务工作进行指导和监督。

地（市）、县级就业服务管理机构，主要完成以下任务：

（1）对社会劳动力（包括农村进城务工人员）进行就业登记、资源统计和组织管理，全面掌握社会劳动力的资源状况。

（2）举办职业介绍机构，开展劳动力交流、职业介绍、信息咨询和就业指导，促进劳动力市场的形成和发展，为劳动力供求双方实现相互选择提供服务。

（3）举办就业培训中心，推动社会各方面举办多层次、多形式的培训活动，开展就业训练和转业训练，为求职者创造就业条件。

（4）合理使用就业经费，发展集体经济，建立劳动生产基地，推动经济联合，广开就业门路，组织生产自救，为失业人员和企业富余人员提供就业岗位。

（5）管理职工失业保险金的收缴、使用和发放，为失业职工提供社会保障。

（6）行使劳动行政部门赋予的其他行政职能。

地方就业服务管理机构的基层组织，即街、镇、乡劳动就业服务站，它可由街、镇、乡政府部门直接领导和管理，也可作为区、县就业服务管理机构的派出机构。其主要任务是：负责社会劳动力的登记、组织和管理；开办培训班，组织就业训练和专业训练；广开就业门路，组织、指导失业人员就业；管理自办的经济实体；为农村剩余劳动力的就地转移和向外地输出提供服务。

3．部门（行业）就业服务管理机构

部门（行业）就业服务管理机构，是各行业主管部门设置的实现就业服务的工作机构，有的为专门的就业服务局（处或科）。它在行业主管部门的领导下开展工作，业务上受地方就业服务管理机构指导。其主要职责是：对本部门（行业）企事业单位劳动就业服务企业进行协调、指导、服务，推动集体经济发展，广开就业门路，促进失业青年和企业富余人员的安置。国务院有关部门设立的就业服务局，负责本行业劳动就业服务企业发展的宏观指导工作，业务上受劳动部的就业服务管理机构的指导。

8.4.3　就业登记

就业登记，是指职业介绍机构依法对有就业需求的劳动者和有用人需求的用人单位，就其基本情况所进行的登记。它包括失业登记、求职登记和用人登记。

根据我国现行立法规定，就业登记制度的基本内容有下述要点：

（1）就业登记体制。就业登记工作由各职业介绍机构在规定和指定范围内具体承办，由县级以上劳动行政部门主管，由县级以上地方就业服务管理机构负责组织实施。

（2）失业登记。失业登记由县级以上地方就业服务管理机构指定的职业介绍机构承办，也可以由其委托的乡镇、街道就业服务站（所）或企业内就业服务机构代办。在法定劳动年龄内、有劳动能力和就业愿望的城镇未就业人员，办理失业登记者才被确认为失业人员。申请登记者应当持户口簿（身份证）和证明原身份的有关证件，到本人户口所在地的失业登记机构进行失业登记，填写失业人员登记表，领取失业证。失业人员凭失业证享受就业服务，办理就业手续；符合享受失业保险待遇条件的，可凭失业证领取失业救济金。失业人员被招聘后，失业证应由就业服务管理机构加盖印章，交用人单位保管；如再次失业，经失业登记机构核准，原失业证可继续使用。失业人员入伍、升学或从事个体经营，失业证由原证登记机构收回。

（3）求职登记。凡到职业介绍机构求职的人员都应进行求职登记，填写求职登记表，领取求职登记卡。失业登记以及在输入地领取外来人员就业证，都视为求职登记。经批准在原务工地转换职业的跨省流动就业的劳动者，应持流动就业证办理求职登记手续；农村劳动者在省内流动就业，应持本人身份证和乡村劳动者就业服务站出具的有关证明（证件）办理求职登记手续。

（4）用人登记。凡要求职业介绍机构为其介绍劳动者的用人单位都应当办理用人登记。政府和劳动行政部门认定的生产自救企业、裁员后6个月内需要招聘人员的企业以及由劳动行政部门对其富余人员进行社会调剂或出资承担安置的企业，若需招聘人员，必须到劳动行政部门职业介绍机构进行用人登记。职业介绍机构应了解和掌握用人单位工作岗位空缺和招聘用人情况，并进行登记；还可以采取通信、登门服务、在企事业单位聘请信息员和举办劳务洽谈会等多种方式进行用人登记。

8.4.4 职业指导

职业指导，是指就业服务机构根据劳动力供求双方的需要，依法为劳动者选择职业、用人单位选择劳动者和培训机构开展职业培训，提供调查、测评、咨询、建议等导向性服务。为规范职业指导工作，劳动部于1994年10月制定了《职业指导办法》。它规定职业指导工作包括以下内容：调查分析社会职业变动趋势和劳动力市场供求状况；开展对劳动者个人素质和特点的测试，并对其职业能力进行评价；帮助劳动者了解职业状况，掌握求职方法，确定择业方向，增强职业能力；向劳动者提出培训建议，并负责向就业训练机构推荐；对妇女、残疾人、少数民族人员及退役军人等特殊群体提供专门的职业指导服务；指导用人单位选择招聘方法，确定用人条件和标准；对从事个体劳动和开办私营企业的劳动者，提供开业和生产经营方面的咨询服务；对就业训练机构的培训方向、训练规模和专业设置等提供导向；对在校学生提供相应的职业指导服务。

8.4.5 职业介绍

职业介绍，是指职业介绍机构在国家劳动计划和就业政策指导下，利用市场调节机制，通过为劳动力供求双方沟通联系和提供其他服务，帮助劳动者实现就业。作为劳动力市场的中介，其宗旨是促进用人单位和劳动者相互选择，为充分开发和利用劳动力资源服务。

职业介绍工作的主要内容有：

（1）为求职者办理求职登记，提供职业需求信息，推荐用人单位，进行素质测评和评价，帮助其了解职业状况和掌握求职方法，并且为特殊群体人员和长期失业者提供专门服务。

（2）为用人单位办理用人登记，提供劳动力资源信息，推荐求职者，指导其正确选择招聘方法和执行国家规定的招聘标准。

（3）为职业培训和就业训练机构提供职业需求信息，推荐需要培训的人员。

（4）组织劳务交流洽谈活动和劳务承包、劳务协作等活动，为求职者提供直接的就业服务。

（5）根据需要开展推荐临时用工、家庭服务人员等服务。

（6）建立劳动力市场信息库，开展劳动力供求预测、预报，进行劳动力信息咨询服务，汇集、管理和定期发布劳动力市场信息。

（7）劳动行政部门开办的综合型职业介绍机构，受劳动行政部门委托，可以开展办理用工手续、颁发有关证件、保管求职者档案、发放失业保险金等服务项目。

目前我国职业介绍的程序大致如下：

（1）接待登记。求职人员和用人单位到职业介绍机构求职和招聘人员，职业介绍工作人员应要求他们进行就业登记或用人登记。随后，根据他们的不同情况，确定服务形式，并引导他们进入相应服务程序。

（2）提供信息。通过电视屏幕、计算机或广播等设备，以及广告、报纸、手册或卡片等书面材料，向求职人员和用人单位提供用人和求职信息及其他劳动力市场信息。提供的信息主要应包括：岗位空缺信息；劳动力供给信息；职业培训信息；职业供求分析预测信息；相关就业服务项目；劳动就业政策、法规；其他劳动力市场信息。

（3）面谈。求职和用人面谈分为初次面谈和再次面谈。初次面谈的主要任务是：了解求职者和用人单位的基本需求，确定服务形式；介绍就业和推荐用人或推荐相关服务项目。再次面谈的主要任务是：深入了解并研究服务需求，调整服务形式，再次介绍就业和推荐用人或推荐相公服务项目。

（4）职业指导。职业指导分为求职指导和用人指导。它的主要任务是：提供职业咨询，开发职业潜力；引导调整就业观念和用人观念；指导设计职业生涯，提高求职和招聘技巧等。对于接受相应职业介绍服务后未实现就业的求职人员和未满足需求的用人单位，要根据他们的不同要求指导其再进入其他服务程序。

县级以上劳动就业服务管理机构，在同级劳动行政部门领导下，组织实施本地区职业介绍工作。各职业介绍机构都必须在职业许可证所许可的范围内从事就业服务。非劳动行政部门和公民个人开办的职业介绍机构，必须在就业服务管理机构核定的业务范围内开展工作，其服务对象必须是本行政区域内的用人单位和求职者。

【知识拓展】

生产自救是指在自愿的基础上组织失业人员在正式就业前参加有收入的过渡性社会劳动以取得生活主要来源。自1979年以来，举办各种劳动就业服务企业逐步成为组织失业人员生产自救的一种普遍形式。为此，国家制定了《劳动就业服务企业管理规定》和《劳动就业服务企业实行股份合作制规定》等法规。

以工代赈，又称工赈，是指组织失业人员参加社会公共工程，并支付维持其本人及家庭最低生活的工资以代替单纯的国家救济。其中的工赈工程经费由政府拨给的救济金支付，因而它是一种由国家通过劳务投资救济失业人员的办法。以工代赈既可促进生产建设事业的发展和减轻国家的财政负担，又可解决失业人员的生活困难。中华人民共和国成立初期，以工代赈被作为救济失业工人的主要办法。1980年，国家规定，为安置失业人员，劳动就业服务企业也可以会同有关部门举办以工代赈。

8.5　特殊就业保障

8.5.1　特殊就业保障的概念

特殊就业保障是指法规和政策特别规定，国家对妇女、残疾人、少数民族人员、退役军人等特殊群体的就业所采取的特殊保障措施。国家所承担的保障公平就业任务，在很大程度上是通过为特殊群体提供就业保障来实现的。我国《劳动法》规定，妇女享有与男子平等的就业权利；残疾人、少数民族人员、退役军人的就业，法律法规有特别规定的，从其规定。在《妇女权益保障法》《残疾人保障法》等法律法规中，对特殊就业保障，都做了相应的规定。

8.5.2　妇女就业保障

在当今世界各国，妇女就业已成为普遍现象。实践表明，妇女就业作为开发、利用劳动力资源的重要方面，对经济、社会的发展起着巨大的推动作用。

但是，妇女的独特生理条件和妻子、母亲、家庭主妇角色，以及经济、社会、意识形态等方面的因素，使妇女具有特别的就业障碍。因此，在就业机会和待遇上男女不平等的现象在各国仍然比较普遍。因此决定了妇女就业保障的核心问题，就是要保障妇女享有与男子平等的就业权，即消除就业上的性别歧视。

为保障妇女就业权，在许多国际劳工公约和建议书中，就禁止就业方面的性别歧视做出了规定。例如，1951年的100号公约《男女同工同酬公约》和第90号同名建议书中，要求各会员国保证男女工人在得到职业指导、就业咨询、职业培训、工作安排方面，享有平等和同等的便利；促进男女工人在获得职业和职务上的机会均等，而不损害有关保护妇女健康和福利的国际规章和国家法律。

根据我国《劳动法》和《妇女权益保障法》等法规的规定，妇女就业保障的内容主要包括：除国家规定的不适合妇女的工种或岗位外，不得以性别为由拒绝录用妇女；凡适合妇女的工种和岗位，招工的男女比例，要从当地实际情况出发，根据生产、工作需要和劳动力资源情况合理确定；招工时不得提高对妇女的录用标准；对女职工不得以结婚、怀孕、产假、哺乳等为由，予以辞退或单方解除劳动合同；实行男女同工同酬，在晋职、晋级、评定专业技术职务、分配住房和享受福利待遇等方面坚持男女平等；对妇女在劳动过程中的安全和健康给予特殊保护，不得安排不适合妇女从事的工作和劳动。

8.5.3　残疾人就业保障

根据国际劳工公约《（残疾人）职业康复与就业公约》的规定，就业制度中的残疾人是指那些由于已经正式确认的生理和心理上的缺陷，以致他在合适的就业中取得、保持和晋升职位的希望大大降低的人。由于残疾人在择业方面因其生理和心理障碍而处于劣势，不可能和正常人一样竞争就业，出于人道主义精神和促进经济和社会发展，政府和社会有责任帮助残疾人实现就业。

为保障残疾人就业，我国于1989年制定了《社会福利企业招用残疾人职工暂行规定》，在1990年制定的《残疾人保障法》中对残疾人就业问题设专章做了规定，在《劳动法》中也明确规定对残疾人就业实行特殊保护。此外，还专门制定了《残疾人事业"八五"计划纲要》等文件。在上述法规和政策中所规定的残疾人就业保障的基本内容，主要包括：

1．原则国家保障残疾人劳动的权利

各级政府应当对残疾人就业统筹规划，为残疾人创造就业条件。残疾人就业，实行集中与分散相结合的方针，采取优惠政策和扶持保护措施，通过多渠道、多层次、多种形式，使残疾人就业逐步普及、稳定、合理。

2．主要措施

（1）各级政府要将残疾人就业纳入各地劳动就业计划，统筹安排，做好失业登记、职业培训、就业介绍与分配、失业保险和其他就业组织工作。

（2）依托各地残疾人联合会设立残疾人劳动服务机构，形成纳入城镇劳动服务系统和农村社会化服务体系的残疾人劳动服务网络，政府有关部门要指导、支持残疾人劳动服务网络建设和工作。

（3）集中安排残疾人就业。国家和社会举办残疾人福利企业、按摩医疗机构和其他福利性企业事业组织，集中安排残疾人就业。

（4）分散安排残疾人就业。国家推动各单位积极吸收残疾人就业，各级政府和有关部门应当做好组织、指导工作。国家机关、社会团体、企事业组织、城乡集体经济组织，应当按一定比例（由省级政府具体规定）安排残疾人就业，并为其选择适当的工种和岗位。政府有关部门鼓励、帮助残疾人自愿组织起来就业或者从事个体经营和劳动。地方各级政府和农村基层组织，应当组织和扶持农村残疾人从事种植业、养殖业、手工业和其他形式的生产劳动。

（5）对残疾人就业实行优惠政策和扶持保护。国家对残疾人福利性企业事业组织和城乡残疾人个体劳动者，实行税收减免政策，并在生产、经营、技术、资金、物质、场地等方面给予扶持。地方政府和有关部门应当确定适合残疾人生产的产品，优先安排残疾人福利企业生产，并逐步确定某些产品由残疾人福利企业生产。对于从事各类生产劳动的农村残疾

人，有关部门应当在生产服务、技术指导、农用物资供应、农副产品收购和信贷等方面，给予帮助。对于申请从事个体工商业的残疾人，有关部门应当优先核发营业执照，并在场地、信贷等方面给予照顾。政府有关部门下达职工招用、聘用指标时，应当确定一定数额用于残疾人。对于国家分配的高校、中专、技校的残疾毕业生，有关单位不得因其残疾而拒绝接收；拒绝接收的，当事人可以要求有关部门处理，有关部门应当责令该单位接收。国家保护残疾人福利性企业事业组织的财产所有权和经营自主权，其合法权益不受侵犯。在职工的招用、聘用、转正、晋级、职称评定、劳动报酬、生活福利、劳动保险等方面，不得歧视残疾人。残疾职工所在单位，应当为残疾职工提供适应其特点的劳动条件和劳动保护；应当对残疾职工进行岗位技术培训，提高其劳动技能和技术水平。

【知识拓展】

精神疾病患者作为残疾人中的特殊成分，我国对其就业的法律保障一直以来处于空白状态。2002年4月7日，中国首部有关精神卫生的地方性法规《上海市精神卫生条例》正式实施。该条例规定，对于已病愈的精神疾病患者，不得以其曾经患过精神疾病为由，拒绝其入学、应试、就业或给予其他不公正待遇。

8.5.4 退役军人就业保障

退役军人又称复员退伍军人，即不再在中国人民解放军服役的人员。对退役军人就业实行特殊保障，即由国家进行政策性安置就业，有利于稳定军心，是关系军队建设、经济建设、国家安危和社会安定的大事。我国一贯重视退役军人安置工作，制定了一系列法规政策，除《劳动法》外，还有《兵役法》（1984年）、《中国人民解放军志愿兵退出现役安置暂行办法》（1983年）、《退伍义务兵安置条例》（1987年）、《军人抚恤优待条例》（1988年）、《中国人民解放军士官退出现役安置暂行办法》（1999年）等。我国立法对退役军人就业保障的规定，主要有下述几方面的内容：

1. 原则

退役军人安置工作，实行从哪里来、回哪里去的原则和妥善安置、各得其所的方针；由专门安置机构在地方各级政府领导下和有关部门协助下具体进行。

2. 农村退役义务兵就业安置

家居农村的义务兵退役后，一般由乡镇政府妥善安排其生产和生活；在服役期间荣立二等功以上的，应当安排工作；对有一定专长的，应当向有关部门推荐录用；各用人单位向农村招工时，在同等条件下应当优先录用。对服役期间荣立三等功和超期服役者和女性，应当给予适当照顾。

3. 城镇退役义务兵就业安置

家居城镇的义务兵退役后，由县级政府安排工作。服役前没有参加工作的，由国家统一分配工作，实行系统分配任务、包干安置办法，各接收单位必须妥善安排。入伍前原是机关、团体、企事业单位正式职工的，原则上回原单位复工复职；对于因残、因病不能坚持8小时工作的，原单位应当按照与具有同样情况的一般工作人员同等对待的原则妥善安置；原工作单位已撤销或合并的，由上一级机关或合并后的单位负责安置。

4．伤残退役义务兵就业安置

因战、因公致残的二等、三等革命伤残军人，原是城市户口的，由原征集地退伍军人安置机构安排力所能及的工作；原是农业户口的，原征集地区有条件的，可以在企事业单位安排适当工作。

5．退役志愿兵就业安置

志愿兵退役后，由原征集地的县级政府安排工作，遇有特殊情况也可以由上一级或者省级政府统筹安排；安排工作时应尽量按专业技术对口分配，并按法定标准评定工资级别。志愿兵退役时，本人申请复员回乡参加农业生产的，应予鼓励，并增发安家补助费；生产、生活有困难的，当地政府应协助解决。

6．退役士官就业安置

退役士官就业安置分为复员安置和转业安置两种。服现役满第一期或者第二期规定年限的，或者符合转业或退休条件而本人要求复员并经过批准的退役士官，作复员安置。符合下列条件之一的退役士官作转业安置：服役满10年的；服现役期间荣获二等功以上奖励的；服现役期间因战、因公致残被评为二等、三等伤残等级的；服现役未满10年，国家建设需要调出军队的；符合退休条件，地方需要和本人自愿转业的。国家对士官退役后的就业安置规定了专门办法。

8.5.5 少数民族人员就业保障

对少数民族人员就业实行特殊保障，是国家促进少数民族地区经济和社会发展的重要手段。关于少数民族人员就业保障的法律规定，除劳动立法外，主要见诸于民族事务立法。其主要内容有下述两方面：

1．优先招收少数民族人员

民族自治地方的企事业单位在招收人员时，要优先招收少数民族人员；并且可以从农村和牧区少数民族人员中招收。上级国家机关隶属的在民族自治地方的企事业单位招收人员时，应当优先招收当地少数民族人员。民族自治地方每年编制内的干部和职工自然减员、缺额及国家当年新增用人指标由民族自治地方通过考核予以补充，对少数民族人员优先录用。上级政府在每年下达的"农业户口转非农业户口"计划中，划出一定指标用于民族自治地方在农牧民中招收少数民族职工。

2．培养少数民族人才

民族自治地方的自治机关要采取各种措施从当地民族中大量培养各级干部和各种科学技术、经营管理等专业人才和技术工人，充分发挥他们的作用，并且注意在少数民族妇女中培养各级干部和各种专业技术人才；上级国家机关对此负有帮助职责。国家举办民族学院，在高等学校举办民族班、民族预科，专门招收少数民族学生，并且可以采取定向招生、定向分配的办法。高等学校和中等专业学校招收新生时，对少数民族考生适当放宽录取标准和条件。

此外，国家一直实行帮助各民族自治地方加速发展经济文化建设事业的政策，这也是为少数民族人员就业创造条件，从而保障少数民族人员就业的根本性措施。

8.6 职业培训

8.6.1 职业培训的概念

职业培训，又称职业技能培训和职业技术培训，是指根据社会职业的需求和劳动者从业的意愿及条件，按照一定标准，对劳动者进行的旨在培养和提高其职业技能的教育训练活动。其含义有下述要点：

（1）职业培训服从于社会职业的需求。即劳动力市场上需要什么职业，就进行什么职业培训。

（2）职业培训满足于劳动者的从业意愿。即职业培训是在尊重劳动者择业自由的基础上进行的。劳动者愿意选择什么职业，就进行什么职业培训。

（3）职业培训适应劳动者的从业条件。即职业培训是以劳动者现有的身体、知识、技术为基础所进行的。劳动者依其自身条件可能从事什么职业，就进行什么职业的培训。

（4）职业培训符合职业标准化的要求。即国家依据职业标准所规定的各种职业类别（工种）和等级对职业技能的要求，编制教学大纲和考核标准。职业培训则是严格遵循教学大纲和考核标准所进行的。

职业培训是国民教育体系中职业教育的一种主要形式，是职业技能开发体系的一个主体部分。为此，应当从下述几方面的比较中理解职业培训的特征和地位：

1. 职业培训与普通教育

国民教育体系主要由普通教育和职业教育所构成。二者都是为了培养和提高人的才能和文化技术水平，同属智力开发活动。其中，普通教育是职业教育的基础，职业教育是普通教育的延伸和专门化。职业培训作为职业教育的一种形式，与普通教育相比较，二者的主要区别在于：

（1）对象不同。后者以非社会劳动者为对象，其中主要是青少年，也包括部分老年和有兴趣接受某种教育的成年人（学成后并不执此业）；前者以社会劳动者为对象。

（2）目标不同。后者的目标在于普遍提高国民素质，通常是对劳动预备队伍进行文化教育从而间接地作用于劳动能力的形成。前者则直接以职业能力开发为目标。

（3）性质不同。后者是常规教育，具有基础性、全面性和系统性；前者则是特需教育，具有选择性、单一性和实用性。

（4）形式不同。后者是有固定学制的学校教育；前者多是一种不拘形式的培训制度，虽然它包含部分学校教育形式，但大量表现为灵活多样的其他培训方式。

2. 职业培训与职业基础教育

职业教育体系主要由职业基础教育与职业培训所构成。职业基础教育，又称职业学校教育，它是介于普通教育与职业培训之间、而又与普通教育和职业培训并存的一种职业教育形式。职业培训与职业基础教育相比较，主要区别在于：① 内容不同。后者偏重于专业基础知识的传授，或者专业基础知识与操作技能并重，具有全面性和系统性；前者则偏重于操作技能的传授，主要针对某种岗位的特定要求进行训练。② 性质不同。后者为学历教育，有固定的学制，对学完规定课程并考试及格者发给学历证书；前者为非学历教育，学制不固定，对考试和考核合格者发给培训合格证书。③ 形式不同。后者为学校常规教育，即由职业学校和普通学校以常规的教学方式实施；前者则为非常规教育，形式不一，大多由职业培训机构实施，有的虽由学校实施但不是常规化教学。④ 管理体制不同。后者以教育行政部门管理为主，有的还可纳入普通教育体系；前者则以劳动行政部门管理为主，只纳入职业教育管理体系。

3．职业培训与职业技能开发

一般认为，职业技能开发是旨在增进社会劳动力资源的有效供给，培养、提高和评价劳动者职业技能的一系列活动和措施，是一个由职业需求预测、职业分析和分类、职业技能标准、职业技能培训、职业技能鉴定、职业技能竞赛、职业指导、职业介绍的活动和措施所组成的有机体系。可见，职业培训在职业技能开发体系中处于特别重要的地位，职业需求预测、职业分析和分类、职业技能标准都是为职业培训拟定方向、目标、内容和体系；职业技能鉴定和职业技能竞赛是对职业培训成果的检验和评价；职业指导和职业介绍则是将职业培训成果投入劳动力市场和劳动过程，从而实现职业培训效益的必经途径和必要手段。因此，职业培训是职业技能开发的关键，并且只有在职业技能开发体系中才能够增加社会劳动力资源的有效供给。正因如此，职业培训立法的内容不能只限于职业培训，而应当扩及到整个职业技能开发体系；职业培训立法的指导思想，应当从职业技能开发体系的广度予以确定。

8.6.2　职业培训的分类和管理

根据《职业教育法》的规定，职业培训包括从业前培训、转业培训、学徒培训、在岗培训、转岗培训以及其他职业性培训。它们依不同标准可以分为社会劳动力培训和职工培训，初级职业培训、中级职业培训和高级职业培训，职业培训实体培训和用人单位培训，自费培训、公费培训和委托代理培训，国内培训和国外培训。

我国的职业培训管理体系，由劳动行政部门管理、教育行政部门管理和行业主管部门管理所构成，其中，劳动行政部门管理是综合性、全面性的职业培训管理。劳动行政部门对职业培训的管理职权和范围大致包括下列各项：① 制定职业培训的政策、规章、规则、标准等规范，统一制作有关证件和通用标准。② 行使审批权。包括对职业培训实体的开办、职业技能鉴定机构的设立等进行审查和批准。③ 行使监督权，即它对整个培训活动实行全面监督，监督对象包括培训活动的开展，培训实体的设立和权益保护，培训合同的履行，培训经费的提取和使用，技能鉴定活动和发证工作。④ 组织和领导对培训实体的评估工作，奖励先进、倡导和组织开展技能竞赛活动。⑤ 对培训中的违约、违法行为进行处理或处罚。

8.6.3　职业培训的主要形式

1．学徒培训

学徒培训，是指由用人单位招收学徒工，在师傅的直接指导下，通过实际生产劳动，使其掌握一定生产技能和业务知识的培训形式。

1）学徒培训法律关系的特征

学徒培训法律关系具有以下特征：① 它是一种招工与传艺合二为一的法律关系。用人单位与学徒所确立的是以传授、学习技艺为内容的预备劳动关系，即学徒劳动关系。② 传艺和学艺的特定方式是由招收单位委托师傅负责指导，在生产实践中进行。③ 建立学徒培训法律关系的目的在于建立正式劳动关系，受培者是否达到预期的培训要求，是决定其能否建立正式劳动关系的主要依据。

2）学徒的招收

用人单位招收学徒，应当坚持公开招收、全面考核、择优录用的原则，其中的考核，应当在德、智、体全面考核的前提下侧重文化考核。用人单位所招收的学徒，必须符合国家规定的基本条件，即思想品德端正，具备初中以上文化程度，身体健康，年龄为16周岁至22周岁的未婚青年。某些特殊职业和行业，经劳动行政部门批准可以小于16周岁。学徒进入用人单位半年内，如发现患有严重慢性病，不能继续学习的，用人单位可以辞退。

学徒培训应当实行合同制度，即学徒应当分别同用人单位和师傅订立学徒培训合同和师徒合同：

（1）学徒培训合同。即用人单位与学徒之间确立学徒劳动关系，明确双方权利义务的书面协议。其中，用人单位有义务为学徒提供学习和实习的条件，并有权届期获得对培养成才劳动力的使用权；学徒的权利是获得符合要求的学习条件，其主要义务是届期达到既定的学习目标。同时，学徒还附有参加劳动和遵守劳动纪律的义务，享有取得劳动报酬和有关福利待遇的权利。

（2）师徒合同。即师傅受用人单位委托与学徒订立的确立师徒教学关系，明确相互权利义务的书面协议。它是学徒培训合同的从合同，一般是在订立学徒培训合同之后订立。其主要内容包括教学内容、包教包学条件、出徒时间、出徒标准等项条款。

3）学习期限和培训目标

学徒的学习期限，应当根据各行业、各职业（工作）的技术和业务的复杂程度、难易程度确定。一般为3年或2年，不得少于2年，技术复杂的可以适当延长。具体工种的学习期限，由国务院各主管部门规定；未规定的，由省级人民政府有关主管部门补充规定。对从事技术复杂以及涉及国家财产、人民生命安全和消费者利益的工种的学徒，用人单位应按照《中华人民共和国工种分类目录》所规定的学徒其进行培训。

学徒的培训，应当按照德智体全面发展的要求，以培养初级技术工人为目标。即学习期满，使学徒具有能胜任初级技术岗位要求的技术理论知识、较熟练地掌握相应的操作技能，具有较高的思想品德素质，并且具有健康的体格。

4）考核和转正

对学徒学习成效的考核，分为平时考核、学习考核和期满考核。期满考核要根据已定的培训目标和《工人技术等级标准》全面进行。经考核合格，转为正式工人；考核不合格，可延长学习期限并进行补考，方能转正；补考不合格的可以辞退。

5）学徒期间的待遇

学徒在学习期间，按月发给生活费，并享有劳动保护方面的基本待遇。生活费的标准，按照当地或本行业一般初级工的伙食费另加零用钱计算，还可考虑学徒年龄不同而有所差别。学徒还可以适用一次性奖励。学徒因工死亡的，应发放一次性抚恤费。

2. 就业训练

就业训练是指就业训练中心和其他就业训练实体，对求职人员再就业和上岗前所进行的、以培训具有初级职业技能水平的劳动者为主的培训形式。它包括就业前训练和转业训练。

1）就业训练实体的职责

就业训练实体包括就业训练中心和非劳动行政部门举办的就业训练实体。

前者是指在各级劳动行政部门的领导下，由就业服务管理机构管理和指导的就业训练实体，属事业单位。后者是指企事业单位、社会团体，机关和个人等举办，受就业服务管理机构指导和监督的就业训练实体。就业训练实体的职责主要包括：贯彻国家有关就业和职业培训的法规和政策；组织就业前训练、转业训练的教学和实习；开展教学研究，编写教材和提高教学质量；法定的其他职责。

2）就业训练的对象

就业训练是指对以下人员组织开展的提高职业技术和就业能力的培训：初次求职人员、失业人员、在职人员、转岗转业人员、出国劳务人员、境外就业人员、个体劳动者以及农村中向非农产品转移的人员，农村向城镇流动就业的劳动者；需要提供专门的职业技能培训的妇女、残疾人、少数民族人员及复转业军人等特殊群体人员；其他需要学习和提高职业技能的劳动者。

3）就业训练的法律关系

就业训练中形成的法律关系，主要有培训法律关系和代培法律关系两种。就业培训中的培训法律关系，是指就业训练实体与受培人员之间实施培训与接受培训的法律关系。就业训练实体有义务聘请合格教师，提供学习环境和学习条件，组织教学过程，维护教学秩序，有权依规定收取学费，并对受培人员进行管理、考核和发证。受培人员有权获得符合所报专业教学大纲和有良好质量的教学，获得符合规定的教学环境和各种必要条件，学习结束经考试合格有权获得相应的有效证书；有义务按规定缴纳学费、遵守学习纪律、尊重师长，认真完成学习任务。

就业训练中的代培法律关系，是指就业训练实体受用人单位委托对受培人员进行定向代培的法律关系。就业训练实体有义务按用人单位的要求培训合格劳动者；用人单位有义务向就业训练实体支付培训费用并接受培成的合格劳动者：用人单位中途解除代培关系和拒收培训人员，就业训练实体未能培成合格劳动者，都应当负赔偿责任。

4）就业训练的组织和管理

就业训练实体组织就业训练的规则，包括下述要点：

（1）应当根据劳动力市场的需求及用人单位的要求设置专业和确定培训标准，按照培训标准和受培人员的素质状况确定培训期限。

（2）对参加就业训练的各类人员实行公开报名，自选专业，考核发证，择优推荐就业。

（3）应当采取多层次、多形式、多渠道的培训方式，以实际操作技能为主，同时进行必要的专业知识和职业指导以及其他内容的培训。

（4）应当与受培人员订立培训合同，就培训专业、时间、费用、教学实习、考核发证等做出约定；委托代培，还应当由用人单位订立代培合同，就代培的人数、专业、技术等级，以及培训的期限、费用和培训劳动者的考核验收等做出约定。

（5）应当根据培训标准制订教学计划和大纲，组织教学，应采取符合法定要求的教材。

（6）应根据专业设置需要，配备符合法定条件的专、兼职教师。

就业服务管理机构应当在劳动行政部门的领导下，制订并组织实施就业训练规划，统筹规划就业训练中心的布局和规模，管理和指导就业训练实体的就业训练工作，并定期组织检查评估。非劳动行政部门举办的就业训练实体必须经当地县级以上劳动就业服务管理机构核准并领取"就业训练资格证"；应当定期向当地劳动就业服务管理机构报告工作情况，按规定填写统计报表，并接受其政策、业务的监督和指导，接受其资格年检。

5）就业训练的考核与发证

就业训练考核分为结业考核和职业资格鉴定。结业考核标准按照培训标准确定；职业资格鉴定标准按照国家颁布的标准执行。就业训练结业证由省级劳动就业服务管理机构统一印制，县级以上劳动就业服务管理机构在劳动行政部门的监督指导下按有关规定颁发。

3. 学校正规培训

学校的正规培训是指由技工学校、职业（技术）学校和成人高等学校等教学机构承担的职业培训。

1）技工学校培训

技工学校培训，是指技工学校招收学生并对其进行系统的职业技能和文化教育，以培养合格的中级技术工人。

（1）技校的举办和招生对象。根据依靠多方力量、采取多种形式办学的改革精神，各级劳动行政部门、各级产业部门、各企事业单位均可举办或联合举办技校，并鼓励集体所有制单位举办。举办技工学校必须具备一定的条件，应有固定的校舍、实习实验场所、设备、体育活动场地；应有专职的行政管理人员、教学人员和其他必需的教学、生产辅助人员；应有切实可行的教学计划、教学大纲、教材、图书资料以及有稳定可靠的经费来源。技校主要招收初中毕业生，个别工种和专业确实需要的，也可招收高中毕业生，但须经省级劳动行政部门批准；被招者须身体健康，未婚，年龄一般在15~22周岁。

（2）技校的专业设置、培养目标和学制。技校专业的设置应遵循以下原则：操作技术比较复杂，技术理论知识要求较高，符合社会经济需要；重视发展生产急需的缺门、短线工程和专业所需人才，并密切注视和适应新技术、新工种、新产业对人才提出的新需求。

技校的培养目标为：政治思想好，身体健康，在文化、技术知识方面要求学生掌握本工种（专业）必要的文化知识和技术理论知识；在操作技术方面要求学生熟练地掌握本工种（专业）的基本操作技能，完成本工种（专业）中级技术水平的作业。

技校入学前是初中毕业生的，学制为3年；是高中毕业生的，学制为2年。

（3）技校的教学制度及管理制度技校的教学制度包括三方面：教学应根据各有关部门制订和颁发的教学计划和教学大纲进行，按工种（专业）设置组织教学，加强生产实习教学环节，重视和突出操作技能的训练，并紧密围绕培训目标安排文化和技术理论课教学；应建立正规的考试制度，进行平时考查，学期、学年和毕业考试，经考试合格者发给毕业证书，同时经技术技能考核合格者发给相应的技术等级证书；建立学生的助学金和奖学金制度。

技校的教学行政管理涉及教学管理、学生管理、生产管理等各个方面，大致包括：教学计划执行的监督、检查制度，学籍管理制度，校内奖惩制度以及实习生产的经营管理制度等。

（4）技校与举办单位和用人单位之间的法律关系。举办单位应当负责制定开办计划，办理申请审批和备案手续，提供开办技校所需要的物质条件、人力和经费；有权安排需要受培的人员和优先使用培成人员，有权对学校的总体活动进行监督。技校接受举办单位的委托独立开展培训教学活动，有权获得主办单位的各项物质支持，并有义务接受其监督和指导；有权按规定收取学费和自主使用经费，并有义务按规定和约定完成培训任务并颁发有效的毕业（结业）证件。

举办单位以外用人单位从技校录用培成人员的，技校实行有偿输送，按规定或者由双方商定收取培训费用。技校与委托培训单位应当订立代培合同，以确立代培关系。

2）职业（技术）学校培训

职业（技术）学校是由各部门、各地区或社会团体及个人举办的，主要培养初级技术人员和初级业务人员。其招生的对象为初中毕业生或初中文化水平以下的人员，学制为2～3年，学习内容以文化和专业理论知识为主，并进行一定的实习。学生学费自理，毕业后不包分配。毕业学生的就业方式一般有两种：委托或定向培养的职业学校毕业生，由委托或定向单位负责吸收录用；其余的毕业生到所在街道就业管理所登记后，由就业管理机构（职业介绍所）推荐就业，也可以自谋职业。

3）成人高等学校培训

成人高等学校教育是我国普通教育系统的一个组成部分，但又与职业教育紧密联系在一起。这类学校以在职在业人员为主要培养对象，以培训中、高级专业技术人才为目标，包括成人教育学院、干部管理学院、职工大学和各类业余大学（如夜大、电大、函大等）。成人高等学校主要进行学历教育。在教育结构上，以专科教育为主，开展第二专业教育，具备条件的，可开设本科教育，培养在职的学士、硕士、博士生。成人高等学校所有学生的入学，都要经过全国的统一考试。同时，适用普通高等院校的正规考试制度和职业技能考核鉴定制度，经考试、考核合格的颁发学历文凭与职业资格证书。毕业后的学生与普通高校的同等学力的学生享受同等的待遇。

4. 劳动预备制培训

劳动预备制培训是国家为提高青年劳动者素质、培养劳动后备军，组织新生劳动力和其他求职人员，在就业前接受1～3年的职业培训和职业教育，使其取得相应职业资格和掌握一定职业技能后，在国家政策的指导和帮助下，通过劳动力市场实现就业的制度。

劳动预备制培训的对象主要是城镇未能继续升学并准备就业，农村未能继续升学并准备从事非农产业工作或进城务工的初、高中毕业生。地方劳动行政部门通过申报、评估，将办学条件好、培训质量高、专业设置合理的技工学校、就业训练中心或其他职业学校和培训机构，认定为劳动预备制定点培训机构。

劳动预备制培训对象凭初、高中毕业证书报名免试参加培训。劳动预备制培训期限根据培训对象和岗位需求分别确定。城镇初中毕业生初级技能培训期限一般为1年以上，中级技能培训期限一般为2年以上；城镇高中毕业生中级技能培训期限一般为1年以上，高级技能培训一般为2年以上。应届初、高中毕业生参加培训以全日制为主，其他人员可采取非全日、学分制与学时制相结合或参加远程培训等形式。参加1年以上培训的初中毕业生，学习期满，经考试合格可直接转为技工学校学生，学习期限连续计算；参加1年以上培训的高中毕业生可参加高级技工学校学习。培训所需经费，原则上由个人和用人单位共同承担，政府给予必要的支持。劳动预备制培训人员学习期满，经考试合格，可获得劳动预备制培训合格证书；参加技术工种培训，取得劳动预备制培训合格证书后，经职业技能鉴定合格者可获得相应职业资格证书；达到中级技能水平的优秀学员，可通过相应考试，获得技工学校毕业证。就业服务机构应当把取得上述证书的劳动预备制培训人员纳入劳动力信息资源管理系统，根据国家就业方针和劳动力市场需求，组织双向选择，优先推荐就业。

5. 职工培训

职工培训，又称职工教育或在职培训，是指为了使职工在原有的知识、技能的基础上得到提高和更新，按照工作需要对职工进行思想政治、职业道德、管理知识、业务技术、操作技能等方面的教育和训练活动。

职工培训应当以培养有理想、有道德、有文化、有纪律，掌握职业技能的职工队伍为目标，促进职工队伍整体素质的提高；应当贯彻按需施教、学用结合、走向培训的原则。

企业可以根据需要，单独或联合设立职工培训机构并报企业主管部门备案，也可委托社会公共培训机构进行培训。社会团体、群众组织、公共培训机构，可根据企业需要自愿承担职工培训任务。各级劳动行政部门负责本地区企业职工培训工作，各级政府经济综合部门负责本地区企业管理人员培训工作。行业主管部门负责指导、协调本行业职工培训工作，依法制定本行业职工培训规划，组织编写职工培训计划、大纲、教材和培训师资。

职工培训的形式，可分为两种：

（1）在岗业余培训，是指职工基本不脱离工作岗位，在坚持正常工作的情况下参加培训。这种培训形式对于用人单位而言，可以在既不缺员又不增人的条件下获得提高劳动力质量的效果；对于职工而言，不受年龄和人数限制，可以普遍使用。其具体形式有岗位训练、短期培训班、专题讲座、自学、函授等。

（2）离岗专门培训（即脱产学习），是指职工在一定期限内脱离工作岗位，进入学校或其他单位，带薪或不带薪参加培训。这种培训形式投资较大，培训对象有严格限制，培训效果更好。其具体形式主要是委托代培。

企业在职工培训方面的责任，主要有：

（1）应当建立健全职工培训的规章制度，根据本单位的实际对职工进行在岗、转岗、晋升、专业培训，对学徒及其他新录用人员进行上岗前培训。

（2）应当将职工培训列入本单位的中长期规划和年度计划，保证培训经费和其他培训条件。

（3）应当将职工培训纳入厂长（经理）任期目标和经济责任制，接受职代会和上级主管部门的监督和考核。

（4）应当结合劳动用工、分配制度改革，建立培训、考核与使用、待遇相结合的制度。

（5）应当对经批准参加脱产半年以内的职工发放基本工资、奖金及相关福利待遇。

（6）应当按照培训合同的规定，保证职工的学习时间，为职工创造必要的学习条件；在使用中发挥职工所学专长。

职工在培训方面的责任，主要有：

（1）国有大中型企业高层管理人员应当按照国家有关规定参加职业资格培训，并在规定的期限内取得职业资格证书；从事技术工种的职工必须经过技术等级培训，参加职业技能鉴定，取得职业资格证书（技术等级证书）方能上岗；从事特种作业的职工，必须按照国家规定经过培训考核，并取得特种作业资格证书方能上岗。

（2）参加由企业承担培训经费脱产、半脱产培训的职工，应当与企业订立培训合同，明确培训目标、内容、形式、期限、双方权利义务和违约责任。

（3）职工应当按照国家规定和企业安排参加培训，自觉遵守培训的各项规章制度，并有义务向本企业其他职工传授所学的知识和技能。

（4）职工应当履行培训合同规定的各项义务，服从单位工作安排，搞好本职工作。

（5）由企业出资培训的职工提出与企业解除劳动关系的，已签订培训合同的按培训合同执行，未签订培训合同的按劳动合同执行。

【知识拓展】

"跳槽"是劳动力市场中正常的普遍的现象。这就使"在职培训费用"在企业和职工中如何分担成了一个经常遇到的问题。例如，实践中有一个关于"用人单位要求赔偿培训费"的案例：李某是某电脑公司技术人员，2012年10月进入该公司，签订了五年期劳动合同。2015年1月，公司送李某去美国苹果公司进行短期培训，为期半年，花费6万元人民币。培训完毕后，李某打算跳槽到另一家著名的电脑公司。于是，向本公司递交辞职报告，称自己将于一个半月后离开公司。公司对此予以拒绝，称李某必须干满五年才能走。一个半月后，李某请求公司办理有关辞职手续，公司不予办理。李某遂向某市某区劳动争议仲裁委员会申请仲裁。仲裁委员会受理本案后，某电脑公司提出反诉，要求李某赔偿公司培训费损失6万元和李某擅自辞职造成的经济损失。经仲裁委员会调解，双方达成调解协议：解除劳动合同；李某赔偿公司培训费损失5.5万元。

8.6.4 职业培训的基本条件

1. 职业培训的场所、设施和设备

职业培训实体必须具备与其培训规模、培训目标相适应的场所、设施和设备。其中，培训场所包括校园、校舍、实习基地，体育活动场所等；培训设施包括普通教室、专门教室、实验室、图书馆、阅览室等；培训设备包括机械、仪器、教具等。国家针对各种类型和等级的职业培训实体，分别规定了其培训场所、设施和设备所应当达到的标准。

2. 职业培训的经费

职业培训实体必须有能满足日常培训学校的经费。其法定来源有：政府财政部门和办学主管部门的拨款；地方政府预算安排的就业经费中用于失业青年就业训练的经费；当年收缴的失业保险费中用于失业职工就业训练的经费；按规定收取的培训费；地方发展教育基金用

于职业教育的部分；企业营业外支出和职工教育经费中用于职业培训部分；职业培训实体所办企业的创收；境内外组织和个人的捐款、援款和贷款；其他经费来源。

为了保障职业培训有稳定的经费来源，国家规定了下述主要措施：

（1）各级政府、国务院有关部门用于举办职业学校和职业培训机构的财政性经费，应当逐步增长。

（2）职业学校举办者应当按照省级政府和国务院有关部门制定的学生人数平均经费标准，足额拨付职业教育经费。

（3）企业应当承担对本单位的职工和准备录用的人员进行职业教育的费用，职业培训经费应当按照工资总额的1.5%计提，企业自有资金可有适当部分用于职工培训；企业未按规定提取和使用职工培训经费、开展职工培训或准备录用人员培训的，县级以上地方政府可以收取其应当承担的职业教育经费，用于本地区的职业教育。

（4）地方政府征收的地方教育附加费，可以专项或安排一定比例用于职业教育。

（5）就业经费中用于就业训练的费用一般不应少于30%；当年收缴失业保险费中用于转业训练的费用原则上不应少于15%。

（6）职业学校、职业培训机构举办企业和从事社会服务的收入，应当主要用于发展职业教育。

（7）境内外组织和个人向职业教育提供的资助和捐赠，必须用于职业教育。

（8）国家鼓励金融机构运用信贷手段，扶持发展职业教育。

为了保障职业培训的经费能被合理使用，国家规定了具体的使用规则。其要点主要有：职业培训经费应当按规定的开支项目和比例（或限额），实行专款专用，当年结余的可以结转下一年使用；任何组织和个人不得挪用、克扣职业教育经费；建立和健全职业培训经费管理制度、内部审计制度，由当地财政、审计部门对职业培训经费的使用实施监督。

3．培训的教学计划、教学大纲和教材

职业培训应根据社会发展的需求和国家颁布的专业目录设置专业（工种）进行教学，并执行国务院劳动行政部门会同国务院有关行业主管部门颁发的教学计划、教学大纲；国家无统一规定的专业（工种），可参照国家颁发的教学计划、教学大纲自行决定。在明确教学计划和大纲的前提下，应着手抓教材建设，一方面应采用劳动部组织审定的职业培训统编教材，另一方面就业服务管理机构和职业培训实体可邀请有关专家、学者根据不同专业（工种）和社会的需要，组织编写教材。县级以上各级政府和有关部门应当建立、健全职业培训服务体系，加强职业培训教材的编辑、出版和发行工作。

4．职业培训的师资

县级以上各级政府和有关部门应当将职业教育教师的培养和培训工作纳入教师队伍建设规划，保证职业教育教师队伍适应职业教育发展的需要。

职业培训实体的教师必须具备《中华人民共和国教师法》规定的教师资格，符合《技工学校教师职务条例》和其他有关专业技术职务条例规定的任职条件。这就要求职业培训实体的教师必须德才兼备，既要有为人师表的高尚道德情操，又要有过硬扎实的理论知识和技术业务能力。

职业培训实体必须有一部分专职教师，同时，根据专业的设置需要，可以聘请专业技

术人员、有特殊技能人员和其他教育机构的教师担任兼职教师，有关部门和单位应当提供方便。专业理论课教师应具有大专及以上文化程度，实习指导教师应达到中级以上技术水平。应当经常组织教师参加业务学习和培训调整其知识结构，提高其素质。

职业培训实体教师和企业职工培训专职教师的职称评定和工资福利待遇，应与普通教师和专业技术人员同等对待。职业培训实体生产实习指导教师可实行教师职称和专业技术职称或技师职称（职务）双职称制度。

8.6.5 职业技能鉴定

1．职业技能鉴定的概念、范围和体系

职业技能鉴定，是指职业技能鉴定机构对劳动者职业技能所达到的等级，依法进行考核、评定和证明，从而赋予劳动者一定的职业资格。《劳动法》规定，国家确定职业分类，对规定的职业制定职业技能标准，实行职业资格证书制度，由经过政府批准的考核鉴定机构负责对劳动者实施职业技能考核鉴定。职业技能鉴定的含义中有下述要点：它由政府批准的专门机构负责实施；它以劳动者所具有的并被列入国家规定职业范围的职业技能为鉴定对象；它以国家制定的职业技能标准作为鉴定依据；它以考核、考评作为鉴定劳动者职业技能等级的手段；它以颁发职业资格证书作为确认、证明劳动者职业技能达到一定等级的法定形式。

职业技能鉴定的范围，即国家规定应列为职业技能鉴定对象的劳动者范围，它表明哪些劳动者的职业技能应当鉴定。根据我国现行立法的规定主要有下述内容：各类职业技术学校和培训机构毕（结）业生，凡属技术等级考核的工作，逐步实行职业技能鉴定；企事业单位学徒期满的学徒工，必须进行职业技能鉴定；企事业单位的职工以及社会各类人员，根据需要，自愿申请职业技能鉴定。

职业技能鉴定的体系，由各个类别（系列）、各个等级的职业技能鉴定所组成。按照鉴定对象不同，可划分为工人职业技能鉴定和职员职业技能鉴定两大类。按照鉴定等级不同，工人职业技能鉴定可划分为初级工、中级工、高级工和技师、高级技师职业技能鉴定；职员职业技能鉴定可划分为初级、中级、高级职员职业技能鉴定。在我国现阶段，工人职业技能鉴定和职员职业技能鉴定分别由劳动行政部门、人事行政部门综合管理。

2．职业技能鉴定的管理体制

在我国，职业技能鉴定实行政府（通过劳动行政部门）指导下的、鉴定与行政和培训分开的社会化管理体制。其基本内容有下述几方面：

1）职业技能鉴定机构的设置和职责

职业技能鉴定分两个层次设置专门的事业性鉴定机构，即职业技能鉴定指导中心（简称指导中心）和职业技能鉴定站或所（简称鉴定站），并设置职业技能鉴定考评员（简称考评员）。指导中心由劳动部和省级劳动行政部门设置，有关行业经劳动部批准可设行业指导中心，它们分别负责组织、协调、指导全国、本地区或本行业的职业技能鉴定工作。其主要职责一般包括：参与职业技能标准的制定，组建职业技能鉴定试题库，组织职业技能鉴定工作和考评员资格培训，开展职业技能鉴定的研究和咨询服务，推动职业技能竞赛活动。指导中心是事业性机构，在管理上实行中心主任负责制。鉴定站的设立，必须完全具备法定的考核

场地和设备、检测仪器、组织管理人员和考评员、管理办法等方面的必备条件；应当由申请建立的单位按规定审批权限报有审批权的劳动行政部门审批，并由审批机关发给《职业技能鉴定许可证》和授予统一的鉴定站标牌。鉴定站具体实施对劳动者职业技能鉴定，在该许可证所规定的范围内享有独立鉴定权。鉴定技能等级的考评员必须具有高级工或技师、中级专业技术职务以上的资格，鉴定技师资格的考评员必须具有高级技师、高级专业技术职务的资格。考评员由指导中心进行资格考核，由劳动行政部门核发行业资格证书和职业技能鉴定资格胸卡。鉴定站要在取得考评资格的人员中聘任相应工种、等级或类别的考评员，组成专业考评小组，考评员要严格遵守考评工作守则和执行考场规则。

2）职业技能鉴定的综合管理权限

劳动部综合管理全国职业技能鉴定工作，制定规划、政策和标准；审批有关行业的职业技能鉴定机构。各省级劳动行政部门综合管理本地区职业技能鉴定工作，审批各类职业鉴定的指导中心和鉴定站；制定职业技能鉴定的申报人员条件、鉴定程序、考核办法、考务考评人员工作守则、考评小组成原则和管理办法、考场规则，以及《技术等级证书》的印鉴和核发办法。各级劳动行政部门有权对职业技能鉴定机构实行监督检查。

3. 职业技能鉴定的标准

职业技能鉴定应当以现行的《工人技术等级标准》和《国家职业技能标准》等为依据对劳动者的职业技能进行考核和评定。职业技能标准，是由法定标准制定机构依法制定，用以衡量劳动者技术业务水平和工作能力，并据以确定其技术等级的统一尺度。它根据各工种（专业）要求的技术、业务复杂程度、劳动繁重程度和责任大小，规定技能等级的数目以及各个等级具体的技术要求。这里着重阐述《工人技术等级标准》的主要内容如下：

1）工人技术等级标准的内容

技术等级标准一般包括下列三方面内容：

（1）专业理论知识要求（通常称为"应知"）。理论知识方面要求具有能胜任本工种、本等级工作所需的知识结构和知识水平。

（2）职业技术操作要求（通常称为"应会"）。职业技能要求具有能胜任本工种、本等级工作所需要的实际技术业务能力结构和能力水平。

（3）工作实例。在理论知识、业务技能考核的基础上，根据实际情况设置能体现本工种、本等级能力水平的典型工件或工作项目进行综合考核。

2）工人技术等级标准的类别和等级

工人技术等级标准是一个独立的标准序列，依其适用的范围不同，可分为通用技术标准和专用技术标准。前者可在全国各行业适用，后者仅限于某个行业或某个地区，或者只限于特定企业使用；依技术标准的等级不同，可分为国家职业技能标准、行业技术标准和企业技术标准。技术等级的划分，一般以工种的技术复杂程度不同确定，工种技术复杂，且层次比较分明的，可设较多的等级数目；技术复杂程度较低的，所设等级数目相应较少。我国的技术等级划分，在20世纪80年代中后期以前实行八级等级制，通过改革，至90年代初，逐步实行新的技术等级制度。即技术复杂的工种设初级、中级、高级3个等级，技术复杂程度较低和层次区别较弱的，可设初、中两级和中、高两级。目前仍然实行八级制的，可将一、二、三级归入初级；四、五、六级归入中级；七、八级归入高级。在高级技术工人中实行技师、高级技师聘任制。

3）工人技术等级标准制定的权限和原则

劳动部负责组织制定、颁布国家职业技能标准，行业技术等级标准由行业主管部门组织制定，经劳动部核准，两家联合颁布；企业标准和岗位规范由企业决定，由企业行政颁布实施。

技术等级标准的制定应遵循先进、合理原则和国际化原则。先进原则要求以目前企业技术装备和劳动管理水平为基础，同时反映出未来一定时期的技术进步、设备更新，技术、工艺变革、产品换代以及管理改革的发展趋势，使大多数工人经过一定时期的努力都能达到期望的技术等级目标。后一原则要求技术标准的修订，要着眼于我国改革开放的总格局和世界经济交流日益加强的总趋势，使我国的职业分类、工种划分及其技术等级的设定，能逐渐与国际标准相衔接。

4）工人技术等级标准的效力

依法确定、颁布的技术等级标准，是一种具有法律约束力的技术规范。其效力表现为：

（1）它是确定培训目标、评估培训成效的主要依据。凡职业培训都应当使受培者经一定期限培训达到预期的技术等级标准，评价培训效果应当以培训达标率为主要指标。

（2）它是工人录用、上岗、转岗、晋级考核的法定依据。考核合格与否，应当以是否达到一定技术等级标准为依据。经考核达到了某个工种既定技术等级，本人即可获得相应的权利。

（3）它是确定工人工资、福利待遇的有效依据。无论实行何种工资制度和工资形式，都必须凭鉴定证书所载技术业务水平和职业能力水平进而确定其工资待遇。

（4）它是制定岗位规范的法律依据，并构成岗位规范的主要内容。

4．职业技能鉴定的程序

职业技能鉴定的程序，一般包括以下环节：

（1）申请和受理。申请职业技能鉴定的单位和个人，可向当地鉴定站提出申请。凡符合申报条件和规定手续者，鉴定站应予受理登记，并签发准考证。

（2）考核（或考评）。鉴定站应按规定的时间、方式进行考核（或考评）。考评小组应依法定原则组成，考评员参与考评实行回避制度，并应遵守考场规则；考试题目必须从题库中抽取，不得自行编制。

（3）发证。劳动者经考核合格，由劳动行政部门核发相应的职业资格证书。

工人技术考核的内容，包括三项：

（1）思想政治表现的考核。主要包括遵守宪法、法律和国家政策以及本单位规章制度、职业道德、劳动态度等方面；考核的方法是在强化日常管理的基础上定期进行。

（2）生产、工作成绩的考核。主要包括完成生产、工作任务的数量和质量，解决技术、业务问题的成果，传授技术、经验的成绩以及安全生产情况等方面；考核的方法是在加强日常管理的基础上，采取定量为主、定性为辅，明确评分标准，定期进行。

（3）技术业务水平的考核。主要依据《国家职业技能标准》《工人技术等级标准》《岗位规范》以及技师任职条件进行技术业务理论和实际操作的考核；理论考核以笔试为主，技能考核可结合生产和作业项目进行，也可选择典型工件或作业项目专项进行。

5．职业资格证书

1）职业资格及职业资格证书的定义

职业资格，是指具备从事某一职业所必备的知识、技术和能力的基本要求，从而可以从事该职业的资格。依现行法规，我国职业资格包括从业资格和执业资格两种，前者是指从事一般工作（工作）所需知识、技术和能力的起点标准；后者是指从事某些责任较大、通用性强、关系公共利益的专业（工种）所必备的准入标准。国家职业资格分为初级（五级）、中级（四级）、高级（三级）、技师（二级）、高级技师（一级）。职业资格证书，是有关部门通过学历认定、资格考试、专家评定、职业技能鉴定等方式做出综合评价，对合格者颁发的、具有法律效力的证明文件。它包括《技术等级证书》《技术资格证书》和《高级技师资格证书》等多种。

我国推行职业资格证书制度，实行申请自愿、费用自理、客观公正的原则。凡我国公民以及获准在我国境内就业的外籍人员均可依规定申请职业资格证书。

2）职业资格证书的核发和管理

职业资格证书管理实行政府指导，劳动、人事行政部门综合管理的体制。

依证书所证明的职业技能不同，区别为操作技能证书和专业技术证书，分别由劳动行政部门和人事行政部门负责；依证书的层次不同，分设为国家职业资格证书和地区职业资格证书，前者由劳动部、人事部核发和管理，后者由省级劳动、人事行政部门负责实施。

3）职业资格证书的作用和效力

职业培训证书的作用或社会功能，由国家法律赋予。一种情况是，只赋予它客观证明的效力，即证书所载内容只表明持证人所具有的技术等级或学历，供用人方参考，不涉及对持证人如何使用和给予何种待遇的效力；另一种情况是，不仅赋予证书客观证明的功能，而且赋予它权利凭证的性质，使证书所载的技术等级和学历，直接作为使用、待遇晋升的条件或资格。我国曾经适用后一种方式，现在正在向前一种方式过渡。

《劳动法》规定，国家对进入职业领域的劳动者实行双证制度，即培训结束，经考试考核合格，获得毕业（结业）证书；经技术等级鉴定，获得《技术等级证书》和《职业资格证书》。上述证书，是国家和社会对劳动者职业能力（技能）的客观认可，是劳动者在国家境内求职、任职、独立开业的有效凭证，也是用人单位录用、聘用人员的主要依据，双证齐备者，具有优先录用资格；同时是公民境外就业、单位组织劳务输出进行公证的有效证件，如实现双边或多边互认的，还可直接作为境外就业的有效依据。根据《招用技术工种从业人员规定》的规定，用人单位招用从事技术复杂以及涉及国家财产、人民生命安全和消费者利益工种（职业）（以下简称技术工种）的劳动者，必须从取得相应职业资格证书的人员中录用；技工学校、职业（技术）学校、就业训练中心及各类职业培训机构的毕（结）业生，必须取得相应职业资格证书后，才能到技术工种岗位就业。持职业资格证书就业的工种（职业）目录由国务院劳动行政部门确定，省级劳动行政部门和国务院有关部门劳动行政工作机构根据实际需要，经国务院劳动行政部门批准。

【知识拓展】

2016年1月20日，国务院印发《关于取消一批职业资格许可证和认定事项的决定》，公布了第五批取消的汽车营销师、咖啡师、注册人力资源管理师等61项职业资格许可和认定事项。

2016年6月13日，国务院印发《关于取消一批职业资格许可证和认定事项的决定》，公布了再取消招标师、物业管理师、市场管理员、插花员、珠宝玉石质量检验师等47项职业资格认定。

2016年12月8日，国务院印发《关于取消一批职业资格许可和认定事项的决定》，再次公布取消114项职业资格许可和认定事项，这意味着，该领域已实现"七连消"：此前国务院已从2014年开始分六批取消了319项职业资格，本次再取消114项。

至此，2016年共取消职业资格许可和认定事项222项，设置的职业资格已取消70%以上。

思考题

1. 简述劳动就业的法律特征。
2. 简述妇女就业保障的主要内容。
3. 简述用人单位职业培训制度的内容。
4. 试论加强职业教育对我国社会主义市场经济和现代化建设的重要意义。
5. 试论职业教育与普通教育的联系与区别。

案例分析

彭某原系志光中学的学生，2016年3月因故辍学。经某职业介绍所介绍，彭某（此时未满十六周岁）于2016年9月到当地张某开的一家小煤矿工作，当时双方说好是招用临时工，故张某与彭某未签订劳动合同。2017年4月，彭某在工作中发生劳动安全事故，煤窑塌陷，致使彭某下身瘫痪。彭某的家人要求煤矿按照工伤进行赔偿，但被张某以双方并未签订劳动合同为由拒绝。彭某的父母遂诉至法院。

试分析：

1. 张某的行为是否合法？是否应当支付彭某的医药费？
2. 用人单位违法招收童工应当承担怎样的法律责任？
3. 为彭某介绍工作的某职业介绍所是否应当承担法律责任？

第9章 劳动争议处理

【开篇案例】

冯某于2012年1月12日进入某中学工作，担任后勤维修人员，双方签订无固定期限劳动合同。2017年1月14日某中学以冯某违反《设备定期检修巡查制度》为由依据其《学校奖惩制度》，做出《关于对冯某违纪问题的处分决定》。

2017年5月30日，该中学向冯某送达《关于对冯某违纪事件的处理决定》《解除劳动合同通知书》，决定与冯某解除劳动合同。冯某认为某中学系违法解除劳动合同，遂提出仲裁请求，要求继续履行劳动合同。

仲裁委审理后认为，依照法律的相关规定，因用人单位做出开除、除名、辞退、解除劳动合同等决定发生的劳动争议，用人单位负举证责任，同时用人单位对其实行的规章制度是经民主程序产生及劳动者知晓该制度负有举证责任。尤其是，在解除劳动合同前征求工会的意见。而本案中，用人单位并未征求工会意见。最终，结合本案情况对冯某的仲裁请求予以支持。

9.1 概　　述

9.1.1 劳动争议的概念

劳动争议又称劳动纠纷，许多国家和地区则称劳资争议和劳资纠纷。其广义是指劳动关系双方当事人或其团体之间关于劳动权利和劳动义务的争议；其狭义仅指劳动关系双方当事人之间关于劳动权利和劳动义务的争议。在劳动立法和劳动法学中，一般取其狭义。

在劳动争议的含义中，应当明确下述要点：

（1）劳动争议的当事人，一方为劳动者或其团体，另一方为用人单位或其团体。若争议不是发生在劳动关系双方当事人或其团体之间，即使争议内容涉及劳动问题，也不构成劳动争议。

（2）劳动争议的内容，涉及劳动权利和劳动义务。即是说，劳动争议以劳动权利和劳动义务为标的。劳动权利和劳动义务是依据劳动法、集体合同和劳动合同具体确定，因而劳动争议在一定意义上是因遵守劳动法订立、履行、变更和终止集体合同和劳动合同所发生的争议；劳动权利和劳动义务的内容，包括就业、工时、工资、劳动保护、保险福利、职业培训、民主管理、奖励惩罚等各方面，因此，劳动争议的内容相当广泛。凡是以劳动权利义务之外权利与义务为标的的争议，不属于劳动争议。

（3）劳动争议的形式，表现为当事人双方提出不同主张或要求的意思表示。即当事人双方对劳动权利和劳动义务的确定或实现各持己见，既包括当事人一方反驳另一方的主张或者拒绝另一方要求，也包括当事人向国家机关、劳动争议处理机构和有关团体提出给予保护和处理争议的请求。

劳动争议在一定意义上就是劳动者与用人单位之间的利益矛盾，就其矛盾性质而言，具有下述特征：

（1）劳动争议既可以是非对抗性矛盾，也可以是对抗性矛盾。在劳动关系双方当事人之间，一方面具有共同的利益和合作的基础，另一方面具有利益的差别性和冲突的必然性。劳动争议表现为非对抗性矛盾和对抗性矛盾，取决于这两方面各自在劳动争议中所占的分量。

（2）劳动争议的矛盾性质在一定条件下可以发生转化。在现代社会中，劳动争议一般表现为非对抗性矛盾，但是它非常容易激化，若处理不当或者不及时，会转化为对抗性矛盾，给经济和社会造成破坏性后果。对于已成为对抗性矛盾的劳动争议，实践表明，只要采取有效的措施，也可以促使其向非对抗性矛盾转化，并最终得到解决。

9.1.2　劳动争议的主要分类

1．个别争议、集体争议和团体争议

在许多国家中，劳动争议仅有个别争议和集体争议之区分。前者即单个雇工或多个雇工限于个人行为与雇主的争议；后者即雇工集体（通常由工会代表）与雇主或其团体的争议。在我国，就实践和立法来看，集体争议是指多个职工限于同一类个人行为与用人单位的争议，因而有必要将劳动争议区分为个别争议、集体争议和团体争议。

个别争议，又称个人争议，是指单个职工与用人单位之间的劳动争议。关于集体争议和团体争议，有的将二者视为同一概念；有的认为二者是两个不同的概念。就我国的实践和立法来看，我们同意后一种观点。集体争议，又称多人争议，是指多个（或称部分）职工当事人基于共同理由与用人单位发生的劳动争议。团体争议，亦称集体合同争议，是工会与用人单位或其团体之间因集体合同而发生的争议。前者的标的是部分职工的共同利益，后者的标的是全体职工的共同利益。因而，前者的职工方当事人应当推举代表参加争议处理程序，后者中的工会由工会主席为法定代表人参加争议处理程序。

2．权利争议和利益争议

权利争议又称实现既定权利的争议，是指因实现劳动法、集体合同和劳动合同所规定的权利和义务所发生的争议。在当事人权利和义务既定的情况下，只要当事人双方都按照法规和合同的规定行使权利和履行义务，一般不会发生争议；如果当事人一方不按规定行使权利和履行义务，侵犯另一方既定合法权益，或者当事人双方对如何行使权利和义务理解上存在分歧，争议就会发生。

因此，权利争议也就是应遵守劳动法，履行集体合同或劳动合同所发生的争议。其中，

作为争议标的的权利和义务，如果适用劳动法中强行性规范所规定的，该权利争议就只属于遵守劳动法的争议；如果是由集体合同、劳动合同依据劳动法中任意性规范具体规定的，该权利争议就属于履行集体合同或劳动合同的争议。利益争议，又称确定权利的争议，是指因主张有待确定的权利和义务所发生的争议。在当事人的权利和义务尚未确定的情况下，如果双方对权利和义务有不同的主张，就会发生争议。争议的目的是，要求在合同中依法确定当事人的某种利益，使之上升为权利。在订立劳动合同时如果存在争议就不可能成立劳动合同，签约双方还未成为劳动关系当事人，因而这种争议，不应作为劳动争议。所以，利益争议一般发生在劳动关系运行过程中的集体合同订立或变更环节，较多表现为订立、变更集体合同的集体谈判陷入僵局或者失败。利益争议一般不是通过调解、仲裁、诉讼程序解决，而是在政府干预下由双方协商解决。

3．国内劳动争议和涉外劳动争议

国内劳动争议，是指具有中国国籍的劳动者与用人单位之间的劳动争议。

其中包括：我国在国外（境）外设立的机构与我国派往该机构工作的人员之间、外商投资企业与中国职工之间所发生劳动争议。

涉外劳动争议，是指当事人一方或双方具有外国国籍或无国籍的劳动争议。它包括：中国用人单位与外籍职工之间、外籍雇主与中国职工之间、在华外籍雇主与外籍职工之间的劳动争议。涉外劳动争议的处理，应当按照国际惯例，适用雇主所在地法。凡用人单位（雇主）在我国境内的涉外劳动争议，都应当适用我国法律进行处理。

9.1.3　劳动争议处理的立法概况

西方国家劳动争议处理的立法，是在劳资矛盾不断激化的情势下产生的，并且在劳动争议处理的实践中不断完善。初期，劳动争议全凭劳资双方的力量强弱来决定胜负，于是，罢工、闭厂等对抗事件经常发生。为了避免劳资矛盾激化为两败俱伤的后果，调解和仲裁等缓解矛盾的方式受到劳资双方的欢迎而逐渐兴起，随之为立法所确认。例如，早在1824年的英国、1890年的德国、1892年的法国、1896年的新西兰等，都制定了有关劳动争议调解和仲裁的专门法规。在现代，无论发达国家或发展中国家，都有了完备或比较完备的关于劳动争议调解、仲裁和审判的立法。例如，美国的《国家劳动关系法》（1935年）和《劳工管理关系法》（1947年）、日本的《劳动关系调整法》（1946年）、英国的《工会和劳动关系法》（1974年）、西班牙的《集体劳资争议处理法》（1975年）、芬兰的《劳动法庭法》（1974年）等。我国的劳动争议处理立法，经历了一个曲折的发展过程。中华人民共和国成立初期，中华全国总工会于1949年11月制定了《关于劳资关系暂行处理办法》和《劳资争议解决程序的暂行规定》，劳动部于1950年制定了《市劳动争议仲裁委员会组织及工作规则》和《关于劳动争议解决程序的规定》，根据这些法规，我国初步建立了一套包括协商、调解、仲裁和审判的劳动争议处理制度，并在实施过程中不断发展。在把建立社会主义市场经济体制明确规定为经济体制改革的目标模式以后，劳动争议处理制度及其立法进展迅速并趋向完善。目前，我国关于劳动争议处理的现行立法，主要包括《劳动法》中的劳动争议处理专章规定，国务院1993年制定的《企业劳动争议处理条例》，国务院劳动行政部门1993年制定的《劳动争议仲裁委员会组织规则》《劳动争议仲裁委员会办案规则》和《企业劳动争议调解委员会组织及工作规则》。此后，《中华人民共和国劳动合同法》（2007年制定，2012年修改）和《中华人民共和国劳动争议调解仲裁法》（2007）的制定与出台，成为了劳动争议处理的权威法律文件。

9.1.4 劳动争议的处理机构

各国的劳动争议处理机构，大致可分为3种类型：调解（调停）机构、仲裁机构和司法机构。

劳动争议调解（调停）机构，可分4种：

（1）劳动（劳工）行政部门所属机构，如新加坡劳工部的劳工关系属所属的调解处和雇佣准则处。

（2）政府所属机构，如菲律宾的国家调解斡旋委员会、美国的联邦调停调解处。

（3）民间机构，即由工会和雇主协会共同协商建立并完全独立于政府系统的机构，如丹麦、瑞典等国设置有该种机构。

（4）企业内部机构。我国的企业劳动争议调解委员会即属此种机构。上述前3种机构中，有的是单独设立的，有的与仲裁机构合一。

劳动争议仲裁机构，可分为3种：

（1）半官方机构，它由政府、工会和雇主协会三方共同建立，如菲律宾国家劳动关系委员会。这种机构为大多数国家所设置，我国的劳动争议仲裁委员会也属此类。

（2）民间机构，它由工会、雇主协会共同协商建立或者由其民间组织单独成立，如日本劳动关系委员会等。这种机构存在于许多国家中。

（3）官方机构，它由政府单独设立，如沙特阿拉伯劳工纠纷局等。这种机构仅见诸少数国家。

劳动争议司法机构，可分为两种：

（1）普通法院，即国家建立的统一审理包括劳动争议案件在内的各种案件的司法审判机构，如法国、澳大利亚和我国的法院。

（2）劳动法院（法庭），即国家设立的专门负责审理劳动争议案件的司法审判机构，如德国劳动法元、芬兰劳工法庭等。在现代，设置这种机构的国家较多。

9.1.5 劳动争议的处理方式

各国处理劳动争议的具体方式，各有特色并且多种多样，大致可分为合议方式和裁判方式两大类。

劳动争议处理的合议方式，即当事人双方通过自己协商或者在特定机构干预下协商，互相妥协或单方妥协，从而达成解决劳动争议的协议，因而又称为妥协方式或协议方式。其具体形式主要表现为：

（1）和解，即当事人双方自行协商，达成解决劳动争议的协议。其特征主要是，无第三人参与，不受程序约束，协议的达成和遵守完全由双方自愿。

（2）调解，即在第三人主持下，通过说服、劝导，使劳动争议在当事人双方互谅互让的基础上得到解决。我国立法中的劳动争议调解，包括用人单位调解机构调解、仲裁程序中调解和诉讼程序中调解。

（3）调停，即当事人双方在第三人的居中调和下，按照第三人提出的关于解决有争议问题的建议（即调停方案），达成解决劳动争议的建议。调停与调解的主要区别在于，调解机构只促使当事人和解而不提出建议，调停机构则要提出调停方案并促使当事人接受。

劳动争议处理的裁判方式，即由特定机构对劳动争议依法进行审理并做出具有法律效力的处理决定，使其得以解决。其具体形式主要表现为：

（1）裁决，即由仲裁机构或有关行政机构依法对劳动争议做出裁决。

（2）判决，即由审判机构依法对劳动争议做出判决。

9.1.6　劳动争议的请求权

劳动争议处理的请求权是指劳动争议当事人依法享有的请求劳动争议处理机构依法解决争议并保护其合法权益的权利。它类似于民事诉讼中的诉权，而且由于劳动争议的解决包含了仲裁和诉讼等多种方式，因而劳动争议处理请求权中也包含了诉权部分。和诉权一样，劳动争议处理请求权也具有两重性，即程序意义上的请求权和实体意义上的请求权。

所谓程序意义上的请求权，是指劳动争议当事人之间发生争议，或一方当事人在其合法权益受到损害时，向劳动争议处理机构请求保护的一种权能。依据这一权利，劳动争议当事人在认为自己合法权益受到侵害时，可以向劳动争议调解机构申请调解，或者向劳动争议仲裁机构或司法机构申请仲裁或提起诉讼。

实体意义的请求权则是指劳动争议当事人，请求劳动争议仲裁或审判方法，保护其实体权利的权能。当事人的实体权利是在劳动关系中产生的，直接为劳动法、集体合同、劳动合同所规定的权利。当这些权利受到侵害时，被侵害的当事人可以请求劳动争议仲裁机构或司法机构强制对方当事人履行义务，以实现自己的既定权利。因此，劳动争议当事人只有既具备程序意义上的请求权，又具备实体意义上的请求权，其实体权利才能获得保护并最终实现。

劳动争议处理的请求权中，包括有对劳动争议处理方式的选择权。各国立法赋予劳动争议当事人的劳动争议处理方式选择权限，大小不尽相同。归纳言之，所遵循的原则有自愿原则和强制原则两种。根据自愿原则，劳动争议发生后，由当事人双方协议确定是否调解或仲裁；选择仲裁的，仲裁员和仲裁程序也可由当事人自愿选择。根据强制原则，劳动争议发生后，任何一方当事人都可以自行请求调解或仲裁，调解或仲裁机构也有权主动进行调解或仲裁，仲裁员由仲裁机构指定，仲裁规则由仲裁机构制定或者由立法规定。实行劳动争议调解和仲裁制度较早的一些工业化国家，遵循自愿原则的较多，如比利时、法国、美国、爱尔兰等。强制原则是调解和仲裁制度在发展过程中，因适应不同国家劳动关系和劳动争议的国情而形成的，第二次世界大战以后获得发展，为许多国家尤其是发展中国家所实行。就世界趋势而言，已明显表现出以自愿原则为主、强制原则为辅的方向。在我国，根据现实规定，对当事人选择基层调解实行自愿原则，对当事人选择仲裁则实行强制原则，即自愿调解和强制仲裁相结合。

9.1.7 劳动争议的处理原则

根据我国现行立法的规定，劳动争议处理机构处理劳动争议案件应当遵循的原则主要有：

（1）着重调解原则。即在处理劳动争议的过程中，应当注重运用调解方式解决劳动争议，不仅基层调解机构应当促使当事人双方达成调解协议，而且仲裁机构在裁决前、审判机构在判决前，对适于调解的劳动争议案件也应当先行调解，调解不成才进入下道的程序。

（2）合法、公正、及时处理原则。所谓合法，即处理劳动争议应当以法律与为准绳，并遵循法定程序；所谓公正，即在处理劳动争议过程中，应当公正地对待双方当事人，在程序和结果上都不得偏袒其中任何一方；所谓及时，即受理劳动争议案件后，应当尽快查明事实，分清是非，并在此基础上尽快调解、裁决或判决，不得违背时限方面的法定要求。

（3）适用法律一律平等原则。即在劳动争议处理过程的各个阶段，不论适用实体法还是适用程序法，对双方当事人都应当一视同仁，尤其是要确保双方当事人享有平等的法律地位，使双方当事人的实体法权利和请求解决争议、举证、辩解、陈述、要求回避程序法权利，都获得平等的保护。

9.2 劳动争议处理体制

劳动争议处理体制，又称劳动争议处理体系，是指由劳动争议处理的各种机构和方式在劳动争议处理过程中的各自地位和相互关系所构成有机整体，它表明劳动争议发生后应当通过哪些途径、由哪些机构、哪些方式处理。各国的劳动争议处理体制有一个共同特征，即权利争议和利益争议分别由不同的机构处理，即建立分别处理权利争议和利益争议的两套体制。本节仅阐述权利争议处理体制。

9.2.1 外国的劳动争议处理体制

1. 英国的劳动争议处理体制

在英国，处理劳动争议的机构主要有两种：

（1）咨询、协调、仲裁委员会（简称ACAS）。它由劳工部长任命的专家、工会、雇主协会三方委员会组成，设1个中央总部和8个分部，配有工作人员（为政府公务员）负责咨询或调解工作、兼职仲裁员负责调停或仲裁工作。它处理争议的方式，一般是由其工作人员或指派兼职仲裁员单独调解仲裁争议；其程序无法律规定，仅遵循自行制定的内部规则；其裁决无强制执行的效力，主要靠当事人自觉履行。

（2）专业法庭。它是司法部下设的处理劳动争议的专门机构，有20个产业法庭和1个上诉就业法庭（二者为上下级关系），由1名职业法官和工会、雇主协会委派的法官各1名组成。产业法庭无强制执行权，上诉就业法庭才有此项权力。

劳动争议处理程序为：

（1）基层单位内部协商。发生争议时，雇员可以口头或书面向其主管人员反映，由该主管人员调查并与其协商解决；该主管人员未能解决的，雇员可以向上一级主管人员申诉。

工会认为必要时，可派人参加听证。

（2）社会调解、仲裁。基层单位内部协商未能解决的争议，雇员可以到产业法庭中心办事处申诉；或双方自愿选择ACAS（咨询调解和仲裁局）的仲裁员进行调解和仲裁。专业法庭中心办事处受理后，一般首先提交ACASD（咨询调解和仲裁委员会）调解。

（3）司法裁判。对调解不成或由法庭直接受理的案件，产业法庭开庭听证，并进行裁判；当事人对裁判不服的，可向就业法庭上诉。如果争议的问题是以对现行法律有质疑的，应继续到普通法院处理，普通法院经二审终局。

2．法国的劳动争议处理体制

法国处理劳动争议的机构，有企业内劳资协商机构和法院内专业法庭两个层次，但无专门处理劳动争议的仲裁机构和法院。企业内处理劳动争议的机构为企业委员会下属的安全卫生条件委员会或雇员推荐的代表。法院内处理劳动争议的专业法庭，是一审法院中的劳工法庭和农业法庭（负责处理农业方面的劳动争议案件），以及上诉法院、最高法院中的社会法庭。法院受理案件后，由相应的专业法庭指定兼职法官进行审理。兼职法官每5年从5个工会组织和3个雇主组织中选举一次。处理劳动争议案件一般由4名兼职法官审理，其中工会和雇主协会的兼职法官各一半。审理时实行少数服从多数的原则，当双方意见出现分歧时，则由法院派一名职业法官参加审理。

劳动争议处理程序一般为：首先在企业内部进行调解；调解不成，当事人双方均可向一审法院起诉。当事人对一审法院判决不服的，可上诉到上一级法院，直至最高法院。

3．德国的劳动争议处理体制

德国的劳动争议处理机构主要有3种：

（1）企业委员会。这是在企业内部设置的独立于企业行政和工会之外的劳资协调机构。其成员并未被法定为工会会员，但实践中在大企业一般是工会会员，在其他企业的80%是工会会员。它负责处理企业内劳动争议的职责，在员工较多的企业，它还可设立由劳资双方代表组成的处理劳动争议的专门机构。

（2）劳动争议仲裁机构。它设在劳动法院内，仲裁员由劳动法院认定和管理，实行仲裁员名册制度。当事人申请仲裁的劳动争议，由劳动法院指定一个仲裁小组处理，仲裁结果具有法律效力。

（3）劳动法院。它是由职业法官和作为工会代表、雇主协会代表的荣誉法官所组成的专门行使劳动争议审判权的机构，实行地方法院（初级法院）、州法院、联邦法院三级审理，地方法院和州法院都按三方原则组成法庭处理争议三方原则，联邦法院则采用审判团方式处理争议并且只受理有重大原则性的案件。

劳动争议处理程序为：

（1）由企业委员会调解，所达成的协议由双方自觉履行。

（2）企业委员会调解不成的争议，当事人可以向劳动法院申诉或起诉，从而开始仲裁或一审程序。

（3）申诉仲裁的争议，劳动法院指派仲裁小组负责处理，由双方当事人共同选择1名仲裁员为主席、再各自选择1名作为雇主协会或工会代表的仲裁员；裁决做出后当事人逾期不上诉的则发生效力，一方不履行的另一方可申请强制执行。

（4）当事人一方对仲裁裁决或一审判决不服的可向上级法院上诉，对上诉法院判决不服的还可向高等法院上诉。

9.2.2 我国劳动争议处理体制的模式选择

我国劳动争议处理的目标模式，目前尚未确定。理论上和实践中对此做出的探索，主要集中在以下几方面：

1. 单轨体制和分轨体制的选择

我国的劳动争议处理机构，现有企业劳动争议调解委员会、劳动争议仲裁委员会和人民法院3种。就它们在劳动争议处理过程的相互关系，有单轨体制和分轨体制两种主张。

劳动争议处理的单轨体制，即"调、裁、审"依次进行的体制，是指劳动争议未能和解的，当调解机构调解不成或者当事人不愿意调解时，应当先由仲裁机构处理，只有在当事人不服仲裁裁决的情况下，才由法院审理。我国现行立法规定：劳动争议发生后，当事人应当协商解决；不愿协商或协商不成的可以向本企业劳动调解委员会申请调解，调解不成的可以向劳动争议仲裁委员会申请仲裁；一方也可以不经调解而直接申请仲裁。对仲裁裁决不服的，可以向人民法院。人民法院审理劳动争议案件，实行两审终审制。因此，我国劳动争议处理体制可概括为"一调一裁两审"体制。这种体制的不足之处在于：① 劳动争议案件如果经过基层调解、仲裁和诉讼中一审、二审的全过程，时间过长，不利于案件及时了结，往往造成久拖不决的现象，这就不利于保护劳动者权益和维护社会安定。② 把仲裁作为诉讼前的必经程序，排除了劳动争议当事人对审判的自由选择，这就与仲裁作为非行政、非诉讼的社会公断行为应当以当事人自愿为原则的精神不符，也增加了当事人解决争议的成本。

劳动争议处理的双轨体制，即"裁、审分轨，各自终局"的体制，是指未能和解的当事人不愿或调解机构调解不成的劳动争议案件，可以由当事人在申请仲裁和提起诉讼之间自由选择；申请仲裁的不得再提起诉讼，且仲裁裁决为终局裁决；已提起诉讼的不得再申请仲裁。其中，诉讼实行两审终审制；仲裁则有一裁终局和两裁终局两种主张。分轨体制较之单轨体制，其优点在于：可缩短争议处理时间，减少争议处理成本并尊重当事人的选择。但分轨体制难以避免多数甚至绝大多数案件进入仲裁程序或诉讼程序的现象，如果出现后一种现象，就会超过法院现有的承受能力，从而影响法院对其他案件的审理。

2. 劳动司法机构类型的选择

劳动争议的司法最终解决，对于强化劳动法的效力和保障劳动者实施，都具有特别重要的意义。由此决定了劳动司法机构在劳动争议处理体系中处于特别重要的地位。由于我国当前对劳动司法机构同现有司法机构（即人民法院）应有关系认识不同，故对我国劳动司法机构应选择何种类型有不同设想。

（1）"独立型"：即设想建立一种独立于现有人民法院系统之外的劳动司法机构即劳动法院，以取代现有的劳动争议仲裁机构，由其专门行使劳动争议审判权，其审判组织由职业法官和工会、用人单位方面委派的法官所组成。

（2）"兼审非独立型"：又称"维持现状型"，即设想在人民法院内不设立专门的劳动审判机构，而由民事审判机构兼职行使劳动争议审判权。

（3）"普通专审非独立型"：即设想在现有人民法院内设立劳动法庭作为审理劳动争议的专门机构，但其审判组织同民事、经济、行政等专门审判机构一样，仅由职业法官组成。

（4）"特别专审非独立型"：即设想在现有人民法院内设立劳动法庭，作为专门行使劳动争议审判权的特别审判机构，但审判组织不同于民事、经济、行政等专门审判机构，它由职业法官和工会、用人单位团体委派的人员所组成。

按照"独立型"主张，劳动争议处理体制由基层调解和司法两个层次所构成；按照"非独立性"主张，劳动争议处理体制则由基层调解、仲裁和司法3个层次所构成。

3. 劳动争议处理体制中的"三方机制"

劳动争议处理体制中的"三方机制"，即国家、工会和用人单位团体三方代表参与劳动争议处理过程，共同协调劳动争议当事人双方利益的机制，是劳动关系协调的"三方原则"在劳动争议处理体制中的具体贯彻。关于其内容，有的仅理解为组织机制，即主张只需劳动争议处理机构的仲裁或审判组织由三方代表组成即可，而不必要求三方代表都参与办案；有的理解为办案机制，即主张劳动争议的仲裁和审判事务，都应由三方代表共同办理；有的则理解为综合机制，即主张应当从劳动争议处理体制的各方面综合落实"三方原则"，而不能只强调其中某个方面。本书持后一种观点，主张我国在劳动争议处理体制中建立和完善"三方机制"，应当在组织、人事、权限配置等方面落实"三方原则"。

1）"三方原则"在组织方面的落实

即在劳动争议处理机构中应当建立由国家、工会和用人单位三方代表组成的组织。在劳动争议仲裁机构中，劳动争议仲裁委员会应当由地方劳动行政部门、同级地方工会组织和用人单位团体委派的代表所组成；劳动争议仲裁庭的成员也应当从三方各自委派的仲裁员中指定或选定。在劳动争议审判机构中，合议庭的组成应当分别由工会和用人单位团体委派陪审员的制度；审判委员会处理劳动争议案件，也应当有工会、用人单位团体委派的代表参加。

2）"三方原则"在人事方面的落实

其要求主要有：

（1）设立正式编制。即劳动行政部门、工会和用人单位团体选派的劳动争议仲裁委员会委员和仲裁员，工会和用人单位团体选派的人民法院合议庭陪审员和审判委员会委员，都应当纳入各自的正式编制。

（2）统一资格标准。即无论哪一方向劳动争议处理机构选派的代表，都应当遵循统一的资格标准，尤其是选派的仲裁员和陪审员，都应当具备法定任职条件并取得法定任职资格，以确保其素质。

3）"三方原则"在权限配置方面的落实

劳动争议处理的各项权利都应当依其特点在三方之间进行合理配置。其中，劳动争议处理规则的制定权、重大案件和疑难案件的处理权，应当由三方分享并共同行使；一般案件的处理权，总体上应当三方分享并共同行使，但具体到每个案件则不一定由三方分享和共同行使；劳动争议处理的监督权，应当由三方分享，但不一定三方共同行使，也可以由各方分别行使。

9.3　劳动争议基层调解

9.3.1　劳动争议基层调解的概念

　　劳动争议基层调解，是指劳动争议调解委员会对当事人双方自愿申请调解的劳动争议，在查明事实、分清是非的前提下，依据法规、政策的规定和集体合同、劳动合同的约定，通过说服、劝导和教育，促使当事人双方在平等协商，互谅互让的基础上自愿达成解决劳动争议的协议。在我国劳动争议处理体系中，它是一种普遍适用的重要形式。

　　劳动争议基层调解属于民间调解，它与官方调解（行政调解和司法调解）相比较，有下述主要特点：其调解机构是社会组织，而不是国家机关；其调解活动具有任意性，基本上不受固定程序和形式的约束，也可将道德规范、社会习惯作为调解的依据；调解书仅具有合同性质，不具有强制执行的效力。

9.3.2　劳动争议基层调解的机构

　　劳动争议调解委员会，是在用人单位内部依法设立的，负责调解本单位劳动争议的组织。它的设立和组成，在已成立工会的用人单位，严格遵循法律规定；在未成立工会的用人单位，则由职工代表与用人单位代表协商决定。各企业都可以设立调解委员会，设有分支机构的企业还可以在总部和分支机构分别设立调解委员会。

　　调解委员会由职工代表、单位行政代表和工会代表组成，主任由工会代表担任。其中，职工代表由职代会或职工大会推举产生，用人单位代表由用人单位法定代表人决定，工会代表由基层工会决定；成员人数由职代会提出并与用人单位法定代表人协商确定，但用人单位代表人数不得超过成员总数的1/3；成员中有离开本单位或者成员人数需要调整的，应由原推举或指定单位按规定另行推举或指定；各方推举或指定的代表都只能代表一方参加调解委员会。各成员都应当是具有一定劳动法律知识、政策水平和实际工作能力，办事公道，为人正派、密切联系群众的人员；成员名单应报送地方总工会和地方劳动争议仲裁委员会备案。

　　调解委员会在用人单位中具有相对独立的地位。它不隶属于任何一个机构和组织，尤其是独立于单位行政和劳动者之外。其办事机构设在基层工会，其调解工作接受用人单位所在地地方工会（或行业工会）和地方劳动争议仲裁委员会的指导。用人单位应当支持调解委员会的工作，并承担活动经费和给予其他物质帮助。

　　调解委员会的职责包括：调解本单位劳动争议；检查督促争议双方当事人履行调解协议；对职工进行劳动法制宣传教育，做好劳动争议预防工作。

9.3.3　劳动争议基层调解的程序

1.　申请调解

　　劳动争议当事人向调解委员会申请调解，有3个要点：自愿申请，即劳动争议发生后，如果当事人通过协商不能解决，或者不愿意协商解决，可以自愿选择申请调解或仲裁；申请调解受时间限制，即应当自争议发生之日起30日内提出申请；申请形式既可以是口头也可以是书面，但都应当填写《劳动争议调解申请书》。

2．争议受理

调解委员会接到调解申请后，应征询对方当事人的意见，对方当事人不愿意调解的，应做好记录，在三日内以书面形式通知申请人；对方当事人表示愿意调解的，应在四日内进行审查并做出受理或不受理的决定。

调解委员会在受理审查中，要审查申请事由是否属于劳动争议，申请人是否合格，申请对方是否明确，调解请求和事实根据是否明确。经审查认为符合受理条件的，予以受理，并通知双方当事人；不受理的，应向申请人说明理由，并告知应向何处申诉。对于调解委员会无法决定应否受理的案件，可由调解委员会主任决定是否受理。

3．调解前准备

受理劳动争议后，为保证顺利和及时调解，应事先进行下述准备工作：进一步审查申请书内容，如发现内容欠缺，应及时通知申请人补充；要求对方当事人就申请实体请求、事实、理由提出意见及证据；指派调解委员对争议事项进行全面调查核实，收集有关证据；拟定调解方案和调解建议；告知双方当事人调解时间和地点。

调解委员会成员中有争议当事人或其近亲属者，与劳动争议有利害关系者，或者与争议当事人有其他关系而可能影响公正调解者，当事人有权口头或书面申请其回避。调解委员会对回避申请应及时做出决定，并口头或书面通知当事人。调解委员的回避由调解委员会主任决定，调解委员会主任的回避由调解委员会集体研究决定。

4．实施调解

实施调解的一般形式，是由调解委员会主任主持召开有争议双方当事人参加的调解会议。有关单位和个人可以参加调解会议协助调解；争议的职工方在三人以上并有共同利益申诉理由，应当推举代表参加调解活动。简单的争议，可由调解委员会决定一至二名调解委员会进行调解。

举行调解会议的程序包括：会议主持人宣布会议开始，书记员向主持人报告大会人员情况；主持人宣布调解目的和调解纪律，告知当事人应有权利和义务，并宣布申请人请求调解的争议事项；申请人宣读申请书或口头陈述申请事由和理由，最后由对方当事人宣读答辩书或口头陈述；主持人宣讲与争议有关的法规政策，然后出示有关证据；当事人双方对宣布的事实、证据发表意见；调解委员会依据查明的事实，提出调解建议，征求双方当事人的意见；如双方当事人均表示接受调解建议，可在此建议的基础上达成调解协议，并依法制作调解协议书；如经调解达不成协议，应如实记录，并在调解意见书上说明情况。

调解应当自提出申请之日起30日结束，到期未结束的，视为调解不成。

5．调解协议执行

双方当事人应当自觉执行调解协议；在执行调解协议时反悔的，调解委员会只能劝解说服当事人执行，无权强制执行或限制当事人申请仲裁。

9.4　劳动争议仲裁

9.4.1　劳动争议仲裁的概念

劳动争议仲裁是指劳动争议仲裁机构对当事人请求解决的劳动争议，依法居中公断的执法行为，包括对劳动争议依法审理并进行调解、裁决的一系列活动。在我国的劳动争议处理体制中，它作为诉讼前的法定必经程序，是处理劳动争议的一种主要方式。

较之劳动争议基层调解，劳动争议仲裁具有下述特点：仲裁机构是一种依法定原则所组成的半官方机构，而非民间组织；仲裁申请可以由任何一方当事人提起，无须双方当事人合意；仲裁机构在调解不成的情况下可做出裁决，仲裁调解和裁决依法生效后具有强制执行的效力。

较之劳动争议诉讼，劳动争议仲裁的特点表现在：仲裁机构不属于司法机关，在处理劳动争议的过程中无权采取强制措施；仲裁程序较简便，不及诉讼程序严密和复杂；仲裁调解和裁决均不具有最终解决争议的效力，也不能由仲裁机构自己强制执行。

劳动争议仲裁就其法律属性而言，是一种兼有行政性和准司法性的执法行为。其行政性主要表现在：劳动行政部门的代表在仲裁机构组成中居首席地位，仲裁机构的办事机构设在劳动行政部门，仲裁行为中含有行政仲裁的某些因素。其准司法性主要表现在：仲裁机构的设立、职责、权限、组织活动原则和方式具有与司法机关特别是审判机关共同或类似的特点。例如，它是国家依法设立的处理劳动争议的专门机构；具有依法独立行使仲裁权，不受行政机关、团体和个人干涉的法律地位；审理案件须实行仲裁、时效、回避等制度，采取调查取证、辩论、调解、裁决等方式。

9.4.2　劳动争议仲裁的机构和参加人

1. 劳动争议仲裁委员会

劳动争议仲裁委员会是依法设立的，经国家授权依法独立仲裁处理劳动争议案件的专门机构。县、市、市辖区应当设立仲裁委员会，省、自治区、直辖市需要设立仲裁委员会的，由省、自治区、直辖市政府确定。各级仲裁委员会相互间不存在行政隶属关系，各自独立仲裁本行政区域内发生的劳动争议案件，各自向同级政府负责并报告工作。仲裁委员会由劳动行政部门、同级工会和用人单位团体或代表用人单位方面的特定部门各自选派的代表组成，主任由劳动行政部门负责人担任；副主任由仲裁委员会委员协商产生。三方代表人数相等且总和必须是单数，至于每方代表的具体人数，则由三方协商确定，其组成不符合规定的由同级政府予以调整，其委员的确认或者更换，需报同级政府批准。

仲裁委员会实行集体领导，在召开会议决定有关事项时应有三分之二以上的委员参加，并且应当按照少数服从多数的原则做出决定。仲裁委员会的职责包括：负责处理仲裁委员会管辖范围内的劳动争议案件；聘任专职或兼职仲裁员，并对仲裁员进行管理；领导和监督仲裁委员会办事机构和仲裁庭开展工作；总结并交流办案经验。

2．劳动争议仲裁委员会办事机构

劳动争议仲裁委员会以劳动行政部门的劳动争议调解、仲裁业务管理机构（通常称仲裁办公室），作为其办事机构，负责办理其日常事务。即是说，仲裁办公室具有双重身份和双重职能，它既是仲裁委员会的办事机构，又是劳动行政部门的职能机构。作为仲裁委员会的办事机构，它在仲裁委员会的领导下，处理劳动争议案件的日常工作；根据仲裁委员会的授权负责管理仲裁员，组成仲裁庭，管理仲裁委员会的文书、档案、印鉴；负责劳动争议及其处理方面的法律、法规和政策咨询；向仲裁委员会汇报、请示工作；办理仲裁委员会授权或交办的其他事项。作为劳动行政部门的职能机构，它主要组织劳动争议处理的理论研究、政策法规研究；制定和完善劳动争议处理的有关制度；监督检查用人单位执行劳动法规和政策的情况，制止、纠正违反劳动法的行为；做好劳动法规和政策的宣传教育工作等。

3．劳动争议仲裁庭

仲裁庭是仲裁委员会处理劳动争议案件的基本组织形式。仲裁委员会处理劳动争议案件实行仲裁庭制度，即依照"一案一庭"的原则组成仲裁庭，受理劳动争议案件。

仲裁庭的组织形式可分为独任制和合议制两种。独任制，是由仲裁委员会指定一名仲裁员独任审理仲裁，适用于事实清楚、案情简单、法律适用明确的劳动争议案件。合议制，是由仲裁委员会指定三名或三名以上单数仲裁员共同审理争议仲裁。除简单劳动争议案件外，均应组成合议仲裁庭。它又可分为普通合议仲裁庭和特别合议仲裁庭。凡职工方在30人以上的劳动争议案件，应组成特别合议仲裁庭。普通仲裁庭由一名首席仲裁员和两名仲裁员组成，首席仲裁员由仲裁委员会负责人或授权其办事机构负责人指定，另两名仲裁员由仲裁委员会授权其办事机构负责人指定或者由当事人双方各选一名。其中不符合规定的，由仲裁委员会予以撤销，重新组成仲裁庭。仲裁庭在仲裁委员会领导下依法处理劳动争议。仲裁庭对重大或疑难案件，可以提交仲裁委员会讨论决定；仲裁委员会的决定，仲裁庭必须执行；仲裁庭处理劳动争议结案时，应报仲裁委员会主任审批；仲裁委员会主任认为有必要，也可提交仲裁委员会审批。仲裁庭制作的调解书或裁决书，由仲裁员署名，加盖仲裁委员会印章，以仲裁委员会名义送达双方当事人。

4．劳动争议仲裁员

仲裁员，是指由劳动争议仲裁委员会依法聘任的，可以成为仲裁庭组成人员而从事劳动争议处理工作的职员。它有专职仲裁员和兼职仲裁员两种。专职仲裁员由仲裁委员会从劳动行政部门内专门从事劳动争议处理工作，并具有仲裁员资格的人员中聘任；兼职仲裁员由仲裁委员会从具有仲裁员资格的劳动行政部门或其他行政部门工作人员或工会工作人员、专家、学者、律师中聘任；仲裁委员会成员也可以由仲裁委员会聘为专职或兼职仲裁员。兼职仲裁员与专职仲裁员在执行公务时，享有同等权利；但兼职仲裁员从事仲裁活动应当征得所在单位同意，所在单位应当给予支持。

仲裁员应具备法定条件并已依法取得仲裁员资格。立法要求仲裁员必备的基本条件包括：政治条件，即拥护党的路线、方针、政策，坚持四项基本原则；品行条件，即坚持原则，秉公执法，作风正派，勤政廉洁；专业技能条件，即具有一定的法律知识、劳动业务知识及分析、解决问题和独立办案的能力；资历条件，即从事劳动争议处理工作三年以上或从事与劳动争议处理有关的工作五年以上，并经过专业培训；文化条件，即具有高中以上文化程度；身体条件，即身体健康，能坚持正常工作。经省级以上劳动行政部门考核认定，具备上述各项条件的，才赋予仲裁员资格。

仲裁员应当履行法定职责。其主要职责有：接受仲裁委员会办事机构交办的劳动争议案件，参加仲裁庭；进行调查取证，有权以调阅文件或档案、询问证人、现场勘查、技术鉴定等方式向当事人及有关单位、人员进行调查；根据有关法规和政策提出处理方案；对争议当事人双方进行调解工作，促使其达成调解协议；审查申诉人的撤诉申请；参加仲裁庭合议，对案件提出裁决意见；案件处理终结时，填报《结案审批表》；及时做好调解、仲裁的文书工作及案卷的整理归档工作；宣传劳动法规政策；对案件涉及的秘密和个人隐私应当保密。

5. 劳动争议仲裁的参加人

劳动争议仲裁的参加人包括：

（1）劳动争议当事人。即发生劳动争议的职工和用人单位。

（2）代表人。用人单位由其法定代表人或主要负责人参加仲裁活动；职工方当事人在三人以上并有共同理由的，应当推举代表参加仲裁活动，代表人数由仲裁委员会确定。

（3）代理人。当事人可以委托一至二名律师或其他人代理参加仲裁活动，但必须向仲裁委员会提交载明委托事项和权限并由委托人签名或盖章的授权委托书。无民事行为能力和限制民事行为能力的职工，可以由其法定代理人代为申诉；死亡职工可由其利害关系代为申诉；法定代理人或利害关系人不明确的，由仲裁委员会指定代理人。

（4）第三人。与劳动争议处理结果有利害关系的第三人，可以申请参加仲裁活动，或者由劳动争议仲裁委员会通知其参加。

9.4.3 劳动争议仲裁管辖

劳动争议仲裁管辖，是指各级仲裁委员会之间、同级仲裁委员会之间，受理劳动争议案件的分工和权限。它向当事人表明，劳动争议发生后，应当向哪一级和哪一个仲裁委员会申请仲裁。它为各级和各个仲裁委员会行使仲裁权，界定空间范围。确定仲裁管辖，应当坚持既便于当事人行使申诉权、应诉权，又便于仲裁委员会行使仲裁权，并且原则性与灵活性相结合的原则。我国仲裁管辖的内容，主要包括下述几方面：

1. 地域管辖

地域管辖即同级仲裁委员会之间依行政区域确定的仲裁管辖。它包括：

（1）一般地域管辖，是指劳动争议案件由其发生地的仲裁委员会管辖。我国立法规定，县、市、市辖区仲裁委员会负责本行政区域内的劳动争议案件。

（2）特殊地域管辖，是指某种劳动争议案件依其特定标准由某地仲裁委员会管辖。立法规定，发生劳动争议的企业与职工不在同一个仲裁委员会管辖区域内，由职工当事人工资所在地的仲裁委员会管辖。

（3）专属管辖，是指法定的某国家机关经立法授权，依法确定某种劳动争议案件专属某地仲裁委员会管辖。劳动部规定，我国公民与国（境）外企业签订的劳动（工作）合同履行地在我国领域内，因履行该合同发生争议的，由合同履行地仲裁委员会受理。

2. 级别管辖

级别管辖即各级仲裁委员会受理劳动争议案件的特定范围，它主要根据案件的性质、影响范围和繁简程度确定。通常规定，省级仲裁委员会和设区的市仲裁委员会，负责处理外商投资企业发生的劳动争议案件和在全省、全市有重大影响的劳动争议案件。

3. 移送管辖

移送管辖即仲裁委员会将已受理的自己无权管辖或不便于管辖的劳动争议案件，依法移送有管辖权和便于审理此案的仲裁委员会受理。立法规定，仲裁委员会发现受理的案件不属本委员会管辖时，应移送有管辖权的仲裁委员会；县级仲裁委员会认为有必要的，可将集体劳动争议报请市（地、州、盟）仲裁委员会处理。在实践中，也可将疑难案件移送有管辖权的仲裁委员会处理。受移送的仲裁委员会对接受的移送案件不得自行再移送；如果认为自己对接受的移送案件确无管辖权，可以报告劳动行政部门决定是否由它管辖。

4. 指定管辖

指定管辖即劳动行政部门依法将因管辖权发生争议的劳动争议案件决定由某仲裁委员会管辖。立法规定，仲裁委员会之间因管辖权发生争议，由双方协商解决，协商不成时，由共同的上级劳动行政部门指定管辖。

9.4.4 劳动争议仲裁时效

劳动争议仲裁时效（简称仲裁时效），是指劳动者和用人单位在法定期限内不向劳动争议仲裁机构申请仲裁，而丧失请求劳动争议仲裁机构保护其权利实现之权利的制度。当事人应当自知道或者应当知道其权利被侵害之日起六个月内，以书面形式向仲裁委员会申请仲裁。当事人因不可抗力或者其他正当理由超过前款规定的申请仲裁时效的，仲裁委员会应当受理。

1. 劳动争议仲裁时效的起点

仲裁时效起点，即仲裁时效期间开始的时间，它对于认定当事人的仲裁申请是否超过仲裁时效，至关重要。在理论上和实践中，对于作为仲裁时效起点的"劳动争议发生之日"，有两种不同理解：一种理解为当事人知道或者应当知道其权利被侵害之日；另一种是理解为一方当事人向对方当事人的意思表示明确表示异议之日。

本书认为，把"劳动争议发生之日"理解为当事人知道或者应当知道其权利被侵害之日，不符合《劳动法》第八十二条的立法原意。其理由如下：① 在《劳动法》颁布以前，我国立法中一直把当事人有"知道或者应当知道其权利被侵害之日"规定为消灭时效起点；唯独《劳动法》第八十二条把仲裁时效期限规定为"争议发生之日"。可见，作为唯一例外的《劳动法》第八十二条，必有其特殊的立法意图；无论有权解释还是学理解释，对这种特殊的立法意图都只应做出说明而不应掩盖或否认。② 从文意和逻辑上分析，"争议发生之日"绝不能等同于当事人"知道或者应当知道其权利被侵害之日"。因为，争议的发生需要当事人一方知道其权利被侵害并且能够和敢于与对方争议为前提。若当事人一方不知道其权利被侵害或者知道其权利被侵害却不能、不敢或不愿与对方争议，就不可能发生争议。③ 把"劳动争议发生之日"解释为当事人"知道或者应当知道其权利被侵害之日"，不符合劳动法的主旨（即因劳动者在劳动关系中事实上处于相对作者地位而以特别保护）。因为，在劳动者应当知道但实际上不知道其权利被侵害时，或者虽然已经知道其权利被侵害却由于某种原因不能或不敢与对方争议时，若把"知道或者应当知道其权利被侵害之日"作为长度仅60日的仲裁时效的起点，显然不利于保护劳动者合法权益。在现实中，处于弱者地位的劳动者，其权利被侵害而不知道，或即使知道其权利被侵害而不能或不敢与对方争议，乃是常见现象。正是考虑到这种情况，《劳动法》才未把"知道或者应当知道其权利被侵害之日"规定为仲裁时效起点。

正确理解"劳动争议发生之日"，应当从劳动争议的构成着手。所谓争议，是指双方或多方当事人相互间对同一标的分别做出的意志内容相互冲突的意思表示。换言之，它由两个或两个以上的主体不同、标的相同、意志内容冲突的意思表示所构成。其中，一个意思表示做出的同时或以后，如果又有另一个意思表示做出，即为争议发生。可见，争议发生的标准和时间是争议构成中第二个意思表示的做出。就劳动争议而言，它由劳动者和用人单位就涉及双方权利义务的同一事项分别做出的意志内容冲突的意思表示构成，它发生的标准和时间，应当是一方当事人在对方当事人做出意思表示的当时或以后，认为对方当事人的意思表示侵害其权利而向对方当事人明确表达异议。在把争议发生规定为仲裁时效起点的情况下，为便于认定，应当要求争议构成中的第二个意思表示只能以明示形式做出；如果第二个意思表示是以默示形式做出的，虽可构成争议发生，但不应作为仲裁时效起点。因此，只有在一方当事人对对方当事人的意思表示明确表示异议，仲裁时效才开始。具体来说，履行劳动合同的争议，发生于一方当事人在对方实施违约行为的当时或以后，向对方当事人明确表示异议；实施纪律处分的争议，发生于劳动者在用人单位送到处分决定的当时或以后，向用人单位明确表示异议；遵守国家有关工资、保险、福利、培训、劳动保护等项规定的争议，发生于劳动者在用人单位对其工资、保险、福利、培训、劳动保护等事项做出不符合国家规定的行为的当时或以后，向用人单位明确表示异议。这里的异议，是指针对对方当事人的违约行为、纪律处分决定或违反国家规定行为，以明示方式向对方当事人表示反对、拒绝、否定、不服、批评、指责、不能接受或要求改正等意思。

如果将作为仲裁时效起点的"劳动争议发生之日"作上述理解，在实践中就难免出现仲裁实现时效起点后延的现象。所谓仲裁时效期限后延，是指劳动争议本来可以发生却由于某种原因而未能发生，致使仲裁时效起点向后推迟。由于仲裁时效期间很短，因而法律容许仲裁时效起点后延迟，这样对仲裁申诉人有利，实质上对劳动者有利。亦即在劳动者因受欺诈而不知其权利被侵害，或者虽然知道其权利被侵害却因受到暴力、威胁和非法人身限制而不能或不敢与用人单位争议的情况下，仲裁时效起点后延可以尽可能地延长保护劳动者权益的时间。但是，如果对仲裁时效期限后延不作限制，在实践中就会导致仲裁时效起点长久甚至无限后延，这就不利于促使权利被侵害当事人尽早申请仲裁。尤其是在没有欺诈、暴利、威胁或者非法人身限制的情况下，由于劳动者不知其权利被侵害或者知道其权利被侵害而不愿与用人单位争议，致使仲裁时效起点长久后延，就更不合理。所以，立法中有必要规定权利保护最长期限，以限制仲裁时效起点后延。即规定：从当事人一方权利被侵害之日起，受害人未受欺诈、暴力、威胁或其他非法人身限制而在一定期限内不与对方当事人争议的，或者在劳动关系终止后一定期限内不与对方当事人争议的，仲裁委员会不予保护。所以，凡超过这种期限的仲裁申请，就不予受理。

2．劳动争议仲裁时效完成的后果

仲裁时效完成，是指仲裁时效期间已经届满而当事人仍未向仲裁委员会提出要求仲裁的书面请求。具体表现为两种情形：自劳动争议发生之日起经过60日又不存在引起仲裁时效中止、中断和延长的法定事由，当事人仍不申请仲裁；仲裁时效期间在依法中止、中断和延长后届满，当事人仍不申请仲裁。

关于仲裁时效完成所导致的法律后果，《劳动法》未作规定，于是在理论和实践中都理解不一。主要有两种见解：

（1）依据《企业劳动争议处理条例》第二十三条第二款的规定（当事人因不可抗力或者有其他正当理由超过前款规定的申请仲裁时效的，仲裁委员会应当受理）推导，仲裁时效完成的法律后果是仲裁委员会对当事人的仲裁申请可不予受理，以及当事人丧失申请申诉权并因此当然丧失胜诉权。按照这种理解，仲裁委员会对超过仲裁时效的仲裁申请只需做出不予受理的通知即可，无须开始仲裁程序。当事人对不予受理的通知即使不服，也不能依据现行法律规定向法院起诉。

（2）依据消灭时效的原理，认为仲裁时效完成的法律后果只是消灭当事人的胜诉权而不能消灭当事人的申诉权。按照这种理解，仲裁委员会对超过仲裁时效的仲裁申请仍然应当受理，但仲裁程序开始后，仲裁委员会经调查确认仲裁时效已经完成，可以裁定驳回当事人的权利保护请求。当事人对这种裁定不服，可依据现行法律向法院起诉；并且只要未超过诉讼时效，其权利仍可受到法院保护。

本书认为，上述第二种理解较为可取。其主要理由是：

（1）《劳动法》第八十二条关于仲裁时效起点和期间的规定明显不同于《企业劳动争议处理条例》第二十三条的规定，并且也未肯定后者所规定的仲裁时效完成之后果。因而，不应依据后者的规定而应当依据消灭时效的原理来理解仲裁时效的后果。

（2）将仲裁时效完成的后果理解为只消灭胜诉权，便于同诉讼衔接，即便于当事人依现行法律规定提起诉讼。

（3）将仲裁时效后果理解为只消灭胜诉权，对保护劳动者权益更为有利。

3. 仲裁时效的中止、中断和延长

在立法中，应当参照民法关于诉讼时效中止、中断和延长的规定，对仲裁时效中止、中断和延长做出规定；或者原则性规定，仲裁时效参照适用民法关于诉讼时效中止、中断和延长的规定，但劳动法有特别规定的除外。

关于仲裁时效中止的事由，应当同诉讼时效中止的事由一样，只限于因不可抗力或其他障碍不能行使请求权的事由。所谓其他障碍，应理解为除不可抗力以外的，当事人不能预见的事件。

关于仲裁时效中断的事由，根据劳动争议的特殊情况，并参考民法的相关规定可将下述几项规定为仲裁时效中断事由：向对方当事人提出请求；向调解委员会申请调解；向仲裁委员会提出申诉；向有管辖权的行政机关提出申诉；对方当事人同意履行义务；因受暴力、威胁或其他非法人身限制而不能或不敢申诉。

关于仲裁时效延长事由，应参照民法规定授权仲裁机关在法定中止、中断事由之外，将某种特殊情形认定为仲裁时效延长事由。

9.4.5　劳动争议仲裁的程序

1. 申诉

劳动争议发生后，不愿自行协商解决或协商不成的，不愿申请调解或调解不成的，当事人均可在仲裁时效期间内，向有管辖权的仲裁委员会提出解决劳动争议的书面申请；申请书应按被诉人数提交副本。委托他人代理参加仲裁的，还需要提交授权委托书。

2. 受理

仲裁委员会办事机构接到申诉书后应依法进行审查。审查内容包括：申诉人是否与本案有直接利害关系，申请仲裁的争议是否属于劳动争议，是否属于仲裁委员会受理内容，是否属于本仲裁委员会管辖，申请书及有关材料是否齐备并符合要求，申诉时间是否符合仲裁时效规定。对申诉材料不齐备和有关情况不明确的，应指导申诉人补齐；主要证据不齐的，要求申诉人补齐。经审查符合受理条件的案件，仲裁委员会办事机构应立即填写《立案审批表》并及时报仲裁委员会或其办事机构负责人审批。审批者应自《立案审批表》填写之日起7日内做出是否受理的决定。决定不予立案的，应当自做出决定之日起7日内制作不予受理决定书，送达申诉人；决定立案的，应当自做出决定之日起7日内向申诉人发出书面通知，将申诉书副本送达被诉人，并要求其在15日内提交答辩书和证据。被诉人不提交答辩书的，不影响案件处理。

3. 仲裁准备

仲裁委员会对决定受理的案件，应自立案之日起7日内依法组成仲裁庭。仲裁庭成员应认真审阅申诉、答辩材料，调查、收集证据，查明争议事实，拟定处理方案。仲裁应当在开庭4日前将仲裁庭组成人员、开庭时间和地点，书面通知当事人。仲裁委员会成员和仲裁员以及书记员、鉴定人、勘验人、翻译人员中，有当事人或其近亲属者，或与劳动争议有利害关系者，或与当事人有其他关系而可能影响公正仲裁者，应当回避。其中，既可以自行回避，也可以由当事人口头或书面申请其回避。仲裁委员会主任的回避由仲裁委员会决定，其他各种人员的回避由仲裁委员会主任决定。仲裁委员会或其主任对回避申请应在7日内做出决定，并以口头或书面方式通知当事人。

4. 调解

仲裁庭应当先行调解，即在查明事实的基础上促使双方当事人自愿达成协议，协议内容必须合法。经调解达成协议的，仲裁庭应当根据协议内容制作仲裁调解书，由双方当事人签字，仲裁员签名并加盖仲裁委员会印章后，送达双方当事人。调解书自送达之日起即具有法律效力。

5. 裁决

其要点有：

（1）前提。双方当事人经调解达不成协议，调解书送达前当事人反悔，或者当事人拒绝接收调解书，均为调解不成，应及时裁决。

（2）开庭裁决。仲裁庭开庭裁决，可根据案情选择查明仲裁参加人是否到庭，宣布仲裁纪律、开庭和案由及仲裁庭成员名单，告知当事人权利义务并询问是否申请回避，庭审调查，听取辩论和当事人最后陈述，当庭再行调解，休庭合议，复庭宣布裁决或延期裁决等项程序。当事人接到开庭的通知书无正当理由拒不到庭或者未经仲裁庭同意中途退庭的，对申诉人按撤诉处理，对被诉人可缺席裁决。仲裁庭就裁决进行合议时，实行少数服从多数的原则，不同意见须如实记录。对管辖区内有重大影响的案件，以及经仲裁庭合议难做结论的疑难案件，仲裁庭可在查明事实后提交仲裁委员会决定。做出裁决前申诉人申请撤诉，仲裁庭须在7日内进行审查并决定撤诉是否成立。

（3）裁决内容。仲裁庭做出裁决时，对涉及经济赔偿和补偿的争议标的可作变更裁决，对其他争议标的可在做出肯定或否定裁决的同时，另向当事人提出书面仲裁建议。

（4）制作并送达裁决书。仲裁庭做出裁决后应制作裁决书。裁决书应写明法定必备内容，由仲裁员署名，加盖仲裁委员会印章，送达双方当事人。当庭裁决的应在7日内发送裁决书，定期另庭裁决的当庭发给裁决书。

6．结案

仲裁庭处理劳动争议，应从组成仲裁庭之日起60日内结案；案情复杂需要延期的，报仲裁委员会批准后可适当延长，但延期最长不得超过30日。结案时，仲裁庭应填写《仲裁结案审批表》报仲裁委员会主任审批；仲裁委员会主任认为有必要，也可提交仲裁委员会审批。审批需在7日内完成。

7．法律文书生效和执行

仲裁调解书自送达当事人之日起生效；仲裁裁决书在法定起诉期满后生效，即自当事人收到裁决书之日起15日内，当事人若不向法院起诉，裁决书即生效。生效的调解书和裁决书，当事人必须执行；一方当事人若不执行，另一方当事人可以申请人民法院强制执行。

8．仲裁监督

各级仲裁委员会主任对本委员会已发生法律效力的裁决书，发生确有错误，需要重新处理的，应提交本仲裁委员会决定。决定重新处理的争议，由仲裁委员会决定终止原裁决的执行。仲裁委员会宣布原裁决书无效后，应从宣布无效之日起7日内另行组成仲裁庭。仲裁庭再次处理劳动争议案件，应当自组成仲裁庭之日起30日内结案。

9.5 劳动诉讼

劳动诉讼是指法院在劳动争议双方当事人和其他诉讼参与人的参加下，依法审理和解决劳动争议案件的活动。在劳动争议处理过程中，它作为解决劳动争议的最后阶段，与仲裁的关系可概括为：仲裁是诉讼前的必经处理方式，诉讼是仲裁后的重新处理方式，二者既相互联系又彼此独立。在我国，劳动诉讼是法院以民事诉讼的方式来审理和解决劳动争议案件，实体上适用劳动法，程序上适用民事诉讼法。《民事诉讼法》（1991年）是与民法对应的，民法是私法，民事诉讼实质上是私法诉讼；而劳动法是公法与私法兼容的法律部门，按照《民事诉讼法》规定的程序来适用劳动法，就难免产生程序法与实体法的冲突。为消除《民事诉讼法》对劳动诉讼的不适应，需要就劳动诉讼制定特别规则。《最高人民法院关于审理劳动争议案件适用法律若干问题的解释》的程序法意义就在于此。

9.5.1 仲裁结局与起诉

仲裁以当事人撤回申诉或达成调解协议而结案的，当事人无权起诉；仲裁以裁决结案的，当事人不服裁决，有权在收到裁决书之日起15日内起诉；仲裁机构以超过仲裁时效等为理由决定不予受理的，当事人也应当有权在收到不予受理的书面通知或决定之日起15日内起诉。

仲裁委员会做出仲裁裁决后，当事人对裁决中的部分事项不服，依法向法院起诉的，仲裁裁决不发生法律效力。仲裁委员会对多个劳动者的劳动争议做出仲裁裁决后，部分劳动者对仲裁裁决不服，依法向法院起诉的，仲裁裁决对提出起诉的劳动者不发生法律效力；对未提出起诉的部分劳动者，发生法律效力。

9.5.2 受案范围

1. 法院受理劳动争议案件的一般范围

劳动者与用人单位之间发生的下列纠纷，属于《劳动法》第十章中规定的劳动争议，当事人不服劳动争议仲裁委员会做出的裁决，依法向法院起诉的，法院应当受理：劳动者与用人单位在履行劳动合同过程中发生的纠纷；劳动者与用人单位之间没有订立书面劳动合同，但已形成劳动关系后发生的纠纷；劳动者退休后，与尚未参加社会保险统筹的原用人单位因追索养老金、医疗费、工伤保险待遇和其他社会保险费而发生的纠纷。

2. 法院受理劳动争议案件的特殊情形

主要有：

（1）仲裁委员会以当事人申请仲裁的事项不属于劳动争议为由，做出不予受理的书面裁决、决定或者通知，当事人不服，依法向法院起诉的，属于劳动争议案件的，应当受理；虽不属于劳动争议案件，但属于法院主管的其他案件，应当依法受理。

（2）仲裁委员会根据《劳动法》第八十二条之规定，以当事人的仲裁申请超过60日期限为由，做出不予受理的书面裁决、决定或者通知，当事人不服，依法向法院起诉的，法院应当受理；对确已超过仲裁申请期限，又无不可抗力或者其他正当理由的，依法驳回其诉讼请求。

（3）仲裁委员会以申请仲裁的主体不适格为由，做出不予受理的书面裁决、决定或者通知，当事人不服，依法向法院起诉的，经审查，确属主体不适格的，裁定不予受理或者驳回起诉。

（4）仲裁委员会为纠正原仲裁裁决错误重新做出裁决，当事人不服，依法向法院起诉的，法院应当受理。

（5）仲裁委员会仲裁的事项不属于法院受理的案件范围，当事人不服，依法向法院起诉的，裁定不予受理或者驳回起诉。

9.5.3 审理范围

仲裁审理范围既取决于仲裁请求也取决于劳动争议性质，只限于仲裁当事人请求的属于劳动权利义务的事项。虽然与争议的劳动权利义务事项相联系但不具有劳动权利义务性质的事项，仲裁机构则无权处理。当事人的诉讼请求中如果包括有与劳动权利义务事项相联系的民事权利义务事项，法院则应当将其与劳动权利义务事项一并审理，只不过适用的实体法有所不同而已。

当事人在诉讼请求中如果提出了超出仲裁请求事项并且与仲裁请求事项不可分的劳动权利义务事项，从方便当事人和节约争议处理成本的原则考虑，法院也应当将其列入审理范围。当事人的诉讼请求事项如果少于仲裁裁决的事项，法院只需将诉讼请求事项列入审理范围即可。法院受理劳动争议案件后，当事人增加诉讼请求的，如该诉讼请求与讼争的劳动争议具有不可分性，应当合并审理；如属独立的劳动争议，应当告知当事人向仲裁委员会申请仲裁。

9.5.4 诉讼管辖

仲裁管辖和诉讼管辖各有其规则，当事人不服仲裁裁决而起诉时，不应当要求诉讼管辖与仲裁管辖完全对应。例如，仲裁有彼此完全独立的省、市、市辖区（县）三级，级别管辖划分尚无完备的法律规定，实践作法各地不一，因而，即使是省、市级仲裁管辖的劳动争议案件，当事人不服仲裁裁决而起诉时，一般应当由当地基层法院管辖，除非该案件符合法定的高级法院、中级法院管辖的标准。

劳动争议案件由用人单位所在地或者劳动合同履行地的基层人民法院管辖。劳动合同履行地不明确的，由用人单位所在地的基层法院管辖。当事人双方就同一仲裁裁决分别向有管辖权的法院起诉的，由先受理的法院管辖，后受理的法院应当将案件移送给先受理的法院。

9.5.5 诉讼主体

仲裁当事人（申诉人与被诉人）和诉讼当事人（原告人与被告人）都只限于劳动者和用人单位，不服仲裁裁决的劳动者或用人单位，只能以仲裁阶段的对方当事人为被告人向法院起诉，而不能以仲裁机构为被告人。当事人双方不服劳动争议仲裁委员会做出的同一仲裁裁决，均向同一法院起诉的，先起诉的一方当事人为原告，但对双方的诉讼请求，法院应当一并做出裁决。

用人单位与其他单位合并的，合并前发生的劳动争议，由合并后的单位为当事人；用人单位分立为若干单位的，其分立前发生的劳动争议，由分立后的实际用人单位为当事人；用人单位分立为若干单位后，对承受劳动权利义务的单位不明确的，分立后的单位均为当事人；用人单位招用尚未解除劳动合同的劳动者，原用人单位与劳动者发生的劳动争议，可以列新的用人单位为第三人；原用人单位以新的用人单位侵权为由向法院起诉的，可以列劳动者为第三人；原用人单位以新的用人单位和劳动者共同侵权为由向法院起诉的，新的用人单位和劳动者列为共同被告。劳动者在用人单位与其他平等主体之间的承包经营期间，与发包方和承包方双方或者一方发生劳动争议，依法向法院起诉的，应当将承包方和发包方作为当事人。

9.5.6 举证责任

关于劳动争议案件的举证责任，有3种观点：一是全面适用"谁主张，谁举证"的原则；二是全面实行用人单位负举证责任而劳动者不负举证责任；三是在部分场合由用人单位负举证责任。《劳动争议案件适用法律解释》采纳的是第三种观点，在其第十三条规定："因用人单位做出的开除、除名、辞退、解除劳动合同、减少劳动报酬、计算劳动者工作年限等决定而发生的劳动争议，用人单位负举证责任。"这是对民事诉讼中"谁主张、谁举证"原则的突破，符合劳动争议当事人双方强弱不同的特点，有利于劳动者权益的保护。但是，《劳动争议案件适用法律解释》对用人单位负举证责任的特殊情形的规定仍有遗漏。

【知识拓展】

在工伤赔偿案件中，关于工伤事故和职业病认定的举证责任，不应当完全适用"谁主张、谁举证"的原则。① 工伤认定的举证责任。《工伤保险条例》（2003年）就应当认定为工伤的各种情形和不应当认定为工伤的各种情形都做了规定。在就劳动者人身伤害的致害原因发生争议而影响到是否工伤的认定时，如果适用"谁主张、谁举证"的原则，劳动者应当就其提出的属于工伤的主张，举出用人单位未尽到安全义务并且与本人人身伤害有因果关系的证据。然而，在劳动条件是由用人单位提供的情况下，由劳动者提供这种证据是极为困难的。在劳动关系中，用人单位负有提供符合安全要求的劳动条件的法定义务，并且是劳动过程的管理者，应当了解所提供的劳动条件是否符合安全要求及其与劳动者人身伤害是否有因果关系。因而，劳动者或其亲属认为是工伤而用人单位认为不是工伤的，应当由用人单位承担举证责任。如果用人单位不能举证证明劳动者人身伤害是由劳动安全条件以外的原因所致，就应当认定为工伤。② 职业病认定的举证责任。《职业病防治法（2016）》规定没有证据否定职业病危害因素与病人临床表现之间的必然联系的，在排除其他致病因素后，应当诊断为职业病。同时还规定，劳动者被诊断患有职业病，但用人单位没有依法参加工伤保险的，其医疗和生活保障由该用人单位承担；职业病病人变动工作单位，其依法享有的待遇不变。用人单位在发生分立、合并、解散、破产等情形时，应当对从事接触职业病危害的作业的劳动者进行健康检查，并按照国家有关规定妥善安置职业病病人；用人单位已经不存在或者无法确认劳动关系的职业病病人，可以向地方人民政府民政部门申请医疗救助和生活等方面的救助。地方各级人民政府应当根据本地区的实际情况，采取其他措施，使前款规定的职业病病人获得医疗救治。这都表明，在劳动者与用人单位就用人单位有无职业病危害因素和劳动者患病是否由用人单位职业病危害因素所致发生争议时，用人单位对其无职业病危害因素和劳动者患病不是其职业病危害因素所致的主张负有举证责任，而劳动者对其提出的用人单位具有职业病危害因素和该职业病危害因素致使劳动者患病的主张，不应当负举证责任。又如，在工资拖欠案件中，劳动者只需要举证证明其已履行劳动义务即可，而对用人单位未付工资的事实不应当负举证责任。这是因为用人单位必须书面记录支付劳动者工资的数额、时间、领取者的姓名以及签字，并保存两年以上备查。这表明，用人单位有义务保存已支付工资的证据，而劳动者一般不可能掌握未支付工资的证据，在劳动者提出已履行劳动义务的证据并提出追索拖欠工资的主张时，如果用人单位不能举证证明已支付工资，就应当认定未支付工资的事实并支持劳动者的主张。

9.5.7　诉讼结局

当事人不服仲裁裁决而在法定期限内向法院起诉，仲裁裁决就处于尚未生效状态。这种效力不确定的仲裁裁决因诉讼结局不同而有不同的法律后果。如果以当事人撤诉结案，仲裁裁决在法定期限届满后生效；如果以调解或判决结案，仲裁裁决就不生效。诉讼调解或判决与仲裁裁决之间应当是一种概括性取代关系，即诉讼调解或判决的事项与仲裁裁决的事项无论是否对应，仲裁裁决的各事项都不具有效力。例如，仲裁裁决的内容包括A、B、C项，而诉讼调解或判决的内容只有A、B项，那么，仲裁裁决中的C项仍不具有效力。

用人单位对劳动者做出的开除、除名、辞退等处理，或者因其他原因解除劳动合同确有错误的，法院可以依法判决予以撤销。对于追索劳动报酬、养老金、医疗费以及工伤保险待遇、经济补偿金、培训费及其他相关费用等案件，给付数额不当的，法院可以予以变更。

9.5.8　强制执行仲裁裁决和调解书

当事人申请法院执行劳动争议仲裁机构做出的发生法律效力的裁决书、调解书，被申请人提出证据证明劳动争议仲裁裁决书、调解书有下列情形之一，并经审查核实的，法院可以根据《民事诉讼法》第二百一十七条之规定，裁定不予执行：① 裁决的事项不属于劳动争议仲裁范围，或者劳动争议仲裁机构无权仲裁的；② 适用法律确有错误的；③ 仲裁员仲裁该案时，有徇私舞弊、枉法裁决行为的；④ 人民法院认定执行该劳动争议仲裁裁决违背社会公共利益的。法院在不予执行的裁定书中，应当告知当事人在收到裁定书之次日起三十日内，可以就该劳动争议事项向人民法院起诉。

思考题

1. 如何评价我国现行的劳动仲裁制度？
2. 简述我国劳动争议的范围。
3. 简述劳动争议仲裁委员会的办案原则。
4. 简述劳动争议的基层调解与仲裁和诉讼中的调解的异同。
5. 试述劳动争议处理的原则。

案例分析

1. 申请人李某于2007年12月1日与甲劳务派遣公司签订了两年期劳动合同，并被派遣至乙公司从事采掘工作。2009年12月1日劳动合同期满后，在申请人实际工作岗位和工作内容未变的情况下，按照乙公司要求，申请人又连续两次与丙劳务派遣公司签订两年期劳动合同（合同期限分别为2009年12月1日至2011年11月30日，2011年12月1日至2013年11月30日）。两劳务派遣公司法定代表人为同一人。2013年9月5日，乙公司以申请人严重违反其规章制度为由将申请人退回丙公司，后丙公司据此与申请人解除劳动合同。申请人不服，申请仲裁，要求丙公司和乙公司支付违法解除劳动合同的赔偿金，赔偿金支付年限从2007年12月1日起计算。经审查确认，申请人严重违反规章制度事实不成立。仲裁委员会认为乙公司违法退回申请人，丙公司违法解除申请人劳动合同，双方应承担违法解除劳动合同的连带赔偿责任。申请人一直在实际用工单位乙公司从事采掘工作，工作岗位和工作内容均未发生过变化，其原与甲劳务派遣公司签订劳动合同，后被要求与丙劳务派遣公司签订劳动合同，甲公司在双方劳动合同到期终止后也未支付申请人经济补偿金。甲公司与丙公司法定代表人为同一人，两公司有关联性，故劳动者在甲公司的工作年限应合并计算为丙公司的工作年限。因甲公司未支付过申请人终止劳动合同的经济补偿金，仲裁委员会裁决丙公司支付申请人赔偿金，赔偿金支付年限从2007年12月1日起计算，乙公司承担连带责任。

试分析仲裁委员会裁决的法律依据。

2. 申请人王某与被申请人某医院于2013年8月21日签订了事业单位聘用合同，约定合同期限至2020年2月20日止，岗位为妇产科医师。同时双方签订了人才引进协议作为聘用合同的附件，双方在人才引进协议中约定，申请人系被申请人出资引进的人才，需在被申请人处服务满五年，对违反服务期约定的违约责任做了如下约定：如在服务期内违约提前解除聘用合同的，应当承担相应责任。甲方违约，除应继续履行合同和赔偿乙方在合同中断期间的工资损失外，偿付给乙方违约金人民币50 000元；乙方违约的，支付甲方违约金人民币50 000元。甲方为乙方出资培训的，如乙方提前解除聘用合同，甲方有权收取乙方培训费，培训费的收取，以实际支出为准，并按培训费每服务一年递减20%执行。给甲方造成经济损失的，承担相应的赔偿责任。被申请人在引进申请人时支付给申请人安家费30 000元。申请人为事业编制工作人员，月薪为4 000元。2013年10月，被申请人安排申请人离岗学习培训半年，支付了培训费用6 000元，培训期间工资正常发放。2014年5月29日，申请人以个人原因为由提前三十日申请辞职。2014年6月23日，被申请人在申请人递交的辞职报告上加盖公章并由被申请人的法定代表人即现任院长签署同意意见。2014年7月2日申请人离开被申请人单位。但是双方因违约金及培训费用返还产生争议，被申请人一直没有为申请人办理离职手续。申请人于2014年7月16日提出仲裁申请，请求被申请人办理离职手续，被申请人也提请仲裁，请求申请人支付违约金和培训费。仲裁委员会认为，某医院为事业单位，王某为事业编制工作人员，双方签订了聘用合同，双方在聘用合同中有关服务期及违约责任的约定符合《江苏省事业单位人员聘用制暂行办法》（苏政办发〔2005〕123号）的规定，是合法有效的。但该办法同时规定，约定的违约金不得超过引进费和培训费的实际支出，医院在引进王某时实际支付其安家费30 000元，故双方约定的违约金数额应依照规定扣减，王某违反服务期约定，应承担相应的违约责任，故裁决王某支付医院30 000元违约金和培训费5 600元，医院为其办理离职手续。

试分析仲裁委员会裁决的法律依据。

第10章 劳动监督

【开篇案例】

郑某在2017年1月份被某物业管理公司聘用为保洁员，但未与郑某签订劳动合同，也未给其办理缴纳社会基本保险。在2017年3月物业公司在未做任何解释下通知郑某到某家政公司领取工资。同年6月，物业公司在安排郑某从事保洁工作中，由于未提供劳动防护工具，致使郑某受有毒有害清洗液的影响出现了掉发、伤手等职业伤害症状，7月12日郑某向物业公司请假去诊治，遭到拒绝并被当场解雇。为此，郑某就物业公司未签劳动合同、职业伤害、养老等"三金"保险等九项问题三次投诉到某市劳动保障监察支队，市支队以"谁发工资，关系属谁"的借口未做受理，要求郑某向某家政公司所在的区劳动保障监察大队投诉处理，在区劳动保障监察大队主持下由物业公司代表与郑某达成口头协议，当场补偿养老金及部分工资。但在另"二金"和加班工资等其他问题上未达成协议，因物业公司为市属单位，区劳动保障监察大队无权做出处理，郑某只好再次投诉到市劳动保障监察支队，市劳动保障监察支队经调查最终以物业公司和家政公司都不承认其为公司员工，以所谓"存在劳动关系的争议，劳动关系的确认不属于其职责范畴"为由，拒绝履行其劳动保障职责。郑某不服向省劳动和社会保障厅申请行政复议，省劳动和社会保障厅做出维持市劳动保障监察支队的行政复议决定。

10.1 概　　述

10.1.1 劳动监督的概念

劳动监督，又称劳动法监督，是指法定监督主体为保护劳动者合法权益，依法对用人单位和劳动服务主体遵守劳动法的情况，实行检查、督促、纠偏、处罚等一系列监督活动。在各项监督措施中，检查的地位和作用特别重要。因而，立法和实践中通常把劳动监督称为劳动监督检查和劳动检查。

理解劳动监督的含义，应明确下述要点：

（1）监督主体是依法享有劳动监督权的行政机关、社会团体、有关单位和劳动者个人。其中，劳动行政部门和工会组织在劳动监督体制中的地位尤为重要。

（2）监督的目的是为了实现劳动法的主旨，即保护劳动者合法权益。

（3）监督客体是用人单位和劳动服务主体遵守劳动法规行为，即用人行为和劳动服务行为。这是因为，劳动法赋予劳动者的权益对应体现为劳动法赋予用人单位和劳动服务主体的义务，对用人单位和劳动服务主体遵守劳动法的行为进行监督，才能保证劳动者合法权益的实现。

（4）监督方式表现为依法行使监督权的各项措施，其中主要有：对遵守劳动法的情况进行检查，对检查中发现的违反劳动法的行为及时制止和纠正，依法追究违法行为人的法律责任等。

劳动监督作为一项劳动法律制度，在劳动法体系中具有特殊的地位。主要表现在：

（1）其他各项劳动法律制度主要是规定劳动关系的内容和运行规则，而劳动监督制度所规定的主要是如何以监督手段实现劳动关系的内容和保证劳动关系的正常运行。

（2）其他各项劳动法律制度是实施劳动监督时确定劳动监督客体合法与否以及对违法情况进行处理的法律依据，劳动监督制度则是实施劳动监督的行为规则。

（3）劳动监督制度既独立于其他各项劳动法律制度之外，同时又是其他各项劳动法律制度的必要组成部分。可见，劳动监督制度具有保障整个劳动法体系全面实施的功能。

劳动监督作为一种守法监督形式，是劳动法制的重要环节。它有利于增强各种劳动法律主体的法制观念，尤其是用人单位依法用工观念；有利于维护劳动力市场秩序和劳动秩序；有利于避免或减少违法事件发生；有利于劳动立法的完善。

10.1.2 劳动监督的立法概况

劳动监督立法开始于工厂法阶段，但比工厂法产生稍晚。最初的工厂法规，并不规定专门的执法机构，而是委托自治团体的公务人员、医务人员或宗教人员，或者委托警察、法官负责工厂法实施。在实践中，工厂主遵守工厂法的情况并不理想。于是就产生了设置专门机构和官员负责执行工厂法的必要。1833年英国颁布的工厂法中，首创工厂检查制度，即政府委任高级人员为工厂监察员，实地视察督促各工厂实施劳工法。英国的这些措施被认为现代意义的劳动监察制度的雏形。美国1867年首先由马萨诸塞州颁布劳工检查制度并逐步完善。法国、瑞士、德国、奥地利、荷兰、瑞典、意大利、罗马尼亚等国，于19世纪70年代至20世纪初，陆续在立法中设立劳工检查制度。第一次世界大战后缔结的《凡尔赛和平条约》所编入的文件中，就有“各国设立监察制度，以保证劳动立法的实施”的规定。第二次世界大战前，国际劳工组织的劳工检查权限于制定建议书。第二次世界大战后国际劳工组织于1947年通过了第81号公约《工商业劳工检查公约》和第85号公约《非本部领土检查公约》，于1978年通过了第158号公约《劳动行政管理公约》和第161号同名建议书，于1981年通过了第161号公约《关于职业安全和健康公约》。现在各国在劳动立法中更加重视劳动监督。在劳动法典的劳动基本法中，都有关于劳动监督的专门规定，并且，立法所规定的劳动监督内容，也由早期的工作时间、劳动安全卫生、童工和女工劳动保护等方面的监督，扩大到全面的劳动监督。

在我国，劳动监督立法一直是劳动立法的一个重要组成部分。1950年政务院财经委员会发布《关于各省、市人民政府劳动局与当地国营企业工作关系的决定》中规定，劳动局有权监督、检查国营企业内有关劳动保护、劳动保险、工资待遇、童工女工、雇用解雇、集体合同、文化教育等劳动政策法令的执行；各个国营企业行政方面，有供给上述有关材料并按规定报告的义务，对由劳动局派往检查工作并持有劳动局正式证明文件的人员不得拒绝。这表明，我国的劳动监督是全面检查。但在立法实践中一直把重点放在劳动保护监察上，相继制定了《矿山安全监察条例》《锅炉压力容器安全监察暂行条例》及其《实施细则》等项法规，初步形成一套较完善的劳动保护监察制度；而其他方面的劳动监察立法则十分薄弱。自经济体制改革以来，其他方面劳动监察的立法取得了长足发展。1993年劳动部制定了《劳动监察规定》，对劳动监察的一般规则和劳动保护监察以外其他方面的劳动监察的规则做了规定。从此，我国由劳动保护监察步入全面劳动监察阶段。1994年制定的《劳动法》中，设有"监督检察"专章，对劳动监督的机构和职权做了原则性的规定。与此配套，又相继制定了《劳动监察员管理办法》《矿山安全监察员管理办法》《劳动安全卫生监察员管理办法》《劳动监察员准则》《劳动监察程序规定》《矿山安全监察工作规则》，《建设项目（工程）劳动安全卫生监察规定》《矿山建设工程安全监督实施办法》《压力管道安全管理监察规定》《处理举报劳动违法行为规定》等项法规，并且，《劳动监察法》的制定，已列入立法规划。此外，全国总工会还就劳动监督制定了专项规章。1985年，由全国总工会决定并经国务院有关行政部门转发的《工会劳动保护监督检查员暂行条例》《基层和（车间）工会劳动保护监督检察委员会工作条例》和《工会小组劳动保护检查员工作条例》中，对工会劳动保护监督制度作了具体规定。1995年，全国总工会根据《劳动法》和《工会法》有关规定，制定了《工会劳动法律监督试行办法》，就劳动保护监督以外的劳动监督，做了具体规定。

10.1.3 劳动监督的体系

我国《劳动法》规定："县级以上各级人民政府劳动行政部门依法对用人单位遵守劳动法律、法规的情况进行监督检查，对违反劳动法律、法规的行为有权制止，并责令改正"；"县级以上各级人民政府有关部门在各自职责范围内，对用人单位遵守劳动法律、法规的情况进行监督"；"各级工会依法维护劳动者合法权益，对用人单位遵守劳动法律、法规的情况进行监督"；"任何组织和个人对于违反劳动法律、法规的行为有权检举和控告"。这些规定表明，我国的劳动监督体系由行政监督和社会监督相结合而构成。其中，行政监督由劳动监察和相关行政监督所组成，社会监督主要由工会监督和群众监督所组成。

1. 劳动行政部门监督

在劳动监督体系中，劳动行政部门监督处与其他劳动监督形式所不及的重要地位。主要表现在：

（1）它是全面的劳动监督。即其监督范围及于各项劳动法律制度和劳动法规，不论何种劳动关系，不论劳动关系的哪部分内容和哪个运行环节，也不论用人单位的隶属关系和所在行业（部门），都可依法纳入其监督范围。其他主体的劳动监督大多只在特定范围内对劳动法真实的情况进行监督，或者只限于某项或某几项劳动法律制度，或者局限于某个行业（部门），或者只限于劳动关系的某部分内容或某个环节。

（2）它是约束力度最大的劳动监督。即劳动行政部门作为本级政府主管劳动工作的职能部门，其劳动监督行为是代表本级政府实施的，属于国家劳动监察，具有高于其他劳动监督形式的法律效力。这两点表明，在劳动监督体系中，劳动行政部门监督是最基本、最有效的劳动监督形式，其他劳动监督形式都是配合劳动监督实施的，并且只有在劳动监督的保障下才能发挥应有的作用。因此，加强劳动监督，首先就是要加强劳动行政部门监督。

2. 相关行政部门监督

在劳动监督体系中，之所以把相关行政部门监督作为必要的组成部分，这是因为：

（1）劳动法与其他法律部门在内容上存在交叉，有的违反行为既违反了劳动法，也同时违反了其他法律部门的有关规定，需要其他行政部门与劳动行政部门配合处理。

（2）违反劳动法的行政制裁措施中，某些制裁措施只能由劳动行政部门以外的特定行政部门实施，例如，吊销营业执照的权利专属工商行政部门，治安处罚的权利专属公安部门，用人单位中有关责任人员的行政处分只能按照干部管理权限为特定主管部门实施。所以，为了保障劳动法的全面实施，应当由有关行政部门在各自职责范围内，对劳动法遵守的情况实行监督。

相关行政部门监督可大致分为两类：

（1）用人单位主管部门的监督。例如，矿山企业主管部门应当把检查矿山企业遵守矿山安全法规的情况作为其首要管理职责。

（2）工商、公安、卫生等专项执法部门的监督。例如，根据《禁止使用童工规定》，工商、教育、公安等部门负有禁止使用童工的监督职责；根据劳动卫生法规的规定，卫生行政部门负有防尘防毒等防治职业病的监督职责。

相关行政部门的监督方式主要有3种：依法独立开展劳动监督活动；依法对劳动行政部门、其他行政部门和工会组织的建议进行调查处理；会同劳动行政部门等监督主体实施劳动监督。

3. 工会监督

监督用人单位遵守劳动法，是《劳动法》和《工会法》赋予工会的一项基本职责。工会监督与行政监督的区别在于：后者是一种行政执法行为，前者是一种社会监督行为；后者的职权中包含有行政处罚权和强制措施权，前者的职权中则无这两项内容，而只能就用人单位违反劳动法的处理提出意见、建议和要求。工会监督是一种最重要的社会监督。这是因为，工会监督是一种有组织的社会监督，特别是工会拥有一套全国统一并且几乎遍及各个用人单位的组织体系，且以全体职工为后盾。其他任何分散性的社会监督无法与之相比。所以，行政监督只有在工会监督的密切配合下，才能全面和有效地保证劳动法实施。

4. 群众监督

在劳动监督体系中，群众监督是对行政监督和工会监督的必要补充。其主要特点是：

（1）监督主体具有分散性和广泛性。任何组织和个人，都有权对劳动法的遵守情况进行监督。

（2）监督方式具有特定性和任意性。即群众监督的方式只限于检举和控告，具体采取何种形式可由群众自行选择。并且，检举和控告既可以是口头形式也可以是书面形式。

为了加强群众监督，有关部门要为群众举报和控告提供方便，并保护检举人、控告人的合法权益。

10.2 劳 动 监 察

10.2.1 劳动监察的概念

劳动监察，国外又称劳工检查，是指法定专门机关代表国家对劳动法的遵守情况依法进行的检查、纠举、处罚等一系列监督活动。它作为保障劳动者实施的一种强制性手段，广为世界各国所利用。

劳动监察具有下述基本属性：

（1）法定性：劳动监察规则直接为法律所规定，并且这种法律规定是强行规范，监察主体必须严格依据法律实施检查活动，被监察主体不得以协议或其他任何方式规避监察。

（2）行政性：劳动监察属于行政执法和行政监督的范畴，是行使行政权力的具体行政行为。

（3）专门性：劳动监察是由法定的专门机关针对劳动法的遵守所实施的专门监督。

（4）唯一性：在劳动监督体系中，仅有劳动监察是以国家名义对劳动法的遵守实施统一和全面的监督。

劳动监察同劳动仲裁具有明显的区别，主要表现在：

（1）劳动仲裁机构由劳动行政部门、工会和用人单位团体三方代表组成，劳动监察机构则是劳动行政部门的职能机构。

（2）劳动仲裁是一种社会干预行为；劳动监察是一种行政执法行为。

（3）劳动仲裁直接以处理劳动争议为目的；劳动监察直接以查处、纠正监察相对人违反劳动法行为、督促监察相对人遵守劳动法律为目的。

（4）劳动仲裁机构应劳动争议当事人的请求而实施仲裁；劳动监察主体对其职权范围内的事项则应当主动进行监察。

（5）劳动仲裁所依据的实体法既可以是强制性规范也可以是任意性规范，并且还能够依据合法有效的合同条款、企业内部劳动规则进行调解和裁决；劳动监察所依据的实体法应只限于强制性规范，不得以合同条款和企业内部劳动规则作为监察决定的依据。

（6）劳动仲裁机构无权对劳动争议当事人进行处罚，但对劳动争议有调解权；劳动监察主体对违反劳动法的监察相对人则有一定的处罚权，但对被监察事项无调解权。

（7）劳动争议当事人不服仲裁裁决，按我国现行规定，可依法提起民事诉讼；劳动监察相对人不服劳动监察决定，可依法申请行政复议或提起行政诉讼。

【知识拓展】

劳动监察和行政监察是两个不同的法律概念。行政监察是指行政监察机关代表国家对各级行政机关及其公务员履行其行政职责的情况依法进行监督。它同劳动监察一样，都属于国家监察，也具有法定性、行政性、专门性和唯一性。

二者有下述主要区别：① 行政监察机关是县级以上各级政府所属的行政监察职能部门；劳动监察机关则是县级以上各级政府所属的劳动行政部门，它在内部依法设置专门的劳动监察职能机构。② 行政监察对象是各级行政机关（政府及其所属各部门）及其公务员的行政执法活动，因而属于执法监督；劳动监察的对象则是作为劳动行政相对人的用人单位和有关劳动服务主体遵守劳动法的活动，因而属于守法监督。③ 行政监察机关对行政监察相对人有行政处分权和行政处罚建议权；劳动监察机关对监察相对人则有行政处罚权和行政处分建议权。④ 行政监察相对人不服监察决定可申诉复审、复核，而不得提起行政复议和行政诉讼；劳动监察相对人不服监察决定的，则可提请行政复议和行政诉讼。

10.2.2　劳动监察的形式

各国劳动监察在实践中已出现多种形式，可分别按不同标准做下述几种分类：

1. 专门机构检查和专任人员检查

专门机构监察，是指由法定专门机构实行的劳动监察。各国通常由劳动行政部门设置专职劳动监察职能的机构，在中央政府劳动行政部门的统一控制下行使劳动监察权。我国在劳动行政部门设置有专门的劳动监察机构。

专任人员监察，是指由依法任命的专职或兼职的劳动监察员实行劳动监察。在我国，县级以上各级劳动行政部门根据需要配备有专职劳动监察员和兼职劳动监察员，从事劳动监察工作。

2. 自行检查和委托监察

自行监察，是指劳动监察机构和劳动监察官员在其法定职权范围内亲自对监察对象进行劳动监察。这是各国劳动监察的主要形式。除了在法律另有特别规定的场合，劳动监察机构和劳动监察官员都必须采用这种检查方式。

委托监察，是指劳动监察机构和劳动监察官员将其职权范围内的监察事务，依法委托给特定机构和人员代为实施。由于现代市场高度专业化、社会化、科技化，许多领域劳动监察业务需要以一定的专业知识和职业经验为基础。因此，许多国家立法上容许采用委托监察形式。

3. 综合监察和专项检查

综合监察，是指在劳动监察机构和劳动监察官员的法定职权范围内包括有多项检查内容。在各国的劳动监察体系中，都设置了具有综合监察职能的劳动监察机构和劳动监察员，除法律明确为专项检查的少数监察项目外，全包括在它的监察范围内。例如，我国《劳动监察规定》所称的劳动监察即为综合检查，它包括有十多项内容。

专项检查，是将技术性、专业性很强的劳动监察项目单列，分别设立专门机构并按其特定规则行使监察权。在我国，对矿山安全监察和锅炉压力容器安全监察分别制定了专项法规，并分别设立专门机构行使监察权。

4. 普通监察和特殊监察

普通监察，是以一般的国民经济部门为监察范围的劳动监察。它由一般行政主管部门

（主要是劳动行政部门）设置的劳动监察机构和劳动监察官员行使监察权。在劳动监察体系中，大多数为普通监察。

特殊监察，通常是指对国防军工部队的企业实施的劳动监察。由于国防军工企业涉及国防军事机密和高科技等因素，情况特殊，许多国家对其劳动监察做了特殊规定。

10.2.3　劳动监察的主体和客体

1. 劳动监察主体

1）劳动监察机构

劳动监察机构，在国外亦称劳工检查机构，是经法律授权代表国家对劳动法的遵守情况实行监察的专门机构。其法律地位受制于劳动监察体制。对劳动监察体制可按不同标准进行分类，其中的主要分类有：

（1）中央地方分层监察体制和中央或地方单层监察体制。前者即分别在中央政府和地方政府都设立劳动监察机构；后者仅在中央政府或地方政府设立劳动监察机构。

（2）单一部门监察体制和多部门监察体制。前者即仅由政府的某个部门（通常为劳动行政部门）统一行使劳动监察权，即仅在政府的某个部门内设立劳动监察机构；后者即由政府的多个部门共同行使劳动监察权，即分别在政府的多个部门设立劳动监察机构，各自按分工执行一定的劳动监察职能。

在我国，县级以上劳动行政部门都设置综合性劳动监察机构，具体负责处理劳动安全卫生监察以外各项劳动监察工作；劳动部和省级劳动行政部门还设立锅炉压力容器安全监察机构和矿山安全监察机构，工业和矿山集中的地区（市）劳动行政部门，也分别设立锅炉压力容器安全监察机构和矿山安全监察机构。各级劳动监察机构都分别受同级劳动行政部门领导和上级劳动监察机构业务指导。县级劳动监察机构的管辖范围，除省级政府另有规定外，一般及于本行政区域内的各用人单位和劳动服务主体；地（市）级劳动监察机构的管辖范围，由省级政府规定。

2）劳动监察员

劳动监察员，国外又称劳工检查员或劳工检察官，是指国家设立的执行劳动监察的专职或兼职人员。凡担任劳动监察人员者，必须具备法定的资格，且由劳动行政部门或其行政首长任免。我国立法要求，劳动监察机构应当配备专职劳动监察员和兼职劳动监察员。其中，兼职劳动监察员主要负责与其本职业务相关的单项检查，但行政处罚权应会同专职监察员进行。关于劳动监察员的任职条件，我国有关法规对一般劳动监察员和矿山安全监察员、锅炉压力容器安全监察员分别做了规定。主要包括下述几方面：

（1）专业知识条件。例如，一般劳动监察员须熟悉劳动业务和劳动法规知识；矿山安全监察员须熟悉关于矿山安全的技术知识和法规、技术规范和技术规程；锅炉压力容器安全监察员须具有锅炉压力容器安全技术知识。

（2）专业培训和学历条件。例如，一般劳动监察员需经劳动部和省级劳动部门劳动监察专业培训合格；矿山安全监察员须具有中等以上采矿工程专业或相关专业学历。

（3）技术职称条件。例如，矿山安全监察员须具备担任助理工程师以上职务的专业技术水平条件；锅炉压力容器安全监察员须从高级工程师、工程师、助理工程师和工人技师中选任。

（4）工作经历条件。例如，一般劳动监察员需在劳动行政部门从事劳动行政业务工作三年以上；矿山安全监察员须有两年以上矿山现场工作经验和一年以上矿山安全监察工作经历。

（5）身体条件。例如，矿山安全监察员须身体健康，能胜任矿山井下检查工作。

（6）品行条件。例如，须坚持原则，作风正派，勤政廉洁。

关于劳动监察员任命的权限和程序，我国有关法规对一般劳动监察员和矿山安全监察员、锅炉压力容器监察人员做了有所不同的规定。一般劳动监察员中，专职劳动监察员由劳动监察机构负责提出任命建议填写劳动监察员审批表，经同级人事管理机构审核，报劳动行政部门领导批准；兼职劳动监察员由有关业务工作机构按规定推荐人选，并填写劳动监察员审批表，经同级劳动监察机构和人事管理机构审核，报劳动行政部门领导批准。经批准任命的专职和兼职劳动监察员，都由劳动监察机构办理颁发劳动监察证件手续。劳动部矿山安全监察机构和锅炉压力容器安全监察机构的监察员，都由劳动部考核任命；地方劳动行政部门矿山安全监察机构和锅炉压力容器安全监察机构的监察员，都由省级劳动行政部门考核任命，报劳动部备案。矿山安全监察员和锅炉压力容器安全监察员经考核合格后，由任命机关发给相应的监察员证和监察标志。各种监察员证和监察标志均有劳动部统一制作。

2. 劳动监察客体

劳动监察客体，即劳动监察的对象，一般是指监察相对人（或称被监察主体）实施的为劳动法所规范的行为。对劳动监察客体范围的界定，包括以下几方面：

1）监察相对人的范围界定

界定监察相对人的范围，首先应当明确，在劳动关系当事人双方，只有用人单位方才是监察相对人。在我国1993年制定《劳动监察规定》中，曾将用人单位和劳动者都作为监察相对人；后来《劳动法》对此做了修改，它明确规定"县级以上各级人民政府劳动行政部门依法对用人单位遵守劳动法律、法规的情况进行监督检查。"立法之所以如此，其主要理由是：

（1）劳动关系双方当事人虽然都必须遵守劳动法，并且都必须受到监督，但是，劳动法已将执行劳动纪律的权力赋予用人单位，用人单位可依法对劳动者行使生产和工作指挥权和违纪行为裁决权。其中，已包含了对劳动者遵守劳动法的监督。相反，劳动者在劳动关系中处于从属地位，对于用人单位遵守劳动法的情况，不可能像用人单位监督劳动者那样单凭自己的力量进行有效的监督。

（2）劳动法以保护劳动者为主旨，对劳动者实行的是权利本位主义，用人单位实行的则是义务本位主义。因而，用人单位遵守劳动法的责任和难度都大于劳动者，这就特别要求对用人单位遵守劳动法的情况实行监督。

（3）在劳动法中，劳动基准法所规定的是用人单位向劳动者提供劳动条件所必须达到的最低标准，即为用人单位设立的最基本义务，以保证劳动基准法的遵守为目的的劳动监察，当然只能以用人单位作为被监察主体。

（4）劳动监察最初是在雇主不遵守劳动法的现象相当普遍和严重的背景下产生的，一开始就直接以监督雇主遵守劳动法为目的，后来的发展实践也一直表明劳动监察坚持此目的的必要。于是，以雇主方作为监察相对人，在世界上已成为传统性和普遍性的劳动监察规则。可见，在劳动关系当事人双方中，只将用人单位作为监察相对人，与劳动关系和劳动法的本质要求相符。

在肯定不应将劳动者方作为监察相对人的同时，还应当明确：

（1）将劳动者置于劳动监察相对人范围之外，并不意味着劳动者遵守劳动法的情况不受监督，更不意味着劳动者违反劳动法而不受处罚。实际上，劳动者在劳动过程中始终处于用人单位的监督之下；劳动者不履行劳动义务，不仅会受到用人单位的纪律制裁，而且还应承担违约责任，甚至还受到刑事处罚。但是，这些都不属于劳动监察的内容。

（2）将劳动者方不包括在劳动监察相对人范围之内，并不排除在用人单位中担任一定管理职务的劳动者仍应列为监察相对人。但在这里，劳动者是作为用人单位的代表人或代理人，而不是作为劳动关系中用人单位的对方当事人列入检查相对人范围。

界定监察相对人的范围，还应当明确，有必要把某些劳动服务主体也列为监察相对人。因为，劳动服务主体与劳动者权益紧密联系，甚至在一定意义上决定着劳动者权益的实现，尤其是决定着劳动基准的实施。把它们列为监察相对人，有利于保护劳动者的权益。根据我国有关法规的规定，职业介绍机构、职业培训机构、职业技能鉴定机构、社会保险机构和境外就业服务机构，都应当列为监察相对人；劳动保护检测、检验机构，矿山工程的设计、施工单位，锅炉压力容器的设计、制造、安装、检验、修理单位，劳动防护用品的生产、经营单位等，都应当列为劳动保护监察的监察相对人。

2）被监察法律规范的范围界定

所谓被监察法律规范，即劳动监察所应保障实施的监察相对人应当遵守的劳动法律规范。只有违背监察法律规范所规范的行为，才是劳动监察的客体。在劳动法中，究竟哪些法律规范需要由劳动监察来保障实施，是劳动监察立法所必须明确规定的问题。然而，我国现行劳动监察立法对此未作明确规定。在法理上和立法实践中，对被监察法律规范的范围有3种主张：

（1）只限于劳动基准法。即凡是规定劳动条件最低标准的法律规范，如最低工资法、工时法、劳动安全卫生法、女工和未成年工特殊保护法等，都是应由劳动监察保障实施的法律规范；而劳动基准法以外的法律规范则不属于此。

（2）包括全部劳动法律规范。即劳动监察应保证各种劳动法律规范的实施。

（3）仅限于强行性劳动法律规范。在法理上，劳动法律规范按其规定事项不同，可划分为关于劳动者实体权利义务的法律规范和关于劳动关系运行规则的法律规范；按其法律约束力不同，可划分为强行性法律规范和任意性法律规范。关于劳动者实体权利和劳动关系运行规则的任意性法律规范，允许当事人自主选择（双方协议或单方确定）是否遵守和如何遵守。因而，不应当监督遵守。有必要通过劳动监察来监督遵守的劳动法律规范，应当只限于关于劳动者实体权利的强制性法律规范（即关于劳动者权益最低标准的法律规定）和关于劳动关系运行规则的强行性法律规范（如禁止招用童工等法律规定）。

3）被监察事项的范围界定

根据我国《劳动监察规定》和有关劳动法规的规定，劳动保护监察以外劳动监察所管辖的事项包括：用人单位录用和招聘职工，订立、变更和解除劳动合同的情况；用人单位订立、变更和解除集体合同，制定内部劳动规则的情况；用人单位实行工时制度的情况；用人单位保障最低工资和工资支付，确定工资总额的情况；国有企业对经营者实行年薪制的情况；用人单位缴纳社会保险费和兴办职工福利的情况；用人单位开展职业培训的情况；职业介绍机构提供就业服务的情况；职业培训机构进行职业培训，职业技能鉴定机构对劳动者职业技能考核鉴定及发放证书的情况；社会保险经办机构给付社会保险金的情况；境外就业服务机构职业介绍及维护境外就业人员合法权益的情况；劳动法规所规定的其他事项。

根据我国《劳动法》《矿山安全法》《矿山安全监察条例》和《锅炉压力容器安全监察暂行条例》等劳动安全卫生法规的规定，劳动保护监察所管辖的具体事项有：企业（包括矿山）新建、扩建、改建工程和重大技术改造工程的设计和竣工验收；锅炉压力容器和其他特种危险设备的设计、制造、安装、使用、检验、修理和改造；特种危险物品的生产、储存、运输和使用；劳动保护用品的设计、生产、经营和发放；企业劳动安全卫生技术措施计划的实施和劳动安全卫生技术措施经费的使用；劳动安全卫生技术的培训、考试和发证；有关劳动安全卫生新技术、新工艺、新设备、新材料的鉴定；女职工和未成年工的特殊劳动保护；劳动安全卫生法规所规定的其他事项。

上述法律规定表明，我国劳动监察的对事范围过于宽泛，与劳动行政的对象范围几乎相同。本书认为，劳动监察虽然也属于劳动行政，但具有不同于一般劳动行政的特殊性。因此，劳动监察的对象范围与劳动行政的对象范围不宜完全重合。为适当确定劳动监察的对象范围，应明确以下几点：

（1）劳动监察产生和存在的必要在于实施劳动基准，而劳动基准只适用于已参加劳动关系的劳动者。所以，劳动监察所管辖的事项只应当是同参与劳动关系后的劳动者实现劳动基准所规定之利益相关的事项，而仅同劳动关系缔结前或终止后的劳动者相关的事项不宜纳入劳动监察范围。

（2）劳动监察旨在实现为劳动基准所规定的劳动者最低利益。所以，劳动监察所管辖的事项应当是实现劳动者最低利益相关的事项，仅同实现劳动者最低利益以上之利益相关的事项则不宜纳入劳动监察的对事范围。

（3）劳动监察在劳动行政部门的各项事务中是约束力度最大，程序最严格的行政手段。如果其对事范围过于宽泛，就会分散劳动监察机构的力量，从而影响劳动监察的效果。

10.2.4　劳动监察的职责和程序

1. 劳动监察职责

劳动监察主体在履行监察职责过程中所享有的法定权利主要有：

（1）检查权：我国《劳动监察规定》规定，劳动监察机构及劳动监察员有权根据工作需要随时进入有关单位进行检查，在必要时向用人单位和劳动者下达《劳动监察询问通知书》、《劳动监察指令书》，并要求其在收到该通知书或指令书之日起10日内据实向劳动监察机构做出书面答复；查阅和复制被检查单位的有关资料，询问有关人员。

（2）审查认证权：我国劳动保护监察法规中规定，劳动保护监察机构有权对用人单位的劳动安全卫生条件和生产指挥、特种设备操作等人员，进行考核、考试、审查、鉴定，并对其中的合格者颁发许可证、合格证、操作证等资格证件；有权对劳动安全卫生设施建设项目的可行性论证报告、预评价报告和设计，以及劳动安全卫生设备和劳动防护用品的设计，进行审查批准；有权对劳动安全卫生设施的设计单位、施工单位，以及劳动安全卫生设备、劳动防护用品的设计单位、制造单位、经营单位的资格进行认证。

（3）处置权：又称指令制止和责令纠正权。在我国，按照有关劳动保护监察法规的规定，劳动保护监察机构对事故隐患，特别是重大隐患有权命令企业限期整改；对违章现象有权纠正和制止，遇有紧急、严重的不安全、不卫生情况，或企业在接到《监察意见通知书》后无故不采取补救措施或不停止违章行为，有权采取责令停止机器运转、封闭矿井、组织和支持工人撤离现场等措施。

（4）处罚权：各国法律都赋予劳动监察主体对违反劳动法的直接进行处罚的权利。在我国，按现行法规规定，劳动监察主体有权对违反劳动法的监察相对人，依法分别给予警告、通报批评、罚款、吊销许可证、责令停产停业整顿等处罚；对触犯其他行政法规的，有建议行政处罚权；对触犯刑法的，有权建议司法机关追究刑事责任；对阻挠、刁难、殴打劳动监察员、妨碍劳动监察公务的，或者不按规定时间对《劳动监察询问通知书》《劳动监察指令书》做出答复的，以及不如实反映情况的，劳动监察主体有权给予责任人员以行政处罚；对触犯治安管理处罚条例的，有权建议公安机关处理。

劳动监察主体在履行监察职责过程中，同时负有法定义务。根据我国现行规定，主要有：执行监察公务时，必须出示证件，并由两名以上检查人员参加；遵守有关法规，秉公执法，不滥用职权，不营私舞弊；进入劳动场所进行实地检查时，应当遵守相关纪律和规章制度；不得泄露被检查单位和个人的秘密；为检举和举报者保密。

2. 劳动监察程序

劳动监察员须遵循法定程序，这是劳动监察行为具有法律效力的一个必要条件。劳动监察程序因监察形式不同而有所差别。我国现行立法所规定的劳动监察程序，有普通劳动监察程序与劳动保护监察程序，不立案检查程序与立案检查程序之分。

1）普通不立案检查程序

普通不立案检查程序，即因尚未发现用人单位有违法行为而不立案，仅对用人单位进行例行检查、不定期检查的程序。根据《劳动监察程序规定》等法规的规定，其规则比较简单，并且因现场检查和书面查询而不同。关于现场检查规则，其要点有：检查应由两名以上劳动监察员共同进行；劳动监察员进入被检查场所，应出示劳动监察证件和说明身份；检查前劳动监察员应当向用人单位告知检查的目的、内容、要求和方法；检查时应了解用人单位遵守劳动法的情况，并巡视劳动场所；现场检查情况应有笔录，笔录应由劳动监察员和用人单位法定代表人（或其委托代理人）签名或盖章；用人单位法定代表人拒不签名、盖章的，应注明拒签情况；检查中发现的一般性缺陷可不作立案处理，但应记录检查结果和建议；对重要问题应及时向监察机构汇报并建议立案调查。

关于书面查询规则，其要点有：劳动监察机构在必要时，可向用人单位发出《劳动监察询问通知书》；用人单位应当在收到通知书之日起10日内向劳动监察机构做出书面答复。

2）普通立案检查程序

普通立案检查程序，即立案查处违反劳动法案件的程序。其规则见于《劳动监察程序规定》等法规，主要内容有：

（1）承办人员的回避。承办查处违法案件的劳动监察人员，如果有是用人单位法定代表人的近亲属、本人或其近亲属与其所承办案件有利害关系，或者由于其他原因可能影响案件公正处理的情形，应当自行申请回避。当事人认为承办人员应当回避的，有权向承办查处工作的劳动行政部门提出要求回避的书面申请。承办人员的回避，由劳动监察机构负责人决定；劳动监察机构负责人的回避由劳动行政部门负责人决定。回避决定应当自收到申请之日起三日内做出；做出回避决定前，承办人员不得停止对安全的调查处理。对驳回回避申请的决定，应当向申请人说明理由。

（2）查处程序的主要环节。根据有关法规的规定，普通立案监察程序的主要环节有：登记立案环节，调查取证环节，处理环节，制作处罚决定书环节，送达和备案环节以及执行环节。

3）劳动保护监察程序

劳动保护监察程序具有专业性，即矿山安全卫生监察、锅炉压力容器等特种设备安全检查、建设项目（工程）劳动安全卫生监察等专项检查的程序各有其特殊的程序规则。根据《矿山安全监察条例》《矿山安全监察工作规则》《锅炉压力容器安全监察暂行条例》及其《实施细则》《建设项目（工程）劳动安全卫生监察规定》等法规的规定以及监察实践，劳动保护监察程序一般包括以下几个主要环节：

（1）监察准备。主要工作有：制订监察计划；查阅有关安全卫生法规和标准，了解被检查单位的工艺流程图、工艺条件、操作规程和安全卫生要点；准备必要的检测工具、仪器、表格；挑选和训练检查人员。

（2）实施检查。其主要任务是，根据检查表和检查提纲，查清被查单位是否遵守劳动保护法规，发现和掌握违法事实并做出结论。其检查方式包括立案检查和不立案检查，事前检查、事中检查和事后检查，现场检查、样品检查和书面检查。其检查措施有询问、查阅、审查、检测、检验、勘验、考核、验收、评价等多种。在检查过程中，发现危及安全的紧急情况，应要求被检查单位立即处理。检查结束后，要写出检查报告，阐明查证的事实和结论，提出处理意见。

（3）纠正违章。即纠正已经认定的违反劳动保护法规、标准的行为。其中，既包括物质条件方面，如建筑物、构筑物、设备、设施、工具、仪器、原材料和作业场所等方面的缺陷、隐患和危害；也包括管理工作方面，如生产技术管理、规章制度、劳动组织、人员素质、安全管理等方面的欠缺和问题。对经过立案检查所认定的违章行为，可采取下列纠正步骤：确认违章性质，提出处理意见；发出《劳动保护监察意见通知书》，要求违章单位在限期内解决；监督违章单位执行《劳动保护监察意见通知书》；检查整改结果。

（4）实施处罚。基于对违章单位作出行政处罚决定，对违章责任人员做出行政处分建议，对构成犯罪的移交司法机关追究刑事责任。

10.3　工会劳动监督

我国立法一贯重视工会劳动监督。早在1950年的《工会法》中就规定工会有权监督行政方面或资方遵守劳动法的责任。在1992年的《工会法》中，对工会监督企业、事业单位行政方面遵守劳动法律的若干权利和义务做了明确规定。我国的工会劳动监督制度，可分为普通劳动监督和劳动保护监督两种。

10.3.1 工会普通劳动监督

工会普通劳动监督，是指各级工会对用人单位遵守劳动保护法以外劳动法律规范的情况所进行的监督。其监督客体包括：用人单位遵守国家有关就业、劳动合同、工作时间和休息休假、工资报酬、职业培训和职业技能考核、职工保险福利等规定的情况，以及履行集体合同的情况。

1. 工会的普通劳动监督机构

县级以上工会领导机关和基层工会和职代会都设立工会劳动法律监督委员会（以下简称监督委员会），其中县级以上监督委员会由工会内部相关业务部门的人员组成，也可以吸收社会有关人士参加，其日常工作由工会有关部门负责。各级监督委员会受同级工会委员会领导，并接受上级监督委员会的业务指导；职代会设立的监督委员会对职代会负责。

各级工会还设立工会劳动法律监督员（以下简称监督员）具体实施劳动法律监督工作。监督员的必备条件为：熟悉劳动法律法规；热心为群众说话办事；奉公守法，清正廉洁。县级以上监督委员会成员为本级工会的监督员。县级以上工会可以聘请社会有关人士担任兼职监督员；县级以上监督员由上一级工会培训、考核，并颁发由全国总工会统一印制的《工会劳动法律监督员证书》。监督员履行监督职责受到打击报复时，有权向上级工会反映，向劳动行政部门检举或向法院起诉，上级工会应予以支持和帮助。监督员工作成绩显著者由工会或有关部门给予表彰奖励，不称职者由工会取消其监督员资格。

2. 工会的普通劳动者监督职权和规则

工会的普通劳动监督职权，有下述主要内容：

（1）调查权：监督委员会有权根据职工的申诉、举报对用人单位遵守劳动法规情况进行调查。

（2）参与监督权：工会有权派出代表参与有关国家机关对用人单位遵守劳动法的情况进行的监督活动，尤其是参与对劳动法实施的检查，以及对用人单位违反劳动法情况的调查和处理。

（3）要求改正权：工会发现用人单位有违反劳动法的行为，有权向用人单位提出意见，要求其改正。

（4）要求查处权：工会对用人单位违反劳动法的行为，有权要求有查处权的国家机关依法进行查处。

（5）支持举报控告权：工会有权支持职工对用人单位违反劳动法的行为向有关国家机关进行举报或控告。

（6）舆论监督权：工会有权运用合法的舆论手段，监督用人单位遵守劳动法规。

工会的普通劳动监督规则，有下述要点：

（1）县级以上工会参加同级人大、政协组织的对劳动法实施的检查，须经组织者同意；也可以与劳动行政部门及其他有关行政部门联合组织对劳动法实施的检查。

（2）监督员对用人单位进行调查时应不少于两人，用人单位应当提供方便，协助企业了解情况、查阅资料。

（3）监督员执行任务时，应将调查结果在现场如实记录，给用人单位核阅后，由调查人员和用人单位有关人员共同签名或盖章，用人单位拒绝签名或盖章的应在记录上注明。

（4）工会对调查中发现的违反劳动法的问题，应当向用人单位指出并提出整改意见；严重问题向劳动监察部门通报，并要求查处。

（5）基层工会的监督委员会对劳动过程中发生的违反劳动法行为，应及时向生产管理人员提出改进意见；对严重损害劳动者合法权益的，可同时向上级工会和当地劳动监察机构报告，要求迅速查处。

（6）职代会设立的监督委员会应当定期向职代会报告工作，针对存在的问题提出意见和议案，经职代会作出决议，督促企业行政执行。

（7）各级监督委员会应将工作情况、违法案件处理结果及统计资料，每年向上级监督委员会报告；重大案件应当及时向上级监督委员会及劳动监察部门报告。

10.3.2　工会劳动保护监督

工会劳动保护监督，是指工会对用人单位遵守劳动保护法的情况所进行的专项监督。它包括下述3个层次：

1. 工会领导机关的劳动保护监督

市以上工会领导机关（即总工会）劳动保护部门配备劳动保护监督检查员，分别由全国总工会和省级总工会任命。

工会领导机关劳动保护部门和监督检查员的职责有：宣传党和国家劳动保护政策、法规，会同有关部门研究制订劳动保护法规制度，并监督其实施；监督检查新建、扩建、改建及重大技术改造项目的劳动保护设施严格按照"三同时"的规定实行；监督检查劳动保护措施经费的提取、使用和劳动保护措施计划执行情况，检查企业的劳动保护设施，发现问题，提出口头或书面的建议，限期解决；发现违章指挥、强令工人冒险作业，或在生产过程中发现明显重大隐患和职业危害、危及职工安全和将造成国家财产损失时，有权向企业行政或在场指挥人员提出停产解决的建议；如无效，即应支持和组织职工拒绝操作，撤离危险现场，此期间的职工工资照发；监督检查职工伤亡事故报告和处理制度的实施，查明事故的原因和责任，总结经验教训，采取防范措施，对于造成伤亡事故和财产损失的责任者，负责要求有关部门查处，必要时有权向司法机关提出控告。

工会劳动保护监督检查员执行任务时，应出示证件，有关单位必须提供方便，不得阻挠进入生产（工作）现场和到有关部门了解情况、索取资料、听取反映。

2. 基层（车间）工会的劳动保护监督

300人以上的基层工会和500人以上的车间工会，设劳动保护监督检查委员会（以下简称监督检查委员会），不足此人数的基层工会和车间工会，设劳动保护监督检查委员（以下简称监督检查委员），均在同级工会委员会领导下和上级工会劳动保护部门指导下工作。监督检查委员会成员通过民主协商产生，经同级工会委员会批准；委员应由具有较高的安全卫生技术知识、热心劳动保护工作的职工担任。

监督检查委员会及委员的职责有：向职工群众宣传劳动保护政策法规及企业安全卫生规

章制度，进行遵守规章和劳动保护科学技术知识的教育；监督检查劳动保护措施计划和经费的落实，搜集、整理企业劳动保护工作方面的意见、问题和要求，提交职工代表大会列入议程；监督检查扩建、改建和技术改造工程项目的劳动保护设施，严格遵守"三同时"（与主体工程同时设计、同时施工、同时投产使用）规定；经常检查劳动保护设施状况，发现问题立即报告，并督促有关部门及时解决；督促和协助企业行政在推行经济责任制的同时，落实安全生产责任制，要求把实行安全生产责任制情况作为评比、计分、计酬的重要条件；督促企业行政按照国家规定发放劳动防护用品；监督企业行政遵守国家关于工作时间和休息时间的规定，制止危害职工安全健康的任意加班加点；会同女工工作委员会做好女职工的劳动保护工作，监督和协助企业行政遵守国家有关保护女职工的规定，切实做好女职工的"四期"保护工作；参加职工伤亡事故和职业伤害的调查处理，协助查清事故原因，总结经验教训，采取防范措施，并提出对事故责任者严肃处理的意见；并有权代表伤亡职工家属对事故的主要责任者提出控告，追究其法律责任。发现违章指挥，强令工人冒险作业，或者生产过程中发现明显重大事故隐患和职业危害危及职工生命安全和会造成国家财产损失的，有权代表职工向企业行政或现场指挥人员提出停产解决的建议，如无效即应支持或组织职工停止操作，撤离危险现场。

3. 工会小组的劳动保护监督

工会小组劳动保护检查员，从技术水平高、热心劳动保护工作、勇于坚持原则的职工中民主推举产生，在工会小组长领导下工作。其职责有：组织本组职工学习劳动保护政策法规、企业安全卫生规章制度和安全卫生技术知识；协助班组长经常对本组工人，特别是新工人和调换工种的工人进行安全教育；经常检查各种生产设备的安全装置和防尘防毒的状况，发现问题及时向班组长反映，督促解决；协助班组长和有关部门检查有毒有害、易燃易爆等危险品运输、保管和使用情况，发现问题督促解决；发生伤亡或中毒事故，立即报告，参加抢救，协助班组长分析原因，采取防范措施；督促班组长及时领取、发放劳动防护用品，并指导工人正确使用；协助班组长做好本组女工"四期"保护工作。

劳动保护检查员在工作中，有权制止任何人违章指挥、冒险作业，并将情况向领导和有关部门报告，发现生产设备、作业环境危及安全的紧急情况，有权停止作业，并组织工人立即撤离危险岗位，及时向领导报告；因进行正常的监督活动受到打击报复时，有权向上级报告，要求严肃处理。

10.4 法 律 责 任

10.4.1 劳动监督主体的法律责任

劳动行政部门或者有关部门的工作人员滥用职权、玩忽职守、徇私舞弊，构成犯罪的，依法追究刑事责任；不构成犯罪的，给予行政处分。

对越权或非公务场合使用劳动监察证件，或者利用职权牟取私利、违法乱纪的监察人员，应给予批评教育；情节严重的，由任命机关撤销任命、收缴其劳动监察证件；构成犯罪的，由司法机关依法追究刑事责任。

10.4.2　劳动监督相对人的法律责任

用人单位无理阻挠劳动行政部门、有关部门及其工作人员行使监督检查权，或者打击报复举报人员的，由劳动行政部门或者有关部门处以一万元以下的罚款；构成犯罪的，对责任人员依法追究刑事责任。这里的"无理阻挠"行为，包括下列情形：（1）阻止劳动监督检查人员进入用人单位内（包括进入劳动现场）进行监督检查的；（2）隐瞒事实真相，出具伪证，或者隐匿、毁灭证据的；（3）拒绝提供有关资料的；（4）拒绝在规定的时间和地点对劳动行政部门所提出的问题做出解释和说明的；（5）法定的妨害执行公务的其他情形。

思考题

1. 试比较劳动监察与其他有关行政部门的监督检查之间的区别。
2. 试比较劳动监察同劳动仲裁具有的区别。
3. 简述我国劳动监督的体系。
4. 如何理解劳动监督的含义。
5. 简述劳动监察的形式。

案例分析

1. 2017年6月，哈尔滨市劳动保障监察局监察员在日常巡查中发现某公司提供的劳动合同都是两份，于是怀疑该公司没有将劳动合同交付给劳动者本人。经调查了解，该公司于2008年1月与二十名劳动者续签了一年期劳动合同，并于2017年1月在劳动保障行政部门进行了劳动合同备案，但是该公司确实一直没有将劳动合同交还给劳动者本人一份。

劳动保障监察员指出该公司的错误做法，根据《劳动合同法》第八十一条规定下达了限期改正决定书，要求公司在十天之内将属于劳动者的那份劳动合同归还劳动者本人。后来经过劳动保障监察员到该公司跟踪整改效果时，发现该公司仍然没有将劳动合同交付劳动者本人一份，该公司认为劳动者的那份劳动合同将会放入劳动者的档案资料中，不需要交到劳动者本人手中，况且公司已及时签订劳动合同并进行备案，因此对劳动保障监察机构下达的限期改正决定书不以为然。劳动保障监察员再次下达整改指令，指出如果拒不改正的，依据《劳动保障监察条例》第三十条规定，将处以该单位2 000元以上20 000元以下罚款。该单位在规定期限内整改到位，将劳动合同交付到劳动者本人一份。

试分析该案处理依据的法律是否正确，并加以说明。

2. 某制衣厂为了按时完成订单，组织职工加班，要求职工每天在工作8小时之后再继续工作3小时，并且周末也不能休息，对于不愿意加班的职工扣发当月全部奖金和工资的20％。后经该厂职工举报，劳动监察机构经过调查，确认情况属实。

试分析劳动监察机构应当按照什么程序来处理玩具厂的违法行为？

参 考 文 献

[1] 郭捷. 劳动法学[M]. 北京：中国政法大学出版社，2017.

[2] 贾俊玲. 劳动法学[M]. 北京：北京大学出版社，2013.

[3] 王全兴. 劳动法学[M]. 北京：高等教育出版社，2008.

[4] 徐智华. 劳动法学[M]. 北京：北京大学出版社，2016.

[5] 张志京. 劳动法学[M]. 上海：复旦大学出版社，2014.

[6] 赖达清，刘杰. 新编劳动法学[M]. 北京：中国政法大学出版社，2010.

[7] 饶艾，杨珊，夏永梅. 劳动法学[M]. 成都：西南交通大学出版社，2009.

[8] 林清高. 劳动法学[M]. 北京：中国财政经济出版社，2008.

[9] 姜颖. 劳动法学[M]. 北京：中国劳动社会保障出版社，2007.

[10] 沈同仙. 劳动法学[M]. 北京：北京大学出版社，2009.